Glossário Decolonial de Macunaíma

Glossário Decolonial de Macunaíma

Organização de Miriam Gontijo de Moraes

Todos os direitos desta edição reservados à Malê Editora e Produtora Cultural Ltda.
Direção: Francisco Jorge & Vagner Amaro

Glossário Decolonial de Macunaíma
ISBN: 978-85-92736-81-1
Edição: Vagner Amaro
Capa: Dandarra Santana
Diagramação: Maristela Meneghetti
Revisão: Carla Post

Texto revisado segundo o novo Acordo Ortográfico da Língua Portuguesa.
Proibida a reprodução, no todo, ou em parte, através de quaisquer meios.

Dados internacionais de catalogação na publicação (CIP)
Vagner Amaro – Bibliotecário - CRB-7/5224

G563	Glossário Decolonial de Macunaíma / organização de Miriam Gontijo de Moraes.__ Rio de Janeiro: Malê, 2023.
	326 p. 21 cm.
	ISBN 978-85-92736-81-1
	1. Literatura brasileira 2. Macunaíma
	3. Andrade, Mário de, 1893-1945 I. Título.
	CDD B869

Índices para catálogo sistemático: 1. Literatura brasileira B869

Editora Malê
Rua Acre, 83, sala 202, Centro. Rio de Janeiro (RJ)
www.editoramale.com.br
contato@editoramale.com.br

SUMÁRIO

Agradecimentos 7

Apresentação 11

Introdução 15

Glossário 57

AGRADECIMENTOS

Essa obra de referência só foi possível graças às inúmeras contribuições recebidas e ao empenho da pequena equipe que trabalhou duro na sua construção. Em primeiro lugar, esses agradecimentos vão para todos os povos que compõem a nossa rica identidade. Os povos ancestrais da nossa América, os povos que vieram para nosso continente contribuir para a diversidade da nossa rica cultura, apesar de silenciados por mais de 500 anos. Desde a chegada dos europeus, esses povos são mortos, escravizados, negados, mas ressurgem das profundezas das lutas que passam de geração em geração.

Agradecer a participação dos convidados especialistas durante a realização de uma série de encontros virtuais para debates sobre os mais variados aspectos que enriqueceram a elaboração do **Glossário Decolonial de Macunaíma**. São eles: o professor Eduardo Jardim, autor da biografia "**Eu sou trezentos – Mário de Andrade, vida e obra**", vencedor do Prêmio Jabuti de Melhor Livro do Ano de Não Ficção, em 2016; a mestre em Memória Social pela UNIRIO, Iria de Carvalho e Borges, autora da dissertação **Mário de Andrade e a poética do colecionamento: entre a etnografia, o patrimônio** e o conhecimento sensível, defendida em 2021; Marcelo Tupinambá Leandro, doutorando em musicologia na Universidade Estadual Paulista e mestre em musicologia na Universidade de São Paulo, que desde 2005 desenvolve pesquisas entre Arte História e Educação e coordena o Museu Casa Mário de Andrade; a professora titular Flávia Camargo Toni, pesquisadora no Instituto de Estudos Brasileiros, onde foi presidente e coordenadora do Programa Culturas e Identidades Brasileiras entre 2010 e 2014; o poeta e músico André Gardel, professor associado III de Letras e Artes Cênicas e do PPGAC (Programa de Pós-graduação em Artes Cênicas) do Centro de Letras e Artes da Universidade Federal do Estado do Rio de Janeiro (UNIRIO); o professor associado Marcos Luiz Cavalcanti de Miranda, da Universidade Federal do Estado do Rio de Janeiro (UNIRIO), atuando nos cursos de bacharelado em Biblioteconomia nas modalidades presencial e à distância, licenciatura em Biblioteconomia e coordenador do Programa de Pós-Graduação em Biblioteconomia - PPGB/Mestrado Profissional em Biblioteconomia; o professor Jose Ribamar Bessa Freire, do programa de Memória Social da Universidade Federal do Estado do Rio de Janeiro (UNIRIO) e aposentado na UERJ (2021), que coordenou durante 30 anos o Programa de Estudos dos Povos Indígenas (PROINDIO) e desenvolve pesquisas na área de História, com ênfase em História Social da Linguagem; Beatriz Protti Christino, professora associada I do Departamento de Letras Vernáculas (Setor de Língua Portuguesa) da Universidade Federal do Rio de Janeiro (UFRJ), investigou o circuito de produção e recepção das pesquisas acerca de línguas sul-americanas de 1890 a 1929 e, em especial, a obra de Capistrano de Abreu sobre a língua

Kaxinawá, obtenido Menção Honrosa no Prêmio Capes de Teses e a historiadora e autora de "**O velho vaqueano Capistrano de Abreu: historiografia, memória e escrita de si**", Rebeca Gontijo Teixeira, professora associada (D3) do Departamento de História, do Programa de Pós-Graduação em História da Universidade Federal Rural do Rio de Janeiro.

Também agradecer ao Programa de Pós-graduação em Bibliotecononima e a Pró-Reitoria de Pós-Graduação, Pesquisa e Inovação (PROPGPI) da Universidade Federal do Estado do Rio de Janeiro e às contribuições dos professores Alberto Calil Elias Junior, Mariza Costa Almeida e Nanci Elizabeth Oddone, colegas do PPGB.

Gratidão imensa à equipe do projeto, a bibliotecária Camilla Faria Nalin, graduada (2017) e mestre em Biblioteconomia pela Universidade Federal do Estado do Rio de Janeiro (UNIRIO), com experiência em tecnologia da informação, indexação e monitoramento informacional; Roberta Mansur Santos, graduanda em Biblioteconomia na Universidade ederal do Estado do Rio de Janeiro (UNIRIO) e bolsista de iniciação científica do Projeto de Pesquisa do **Glossário Decolonial de Macunaíma**. Agradecimentos também, ao Paulo Víctor Pereira Fraga Coelho que cuidou do suporte aos encontros virtuais e da nossa presença nas mídias sociais.

Esse Glossário foi aprovado nos termos do EDITAL FAPERJ Nº 36/2021 – PROGRAMA APOIO À EDITORAÇÃO E AO AUDIOVISUAL COMEMORATIVO DO BICENTENÁRIO DA INDEPENDÊNCIA E DO CENTENÁRIO DA SEMANA DE ARTE MODERNA – 2021.

APRESENTAÇÃO

O glossário decolonial e a gramatiquinha da fala brasileira

José R. Bessa Freire

Quem ouviu vozes indígenas no Theatro Municipal de São Paulo naquele fevereiro de 1922? Essa pergunta pode ser feita com distanciamento crítico agora, cem anos depois da Semana de Arte Moderna, quando o Projeto **Glossário Decolonial de Macunaíma** registrou 2.112 entradas de termos e sinonímias, que nos dão a dimensão da riqueza do vocabulário brasileiro em suas raízes.

"Há várias línguas faladas em português", afirma José Saramago, no documentário *Língua: vidas em português*. Basta olhar as variedades regionais para dar razão ao escritor. Como explicar tal diversidade? Parte dela reside no fato de que os indígenas, que aqui moravam, falavam centenas de línguas autóctones diferentes e quando começaram a falar um idioma que veio de fora – o Português – nele deixaram impressas suas marcas, fruto de uma relação que a sociolinguística denomina de "línguas em contato".

Como as línguas indígenas eram diferentes em cada região, as marcas que deixaram não foram as mesmas. O Dicionário Houaiss da Língua Portuguesa, em uma de suas edições, apresenta 228 mil verbetes, dos quais 45 mil são palavras emprestadas de línguas indígenas, a maioria do tronco Tupi, especialmente da Língua Geral, que ficou conhecida como Nheengatu, o que nos ajuda a entender o português que falamos e até mesmo a consolidar a nossa identidade.

Neste processo de contato, as duas línguas gerais indígenas faladas no Grão-Pará e no Brasil – a Língua Geral Amazônica (LGA) e a Língua Geral Paulista (LGP) – nomearam conceitos, funções e utensílios novos trazidos pelos europeus com adaptações fonéticas e fonológicas: cavalo (cauarú), cruz (curusá), soldado (surára), calça ou ceroula (cerura), livro (libru ou ribru), papel (papéra), amigo ou camarada (camarára).

Os portugueses começaram a falar essas duas línguas e tomaram delas muitos empréstimos, hoje usados pelos brasileiros, que nem desconfiam de sua origem. Desde o século XVI, os portugueses, que tinham interesse econômico em comunicar-se com os índios, começaram a usar essa Língua Geral de base Tupi usada pelos missionários na catequese.

De origem Tupi é a palavra carioca, nome de um rio que, segundo alguns especialistas, significa "morada (oca) do acari", um peixe que cava buracos na lama e ali mora como se fosse um anfíbio. Para outros, é o nome de uma aldeia, a "morada dos índios carijó". Da mesma origem são os nomes de muitos lugares, como locais atuais do Rio de Janeiro, que conservaram as denominações de antigas aldeias: Guanabara (baía semelhante a um rio), Niterói (baía sinuosa), Iguaçu (rio grande), Pavuna (lugar atoladiço), Irajá (cuia de mel), Icaraí (água clara) e tantos outros, como Ipanema, Sepetiba, Mangaratiba, Acari, Itaguaí.

A influência das línguas indígenas nas variedades usadas no Brasil não se resume a uma listagem de palavras exóticas ou "folclóricas". Além do léxico, existem outras influências entranhadas nas camadas profundas da língua, que penetraram em seus alicerces, mexendo com seu sistema sintático, fonológico e morfológico. É o que os linguistas chamam de "substrato".

Essas influências ainda não foram completamente inventariadas, embora algumas tenham sido identificadas. O indigenista Telêmaco Borba recolheu, em 1878, dados sobre a língua Oti, que era então falada no sertão de Botucatu (SP). Descobriu que aquela língua, do tronco Jê, possui sons que os grupos de língua Tupi não têm, como o R retroflexo. E seus falantes levaram esse traço para o Português quando adquiriram a nova língua. Ele permanece até hoje no R paulista, conhecido como R caipira.

As vozes indígenas gravadas pelos tupinólogos que coletaram narrativas indígenas no século XIX ficaram de fora da Semana de 22 e de seus desdobramentos, com raras exceções. Uma delas foi Raul Bopp, que não coletou nenhuma narrativa oral, mas teve acesso ao registro escrito de algumas delas. A outra, foi Mário de Andrade, que viajou pelo Norte e Nordeste de 1927 a 1929 e ouviu histórias, causos e cantigas dos ribeirinhos da Amazônia.

Recentes artigos de Italo Moriconi, José Miguel Wisnik e Luiz Armando Bagolin discutiram o possível caráter caricatural da representação do "índio" pelos modernistas, mesmo reconhecendo sua inegável contribuição para a cultura brasileira. De qualquer forma, a literatura ameríndia quase nunca foi tratada com seriedade. Considerada como simples matéria-prima etnográfica, só passa à categoria de arte "quando devidamente trabalhada pelas mãos engenhosas de intelectuais não indígenas" – como critica Lúcia Sá no seu **Literaturas da Floresta**. Ela reflete sobre o que se ganha quando se leva a sério a literatura oral indígena, mas também o que se perde quando ela é ignorada ou desprezada. *Tupy or not Tupy, that is the question.*

Conhecer a contribuição efetiva da literatura e dos idiomas indígenas à língua portuguesa é entender como viviam os povos que as falavam, o que nos permite a apropriação de experiências milenares. Os debates com especialistas na construção do **Glossário Decolonial de Macunaíma** tiveram como objetivo não silenciar as culturas dos povos originários, suas línguas e sua literatura. Quem sabe escutaremos as vozes indígenas em uma gramatiquinha da fala brasileira?

INTRODUÇÃO

Míriam Gontijo de Moraes

Esta obra de referência sobre a terminologia síntese de **Macunaíma** pretende ser um instrumento para a recuperação de informação e de controle de sentido do léxico que compõe a obra de Mário de Andrade. Entre as motivações do trabalho, além de construir um instrumento terminológico, está a necessidade de romper com o silenciamento e subjugação de povos, etnias, classes e, ou, identidades de grupo para ajustar um problema de representação e organização do conhecimento nos moldes da dominação colonial excludente que ainda persiste em nossa cultura. Daí a proposta de um **Glossário Decolonial de Macunaíma**.

A estratégia para a elaboração da obra de referência foi fazer um debate com especialistas, em temas afins, para dar sequência ao levantamento de conceitos, termos e expressões que compõem essa narrativa visando a construção de um glossário que pretende dar à obra uma releitura enfatizando aspectos da crítica decolonial de não silenciar outras culturas. Foram identificadas 2112 entradas referentes a uma compilação de termos e sinonímias, cada uma seguida de definição que leva em conta o aspecto semântico e o contexto da narrativa, que no seu conjunto nos dão a dimensão da riqueza do vocabulário brasileiro em suas raízes. Para isso, foi composto um *corpus* baseado no único glossário da obra produzido por M. Cavalcanti Proença, quem enxergou na rapsódia marioandradiana um Hipodigma: modelo da zoologia para denominação dada ao conjunto de caracteres usados na descrição de uma nova espécie, no caso, **Macunaíma**, uma nova espécie da literatura brasileira. Proença, por sua vez, fez sua pesquisa junto às fontes tupinólogas, que registraram uma etnoliteratura que só chegou ao nosso conhecimento por meio de publicações baseadas em narrativas da esquecida Língua Geral da Amazônia, o Nheengatu. Constam nas fontes de Proença, ainda, o sul-americanista brasileiro Capistrano de Abreu e o etnólogo alemão Theodor Koch-Grünberg que foi fonte primária de Mário de Andrade. Também buscamos compor o *corpus* mediante a consulta às 520 notas e a compilação de 706 verbetes, que contribuem para a compreensão de uma das obras mais instigantes da literatura brasileira, e que compõem a edição de **Macunaíma** da Editora FTD, identificando em notas elaboradas pela professora de Literatura Brasileira, Noemi Jaffe, muitos dos termos encontrados no glossário de Proença e acrescidos de outros. Nos sentimos também à vontade para usar da busca em enciclopédias e dicionários on-line de forma a não deixar nenhum termo ou sinonímia sem definição.

    Enquanto obra de referência, pretende contribuir ainda para a documentação do Inventário Nacional da Diversidade Linguística como instrumento de identificação, documentação, reconhecimento e valorização das línguas portadoras de referência à identidade, à ação e à memória dos diferentes grupos formadores da sociedade brasileira, inventário este instituído pelo Decreto nº

7.387, de 9 de Dezembro de 2010, tendo em vista a necessidade de ações de fortalecimento de línguas identitárias e de subsídio aos estudos nas áreas afins, dada a sua natureza epistemológica transversal, enriquecendo as políticas educacionais. Uma das maiores demandas dos grupos de falantes de línguas minoritárias está relacionada ao direito de acesso a serviços públicos na sua língua de referência e de implementação de projetos de apoio à produção literária e audiovisual, que buscam favorecer a preservação e a transmissão intergeracional.

No marco das comemorações do bicentenário da nossa independência, no ano de 2022, o Brasil se apresenta ainda uma nação em que a diversidade cultural e linguística é muito pouco conhecida sobretudo quando se tem em mente o universo das línguas e cultura ameríndias e africanas sobreviventes ao silenciamento imposto pelo Estado, Meios de Comunicação e Sistema Educacional.

As comemorações da independência também foram o mote para que, no ano do seu centenário, um grupo de intelectuais brasileiros marcasse a data com uma proposta de rompimento com um paradigma clássico e a busca de uma identidade própria. Nascia um modernismo brasileiro de caráter antropofágico, no qual o indígena torna-se o espelho para todos os brasileiros, síntese de todo nosso processo cultural, que, nos moldes antropofágicos, trata-se de uma assimilação do outro como um processo cultural de alteração de si a partir de elementos alheios. No paradigma antropofágico do modernismo brasileiro evidencia-se a necessidade de incorporação de força de várias formas culturais que compõem as raízes brasileiras, num gesto que acena para a descolonização da nossa cultura.

Temos na figura de Mário de Andrade e de sua obra **Macunaíma**, a conexão que buscamos para fazer uma viagem ao marco histórico na perspectiva decolonial. Considerado a força motriz por trás da Semana de Arte Moderna, o evento de 1922 que reformulou a literatura e as artes visuais no Brasil, Andrade era também um membro do vanguardista "Grupo dos Cinco", formado pelo próprio Andrade, os poetas Oswald de Andrade e Menotti del Picchia, e as artistas Tarsila do Amaral e Anita Malfatti.

As ideias para a Semana de Arte Moderna de 1922

Como nos conta o professor Eduardo Jardim, autor da biografia "**Eu sou trezentos – Mário de Andrade, vida e obra**", vencedor do Prêmio Jabuti de Melhor Livro do Ano de Não Ficção, em 2016, Mário de Andrade descobriu a arte moderna na exposição da pintora Anita Malfatti, no ano de 1917, e, para ele, o conhecimento da pintura expressionista de Malfatti foi um deslumbramento. Logo no ano seguinte, ele conhece mais um artista moderno que foi Brecheret. Nessa altura ele já era amigo de Oswald de Andrade e comprou, de Brecheret, uma estátua de uma cabeça de Cristo que causou escândalo na família. Ele diz que foi como uma reação a esse escândalo que escreveu seu primeiro livro de poemas modernistas "**Pauliceia desvairada**".

"**Pauliceia desvairada**" foi escrito em 1920 e tem como primeiro verso do poema "Inspiração" a frase "São Paulo comoção da minha vida". É o primeiro verso do primeiro poema do primeiro livro de poemas do modernismo, não só de Mário de Andrade. O livro é composto de duas partes, uma parte que é um ensaio chamado "Prefácio Interessantíssimo", e uma segunda parte de poemas, que são como flashes da cidade, como "Paisagem", esclarece o biógrafo. Ainda segundo Jardim, que participou do primeiro encontro virtual do nosso projeto realizado em 2022, Mário de Andrade toma parte nas preparações para a Semana de Arte Moderna de 1922 e escreve um conjunto de ensaios, que é publicado em jornal, chamado "Mestres do Passado", contra o parnasianismo. E aí vem a Semana, que, conforme a avaliação de Jardim, "a gente não sabe direito de quem veio a ideia da Semana. Falam em Di Cavalcanti, que na época morava em São Paulo, outros mencionam Marinette Prado, mulher de Paulo Prado". A Semana teve música, exposição de artes, conferências por três dias, e Mário de Andrade leu trechos mais tarde incluídos em um livro chamado **"A escrava que não é Isaura"**. Em seguida à Semana de Arte Moderna, Mário de Andrade formou com Oswald de Andrade, Tarsila, Anita Malfatti e Menotti del Picchia um grupo que se reunia quase diariamente para discutir problemas de estética, de arte, ao qual eles deram o nome de "Grupo dos Cinco".

Na avaliação do professor e biógrafo, o Modernismo dos anos 20 tem duas fases. Na primeira fase modernista, a preocupação era atualizar a produção artística brasileira ao novo tempo, o tempo moderno, e os modernistas pretendiam fazer isso em contato com as vanguardas europeias: "então, se absorvêssemos os procedimentos das vanguardas europeias, teríamos uma entrada no concerto das nações pela incorporação das linguagens artísticas modernas". Para Jardim, existe uma espécie de universalismo ali, que se mantém, aliás, na história do Modernismo. Mário de Andrade esclarece em carta a Manuel Bandeira: "Sei que dizem de mim, que imito Cocteau e Papini. Será já um mérito ligar estes dois homens diferentíssimos como grácil lagoa de impetuoso mar. É verdade que movo como eles as mesmas águas da modernidade. Isso não é imitar: é seguir o espírito duma época". As teses de estética, neste primeiro tempo modernista que vai de 1917 a 1924, estão expressas especialmente em "Prefácio interessantíssimo" e em "**A escrava que não é Isaura**". São elas: é preciso afirmar a distinção entre beleza natural e o belo na arte; a arte não consegue reproduzir a natureza nem é esse seu fim; em seguida, considera-se a tensão entre o impulso vital que constitui a própria inspiração, muitas vezes caótica, e a necessária disciplina técnica que possibilita construir a obra a ser transmitida ao leitor. Ainda há a ideia, nessas teses da estética de Mário de Andrade desse período, de que a forma do poema, a forma da arte, é condicionada por um conteúdo. Adota-se aí um antiformalismo. Há também uma ideia de história da arte, concebida por Mário de Andrade. Ele fala de três momentos da história da arte: em um primeiro, há uma ausência de preocupação em afirmar um caráter estético autônomo; em seguida, ele se refere à modernidade, quando a estética ganha autonomia na arte; por fim, há um terceiro momento, que é o atual, do modernismo em geral, quando há uma superação do formalismo. Nesse período do primeiro tempo modernista, Mário de Andrade participa da publicação da primeira revista modernista, **Klaxon**, que teve nove números.

Mas como enfatiza Jardim, há um segundo tempo modernista, que começa em 1924 e que tem como data de nascimento o "**Manifesto da poesia pau-Brasil**", de Oswald de

Andrade, quando há uma reformulação do problema da entrada na modernidade. Então, o universalismo é visto de uma outra forma. Participaremos do concerto das nações cultas pela afirmação dos traços nacionais da nossa arte. A perspectiva nacionalista que aparece no modernismo, e, no caso específico de Mário de Andrade, é a de que "o Brasil para ser civilizado artisticamente e entrar no concerto das nações que hoje em dia dirigem a civilização da Terra, tem que concorrer para esse concerto com a sua parte pessoal, com o que o singulariza e individualiza, parte essa única que poderá enriquecer a alargar a civilização". Aí se coloca um problema para uma perspectiva nacionalista: como definir a entidade nacional? Mário de Andrade adota um ponto de vista no qual estabelece uma espécie de cadeia. É preciso ser moderno. Para isso é preciso ser nacional. Os traços da nacionalidade estão contidos na cultura popular.

O projeto Marioandradino

Para a mestre em Memória Social pela UNIRIO, Iria de Carvalho e Borges, autora da dissertação *Mário de Andrade e a poética do colecionamento: entre a etnografia, o patromônio e o conhecimento sensível*, defendida em 2021, sob a orientação da professora Regina Maria do Rego Monteiro de Abreu, a ideia geral do projeto Marioandradino era a de abrasileirar o Brasil, de criar uma tradição tipicamente brasileira, isso através de um projeto estético, do modernismo intelectual e também político, num segundo momento. Então, "os modernistas tinham muito essa preocupação com a identidade nacional e, para Mário, como Jardim já mencionou, ela estava nas manifestações da cultura popular, no folclore", avalia a pesquisadora que também participou do primeiro encontro virtual do projeto **Glossário Decolonial de Macunaíma**. O folclore tem um papel central nesta construção para o Mário e está supostamente em manifestações que tiveram pouco contato com o que vem de fora, que está longe dos centros urbanos, de forma que manifestações teriam uma autenticidade que é singular do Brasil, teriam os fundamentos da nacionalidade, de uma estética nacional, e vêm muito com uma ideia de tradição também. A questão da brasilidade, do projeto modernista, fez com que o Mário voltasse o olhar para o que ele concebia como as origens, as raízes do país, do Brasil. Então, o folclore foi um terreno fértil para descobertas e redescobertas do poeta.

Como menciona a pesquisadora, neste projeto de interpretação do Brasil, como alguns diriam, de construção de uma identidade nacional, ele vai fazer viagens dentro do país que foram substância para a escrita de "**Um turista aprendiz**", que é um livro publicado com os relatos tanto etnográficos como literários, e até um pouco fantasiosos mesmo, de duas viagens pelo nosso Brasil. Carvalho destaca então, o Mário viajante, que é o da experiência direta com a vida e com a arte em suas mais variadas formas, em viagens que fizeram ele ir ao encontro do Brasil ou aos "Brasis", como ele mesmo nota, que existe essa diversidade cultural e social dentro do nosso território, e não só a diversidade, mas desigualdade social também. Então, o Mário viajante é também esse Mário folclorista, etnógrafo, em caráter experimental, principalmente na primeira viagem. O folclore e a etnografia, que é o método consagrado dentro da antropologia, do qual Mário se aproximou muito, são modulados como uma orientação mesmo na busca de renovação estética e de uma identidade. São diferentes áreas de interesses dele que vão se sobrepondo, caracterizando essa multiplicidade do autor, enfatiza a socióloga. O mais importante foi que nessa viagem ele teve o primeiro contato com os Brasis que ele já vinha lendo sobre, em livros, em cartas que ele trocava, ele se correspondia com pessoas do Brasil todo. Então, nessa viagem, em 1927, ele já tinha iniciado a escrita de **Macunaíma**, que começou em 1926 e foi lançado em 1928. Na apreciação da pesquisadora, também foi o ano da segunda viagem que ele fez para o nordeste. A viagem para a Amazônia foi a primeira, uma imersão sensorial de cores, de cheiros, de coisas, de costumes e realmente uma expansão do conhecimento das manifestações culturais que tinham e tem no nosso país. Então, ele esteve lá para fazer uma referência à antropologia da questão de estar lá, viveu, registrou isso não só por escrito, mas também em fotografia, em desenhos; e foi uma viagem que fez a sua coleção crescer bastante, introduzindo aqui este aspecto de colecionador.

Ele voltou para São Paulo, para a rua Lopes Chaves, na Barra Funda, com muitos registros sobre música, danças, lendas, costumes, sobre a vida cotidiana, sobre os encontros e pessoas que ele conheceu, e voltou também com muitas coisas materiais, tipo redes, peças artesanais, indígenas e locais, objetos de uso cotidiano. Já a viagem que fez para o nordeste, foi ele mesmo quem organizou o itinerário e foi quando já tinha também se preparado através de leitura de livros de etnografia e de antropologia para fazer uma colheita mais sistemática do que interessava o folclore e, principalmente, a música. Ele era musicólogo, dava aula no conservatório de São Paulo e era um grande pesquisador também, e já tinha em mente gerar documentação, gerar material para a renovação artística e estética que os modernistas estavam pautando. Essas viagens ampliaram bastante o repertório do Mário, de ideias, de objetos, escritos, registros, enfim, e a dimensão da experiência e da experimentação também estão muito presentes nessas viagens.

Um colecionador de palavras

Entre as muitas facetas do Mário de Andrade, a do Mário estudioso sobre o preconceito de cor no Brasil também nos foi apresentada por Marcelo Tupinambá Leandro, doutorando em musicologia na Universidade Estadual Paulista e mestre em musicologia na Universidade de São Paulo, que desde 2005 desenvolve pesquisas entre Arte História e Educação e coordena o Museu Casa Mário de Andrade, onde o Mário morou de 1921 até o ano de sua morte, em 1945, fora o período que esteve na cidade do Rio de Janeiro. A casa também tem diversas atividades relacionadas à vida e obra do Mário de Andrade aos seus contemporâneos, e, segundo Leandro, foram abrigadas algumas atividades, por exemplo, envolvendo indígenas que produzem literatura; as pessoas que lidam com patrimônio negro em São Paulo também tiveram oportunidade; pessoas representantes da comunidade LGBTQIAPN+ e artistas de rua do grafite também tiveram seu espaço de fala. "Inspirados no que o próprio Mário propôs em vida, nos valemos desse sentimento para poder criar atividades bastante múltiplas para atender diversos públicos", relata Leandro. Nesta perspectiva, Leandro destaca algo interessante e que não é muito conhecido, por exemplo, o fato de que Mário de Andrade fez um estudo sobre o preconceito de cor no Brasil, ele começou a estudar e foi buscar essas fontes nas *bocagens*, ou seja, nos palavrões que eram proferidos e seu conteúdo. No capítulo 6, "A Francesa e o Gigante" da obra **Macunaíma**, o herói não se conforma que o gigante Piamã ou Venceslau Pietro Pietra, se autodenomine um colecionador célebre e ele não.

"Matutou matutou e resolveu. Fazia uma coleção de palavras feias de que gostava tanto. Se aplicou num átimo, reuniu milietas delas em todas as falas vivas e até nas línguas grega e latina que estava estudando um bocado. A coleção italiana era completa, com palavras para todas as horas do dia, todos os dias do ano, todas as circunstâncias da vida e sentimentos humanos. Cada Bocagem!". (ANDRADE, Mário de, Macunaíma, Editora FTD, São Paulo, 2016, p. 60)

A organização do conhecimento de Mario de Andrade

O anteprojeto da Enciclopédia Brasileira foi escrito por Mário de Andrade durante a sua permanência no Rio de Janeiro, após o golpe do Estado Novo, em 1937, quando ele foi afastado da chefia do Departamento de Cultura e Recreação do Estado de São Paulo, criado em 1935, instituição pioneira no desenvolvimento de um arcabouço político e operacional de políticas culturais no Brasil. Entre as iniciativas pioneiras de Mário de Andrade à frente do Departamento de Cultura de São Paulo, podemos listar: construção de um novo prédio para a Biblioteca Central, hoje, Biblioteca Mário de Andrade; aquisição de acervo; criação de um Conselho Bibliotecário com funcionários especializados; fundação da Escola de Biblioteconomia; criação de bibliotecas ambulantes; bibliotecas populares nos bairros da cidade e a criação da Discoteca Municipal.

No final do ano de 1939, Mário de Andrade, já morando na cidade maravilhosa, foi contratado como consultor técnico do Instituto Nacional do Livro e recebeu como primeira tarefa a elaboração dos projetos da Enciclopédia Brasileira e do Dicionário da Língua Nacional, uma vez que o autor já trabalhava no projeto de um dicionário musical brasileiro e já existia o projeto de uma gramatiquinha da fala brasileira, como nos conta a pesquisadora Flávia Toni, que participou do 5º Encontro Virtual do Projeto **Glossário Decolonial de Macunaíma**.

Sobre o projeto da Enciclopédia Brasileira, tivemos a contribuição valiosa da professora titular Flávia Camargo Toni que, além de pesquisadora no Instituto de Estudos Brasileiros, onde foi presidente e coordenadora do Programa Culturas e Identidades Brasileiras entre os anos 2010 e 2014, e como pesquisadora do Centro Cultural São Paulo, processou e descreveu todo o acervo constituído pela Missão de Pesquisas Folclóricas trabalhando, a partir da década de 1990, pelo restauro e preservação da coleção. Segundo Toni, desde os anos 1925/1926, Mário de Andrade organizava para si mesmo um fichário analítico. Esse fichário, como destaca a pesquisadora, é muito interessante porque é construído, provavelmente, com a colaboração de seu grande amigo Rubens Borba de Moraes, e que tem uma chave de assuntos útil à catalogação de todos os livros e revistas que têm na casa de Mário. É um fichário extenso, chega a quase dez mil fichas dividido em dez assuntos, já que o número zero também é considerado uma entrada nesse modelo de fichário, e o número nove que é o mais extenso de todos os outros blocos desse fichário analítico, é dedicado ao Brasil. Então, Mário de Andrade, como jornalista, crítico de arte e professor tinha a necessidade de localizar rapidamente os assuntos que ele usava. Assim, o fichário analítico permitia que ele localizasse onde estão essas obras; primeiro, se ele tem o assunto e em segundo, em que lugar está esse assunto. Aliás, a própria indicação da localização das obras na casa dele é "uma graça", relata a pesquisadora. "Isso porque ele morava num sobrado, na esquina da Rua Margarida com a Rua Lopez Chaves, e como a família dele possuía três sobrados, contíguos, um onde moravam ele e a mãe e, ao lado, morava uma tia, e em mais outro morava uma terceira pessoa da família; a casa em que ele morava, era toda nomeada com letras, sala A, B, C, logo, o fichário analítico dele permitia até que ele localizasse em que lugar da casa estava determinada obra, em qual estante, em qual prateleira e qual número dentro da sequência daquela prateleira estava a obra que ele precisava, fosse revista ou livro, nos informa a pesquisadora. Flávia Toni comenta ainda, que por ser um homem metódico e que prezava muito pela correta localização da informação, não é uma pessoa apenas organizada, é um homem ocupado, que têm necessidade de recuperar rapidamente uma informação. Mais um traço desse homem, que por ser um modernista, era justamente ser um polígrafo, como muitos modernistas do mundo todo, não só do Brasil. Era um intelectual dedicado a várias artes, por exemplo, era crítico de poesia, de romances, de cinema, de artes plásticas, de música, além do que, ele mesmo era professor de música, então, um homem que tinha várias funções, precisava muito dos seus livros e, não só como crítico, mas também como estudioso. Por isso, um homem tão estudioso quanto ele precisava formar um acervo potente e era isso que ele fazia. Quando ia estudar um assunto qualquer, a primeira coisa que fazia era organizar uma boa quantidade de obras de referência para poder embasar o seu estudo, o seu trabalho.

Já morando no Rio de Janeiro, como muitos estudiosos já divulgam e muitas pessoas sabem, morou no Rio de Janeiro entre os anos 1938 e 1941, uma vez que em 31 de maio de 1938, ele se desviinculou do Departamento de Cultura, onde era diretor e chefe de uma das suas seções. Mesmo mantendo um dos cargos, mudou-se para o Rio de Janeiro, pois politicamente era melhor que ele ficasse à distância, uma vez que a própria saída dele do Departamento de Cultura se deu por motivos políticos. No Rio de Janeiro, foi trabalhar no Instituto Nacional do Livro, que era então chefiado por Augusto Meyer e, entre várias funções que ele assumiu trabalhando para o Instituto Nacional do Livro do Ministério da Educação e Saúde, tendo à frente Gustavo Capanema, aceitou a incumbência de fazer um projeto para elaboração de uma enciclopédia brasileira. Na vida dele, identificamos dois outros exercícios que poderiam aproximá-lo um pouco do que, hoje, entendemos sobre fazer uma enciclopédia. Por isso, em 1929 ele deu início a um dicionário musical brasileiro, relata Toni.

Toni nos conta também que, parte substancial da proposta da Enciclopédia Brasileira foi publicada por uma revista que se chamava **Observador Econômico e Financeiro**, número 48, em janeiro de 1940. Conta ainda que, o Instituto de Estudos Brasileiros custodia todos os documentos que Mário de Andrade usou para preparar esse texto, o que os pesquisadores do IEB chamam, por exemplo, de notas preparatórias, são lembretes, fichamentos e algumas observações que ele fazia em papéis timbrados do próprio ministério ou algumas folhas de caderneta de bolso em que ele anotava observações e as guardava, ou seja, guardava para poder recuperar todo o processo de escrita. Guardava também alguns encartes de propaganda de três enciclopédias principais: as enciclopédias Britânica e Italiana, e a germânica Brockhaus para poder pensar no modelo que fosse melhor para o Brasil.

O IEB custodia todo esse processo de pesquisa de Mário de Andrade, desde a cópia de carbono daquilo que era datilografado a um exemplar da revista citada anteriormente. Uma versão do anteprojeto foi publicada em 1993, uma edição a cargo de um editor de São Paulo, chamado Cláudio Jordano, que fez uma parceria para editar esse texto com a Edusp e edições Loyola.

Toni retoma os objetivos do projeto da Enciclopédia Brasileira. Por ser um projeto muito voltado para a divulgação de um ideário de governo que era bem condizente com o segundo período do governo do Getúlio Vargas que se inaugura a partir de 1937, o texto que foi publicado no **Observador Econômico e Financeiro**, trazia uma pequena nota que dizia o seguinte: "o senhor Mário de Andrade, que foi encarregado pelo Ministério da Educação de elaborar o anteprojeto da formação de uma enciclopédia brasileira, estuda os diferentes aspectos focalizando o caráter essencialmente brasileiro que essa enciclopédia deverá revestir, embora refletindo e registrando todos os fenômenos da atividade humana no mundo. Ele organiza o texto, que não é muito longo, mas com os seguintes subtítulos, quais sejam: Economia e Cultura; Plano Básico; Multivalência da Enciclopédia Brasileira; Peso Nacional da enciclopédia; Assuntos de verbetes; Definição e natureza dos verbetes; Um problema psicológico; Tamanho da enciclopédia e Conclusão." Conforme a pesquisadora, o que o Mário de Andrade entendia por Multivalência da Enciclopédia Brasileira, pode ser traduzida como a sua preocupação em esclarecer a quem deveria servir a obra de referência e qual o caráter cultural dela. Para ele, era muito difícil avançar porque havia, de um lado, a possibilidade de fazer uma obra de tão difícil leitura que as pessoas se afastariam imediatamente da enciclopédia e, de outro lado, o desafio em encontrar o "tom" para fazer uma obra de interesse da maior parte das pesquisas. Na avaliação de Mário, em qualquer um desses dois sentidos, quer dizer a quem ela serve ou qual caráter cultural, o Brasil se distingue dos países que já têm produzido nossas grandes e conhecidas enciclopédias e se encontra em desvantagem porque ainda não tem nenhuma, sendo um país de muito pequena elite cultural, larga massa camponesa analfabeta e populações urbanas irregulares, mas com a população dos alfabetizados tendendo a crescer, sobretudo nas cidades e demandando necessidades gerais e técnicas de conhecimento intelectual. Ele enfatizou, ao longo do texto, alguns exemplos de maneiras pelas quais a enciclopédia deveria servir também de maneira técnica para as pessoas, por exemplo, quando fosse falar sobre a agricultura, encontrar elementos que auxiliassem o pequeno produtor a se localizar dentro da enciclopédia para obter algumas informações de ordem prática, embora não a transformando em um manual para o agricultor mas dando sempre algum material de aspecto mais técnico para as pessoas que a consultassem. Essa multivalência também estava relacionada ao que ele encarava como uma enciclopédia que seria uma grande biblioteca acessível, evidenciando esse caráter de democratização do conhecimento.

Flávia Toni retoma a experiência de Mário de Andrade relacionada ao **Dicionário Musical Brasileiro**, obra que ele inicia em 1929 com a ideia de ser um instrumento de referência para uma futura enciclopédia sobre música e poesia no nordeste, que era uma grande obra chamada **Na Pancada do Ganzá**. Para isso, é necessário lembrar, enfatiza a pesquisadora, que ainda no final da década de 1920, não tínhamos a definição de nenhum termo musical nos dicionários da língua, e só quando Manuel Bandeira fez a revisão do **Pequeno Dicionário da Língua Portuguesa,** é que, através de uma troca de cartas com Mário de Andrade, eles introduziram alguns vocábulos musicais. No entanto, até aquele momento, as pessoas não sabiam onde encontrar uma definição sobre moda; modinha; maxixe; tango. Nada disso ainda tinha sido conceituado, ou melhor, dicionarizado. Mário de Andrade criou o **Dicionário Musical Brasileiro** e teve, sobretudo, a ideia de que fosse um dicionário para que pudesse escrever **Na Pancada do Ganzá**, e ele continuou alimentando esse dicionário com material bibliográfico até antes de sua morte, em 1945.

O Dicionário Musical, criado em 1929, nunca foi deixado de lado. Entre dezembro de 1944 e janeiro de 1945, continua Flávia Toni,

> "a gente percebe que Mário de Andrade persistiu o tempo todo alimentando o dicionário de informações porque ele pretendia publicar um dia aquela obra. A vida não lhe deu essa oportunidade, mas esse era um projeto acalentado por ele, um homem que fez parte

de uma geração onde as pessoas ainda acreditavam nas obras de referência porque viu nelas um acessório imprescindível para suas pesquisas, ensino e ações de política pública".

O projeto não saiu do papel na gestão do Capanema e, apenas em 1958, foi editado o primeiro e único volume da Enciclopédia Brasileira a cargo de um estudioso que o próprio Mário de Andrade chegou a conhecer, chamado Alarico da Silveira. De todo modo, Mário de Andrade até se coloca à disposição do Capanema para detalhar mais o projeto mas ele preferiu fazer isso mesmo em São Paulo e, apesar de gostar do Rio de Janeiro, naquele momento ele apenas quis voltar para casa, comenta Flávia Toni.

A colonização e o choque de civilizações em Macunaíma

O debate sobre o conflito das civilizações ameríndia, africana e europeia, no contexto da colonização, contribuiu como um pano de fundo da obra **Macunaíma**, em uma perspectiva decolonial. O contato de civilizações durante o período colonial, principalmente na América portuguesa, e a força de culturas autóctones que assistiram o projeto de dominação europeia, nos incita a identificar o legado dessas cosmovisões. André Gardel, professor associado de Letras e Artes Cênicas e do PPGAC (Programa de Pós-graduação em Artes Cênicas) do Centro de Letras e Artes da Universidade Federal do Estado do Rio de Janeiro – UNIRIO, foi um dos convidados para os nossos encontros virtuais. Ele levantou pontos interessantes e importantes num colóquio sobre os 100 anos de Modernismo no Brasil, cujo tema era "O Recado do Xamã, de Makunaima à Macunaíma e vice-versa". Gardel, que vem trabalhando o xamanismo, sobre o que vem a ser o Xamã, porque essa figura o encantou, enfatiza que o tema traz "algo para pensar a civilização ameríndia que estava aqui nesse espaço geopolítico que a gente chama hoje de Brasil, que a gente deu esse nome por um acaso". Em sua abordagem, Gardel destaca que:

> "aqui, onde hoje a gente conhece como um espaço geopolítico potente, pleno, de civilizações de no mínimo 12 mil anos de existência que, com civilizações e com nações formadas, estruturadas, organizadas em vários espaços ameríndios, podemos falar que houve uma civilização muito específica no espaço da floresta amazônica, das savanas amazônicas, especialmente das savanas, quando a gente vai falar de Macunaíma".

Trata-se de uma civilização diferente das Mesoamericanas, Mexicas, Maias, Incas e Norte-americanas também, embora tenha elementos que são incorporados nessas outras civilizações. Só para ter uma ideia atual, da dimensão populacional dessas civilizações, o professor estima em mais ou menos 60 milhões de habitantes nas Américas quando os europeus chegaram aqui, o que é quase o mesmo número de habitantes que havia na Europa e, na Amazônia, 10 milhões de habitantes, ou seja, confirma-se ser uma balela de que era um território selvagem, não domesticado pelo homem.

A figura de Xamã vai surgir na releitura de **Macunaíma**, explica Gardel, quando ele toma conhecimento dos antecedentes históricos da narrativa. De imediato, a questão é que Theodor

Koch-Grünberg, um etnólogo naturalista alemão, que fez várias viagens para o Brasil, em 1911, e se encontrou com Akule, um Xamã taurepang. Taurepang é um dos povos que fazem parte de um grupo étnico chamado Pemon, que se divide em Taurepangues e Arekunas. Esse grupo faz parte de um tronco linguístico maior que são os chamados Caribes. Na estimativa de Gardel, na Amazônia, os Caribes vêm desde o Amapá, passam pela Amazônia Central e adentram fortemente ao que chamamos de espaço da cultura do Orinoco, que vai do Norte do Brasil - Roraima, Venezuela, Guiana e um pedaço da Colômbia. Os Caribes são um dos troncos linguísticos mais fortes; a gente tem vários outros, afirma Gardel.

Na Amazônia temos também os Aruaques, os Tucanos, o grupo Pano e, principalmente, o que mais a gente conhece porque eram os povos que estavam na costa, os Tupinambás; Tupis que vem do rio Madeira, descem, vão pela costa, e foram os povos que tivemos primeiro contato, enfatiza o professor.

Somente na Amazônia, estima Gardel, que, atualmente, existem cerca de trezentas nações e cerca de cento e setenta a cento e oitenta línguas, "isso aí, triplicado quando os europeus chegaram aqui, ou seja, uma multidão, uma multipolaridade de possibilidades de visões de mundo, de concepções de existência". Para Gardel, os Caribes são um grupo muito interessante porque os Xamãs Caribes são seus heróis culturais, ou seja, aqueles que organizam e formam as especificidades daquele povo enquanto nação. E os povos Caribes têm uma especificidade muito interessante, identificada como a figura chamada pela antropologia de *Trickster*. O *Trickster* é quem a gente pode trazer para a nossa cultura como o *Jokerman*, o jogador, o safado, o malandro, a figura que está sempre fazendo malandragens para sobreviver. O povo Caribe tem como herói cultural um *Trickster*. Um herói cultural que fundamenta todo o espaço e territorialidade, a formação do caráter, a formação social, os interditos sob a batuta de um *Trickster*. Ele é esse brincalhão. Há uma música do Bob Dylan chamada *Jokerman* e que Caetano Veloso fez uma versão belíssima, que é exatamente isso, só que o *Jokerman* de Bob Dylan é um *Jokerman* meio sombrio, e identificamos entre os Caríbes um *Jokerman* absolutamente solar, desreprimido, avalia Gardel. Esse *Jokerman*, em questão, é raro nos povos da América do Norte, pois é muito incomum ter um *Trickster* herói cultural, ou seja, um formador daquela nação, um introdutor da agricultura, quem leva ao descobrimento do fogo, quem enfim, traz a civilização sob o viés claro ameríndio para esse povo. Só para ter uma ideia da grandeza do que significa um herói cultural, os povos Yanomamis, que estão ao lado dos povos Caribes, simplesmente têm herói cultural que são dois irmãos gêmeos: um é o Omama, que é o autêntico herói, o outro é Yoasi, que é um *Trickster* que faz tudo errado, mas não é o herói cultural. O Omama conserta o que ele faz errado. Os Caribes não, além de ser o herói cultural, o que fundamenta toda aquela concepção de vida é a figura do *Trickster,* ou seja, é alguém que vai trabalhar – o que para o ocidente é errado, é o mau selvagem porque, erroneamente, na concepção do ser humano ele está além do bem e do mal. Pelo contrário, para os Caribes é muito chato quem tem uma personalidade definida que não sabe ser flexível, não adaptável, eles criticam duramente quem é assim porque não tem um poder de imaginação pragmática, que faz com que tudo se resolva por meio da imaginação, sustenta Gardel. Esse malandro teria a função de ser uma imaginação pragmática criativa.

E que ao contrário de alguém definido no espaço restrito de caráter, Mário de Andrade, em sintonia com essa cosmovisão, introduziu esse ser como um herói sem nenhum caráter ao contrário de não ter caráter, o que é algo absolutamente positivo para o povo Caribe, o que não é nenhuma amoralidade nem moralidade, é simplesmente uma outra concepção do humano. Entender o que vem a ser um herói sem nenhum caráter, da obra de Mário de Andrade, é perceber que Mário está evidenciando um sintoma, não um símbolo do brasileiro. Um sintoma da nossa cultura conflituosa, do embate de cosmovisões distintas, sentencia o professor.

A obra **Macunaíma,** de Mário de Andrade, tem suas raízes nessa narrativa de quando Theodor Koch-Grünberg, em 1911, entrevista Akule, que é um Xamã taurepang, povo que faz parte do grupo Pemons, e este vai contar as histórias de Makunaimã. Os Wapixanas, povo da etnia de Joenia Wapixana, ex-deputada federal e presidente da Fundação Nacional do Índio (Funai), no atual governo do presidente Lula, chamam de Macunáima, da mesma maneira que se fala Roraima. Mas a gente pode falar **Macunaíma** e de onde Mário de Andrade se inspirou para o seu **Macunaíma**. Akule auxiliava um outro Xamã Arekuna que sabia a língua taurepang, que era Mayuluaipu, quem sabia várias línguas, um poliglota, e soube traduzir o que Akule estava narrando para Koch-Grünberg, em português. Koch-Grünberg escreveu sua obra a partir de 1911, em alemão, e publicou em 1924. Foi essa obra que Mário de Andrade leu para conceber **Macunaíma**. Ele leu a obra em alemão e reinventou a partir daí, a sua obra **Macunaíma**, em português. Tivemos nesse processo, no mínimo, cinco traduções para chegar a essa narrativa de Mário de Andrade, para chegar até esse herói que foi chamado de herói sem nenhum caráter, relata.

Gardel enfatiza que, mais uma vez, a questão do caráter não é moralista, mas de apontar um sintoma para que a gente não faça uma leitura distorcida do Mário de Andrade. Ele ressalta ainda que, percorrer essa trajetória de como a obra **Macunaíma** foi concebida, é preciso ter em perspectiva que é uma história modificada várias vezes, o que não é problema nenhum para os xamãs, porque o universo xamânico é um universo todo de ver traduções de traduções e retraduções de traduções. As informações são todas refeitas, tanto no modo de língua para língua, quanto numa tradução intersemiótica de língua para música, de música voltar a ser miração/imagem, imagem voltar a ser som e por aí vai, e disso se transformar em discurso para ser apresentado para a comunidade porque o Xamã vai vivenciar um espaço que Gardel identificaria com uma espécie de duplo no espaço das artes e no espaço da literatura. E aí, uma possibilidade de releitura é que o Mário de Andrade estava cumprindo a função de Xamã ao trazer para o Brasil, o mito Taurepang, muito embora um Xamã em nome de uma nacionalidade, ao invés de uma cosmopolítica, tão característica do xamanismo, comenta.

São as experiências que a filósofa e historiadora Isabelle Stengers chamou de cosmopolítica, ou seja, uma política que inclui os animais, os humanos, os extra-humanos, como rios, nuvens, a terra, a natureza como um todo e suas potências. Então, esse é o espaço que o Xamã visita e é onde ele trabalha, por anos, para adentrar. É o espaço que, nós ocidentais, chamamos de sonho, espaço de estarmos em estado de delírio, de dor profunda e que ele te leva para o espaço de deslocamento do que é comumente chamado de realidade/vigília e que é mais frequentemente visitado por meio do sonho. Esse é o espaço de manutenção da política intertribal, da política entre as várias comunidades e feita no reino cósmico, feita a política cósmica em que você vai ter representante de todos os animais, dos rios e o Xamã vai ser um diplomata cósmico que vai negociar com a imagem do rio, com a imagem do bicho-preguiça, com a imagem da formiga. Enfim, esse é o papel de um diplomata cósmico, ele vai tentar manter o equilíbrio.

O Xamã, o Exu e o malandro: como classificar?

O professor associado Marcos Luiz Cavalcanti de Miranda, da Universidade Federal do Estado do Rio de Janeiro – UNIRIO, atuando nos cursos de Bacharelado em Biblioteconomia, nas modalidades presencial e à distância, Licenciatura em Biblioteconomia e coordenador do Programa de Pós-Graduação em Biblioteconomia – PPGB/Mestrado Profissional em Biblioteconomia, chama a atenção para esse *Jokerman* para relacioná-lo à própria figura de Exu no Candomblé, o mercador, aquele que faz a comunicação entre o Orum e o Aiyê; entre o Orum, entre os céus, e entre o Aiyê, a terra. Para ele, a figura do *Jokerman* é muito interessante porque na concepção trazida, sobretudo no capítulo 7 da obra de Andrade, cujo capítulo é "Macumba", "macumba não é macumbeiro, é macumba", é onde fica mais explícita a relação. Segundo Miranda, em sua abordagem durante o segundo encontro virtual do Projeto **Glossário Decolonial de Macunaíma**, o foco será a partir de três aspectos: primeiro, o etnoconhecimento, depois, os estudos culturais e, em seguida, os sistemas de organização do conhecimento, que está na justificativa de um glossário da obra **Macunaíma**. Miranda acena que, pela fala do Gardel, percebemos as várias possibilidades de conhecer, os vários pontos epistemológicos, as várias epistemes que a obra **Macunaíma**, de Mário de Andrade, nos brinda. E é muito interessante porque o etnoconhecimento ou conhecimentos tradicionais é justamente aquele conhecimento produzido por povos indígenas, por afrodescendentes, por pessoas que detêm saberes milenares, e esses saberes vão sendo transmitidos de geração para geração, de sociedade para sociedade. Para Miranda, é bastante interessante como conseguimos perceber esse etnoconhecimento e também podemos fazer uma abordagem por meio dos estudos culturais porque esses, na realidade, surgem na virada da década de 1970/1980 com preocupações relativas a estudos midiáticos, literários e tudo mais, o que vai tomando um certo vulto e vai dando voz àquelas pessoas, aqueles grupos de pessoas silenciadas por uma série de questões: econômicas, sociais, culturais, etc. Ele aponta estudos relativos à etnia, a grupos etno específicos, à comunidade LGBTQIAPN+, aos afrodescendentes, aos povos indígenas, a mulheres, a mulheres pretas, dentre outras pessoas, outros grupos que chamamos de grupos em vulnerabilidade social e econômica justamente porque passam a ter voz e essa alteridade é revelada; essa alteridade de uma certa maneira se impõe. Ao fazer um panorama dos Estudos Culturais, aponta pelos menos três grandes escolas de pensamento; a Escola Britânica, também a Escola Francesa e como referência alguns estudiosos, por exemplo, Pierre Bourdieu, e a Escola Latino Americana, muito rica porque nos traz como precursores dessa escola, Paulo Freire, por exemplo, com a Pedagogia do Oprimido; Muniz Sodré, que em suas obras nos revela a voz de determinados grupos que foram silenciados e fazem uma abordagem via telenovelas, tv etc. A partir daí, enfatiza ele, percebemos que temos, na realidade, um campo potente de estudos e que acabam por reverberar a partir da obra **Macunaíma**.

Outro ponto abordado por Miranda, diz respeito à conexão de todo esse silenciamento através do tempo e os seus reflexos na construção de sistemas de organização do conhecimento. Sistemas de organização do conhecimento são os instrumentos de representação do conhecimento e da informação utilizados nos arquivos, nas bibliotecas, nos museus para fazer a representação do conhecimento registrado e possibilitar que esse conhecimento possa se relacionar com outros conhecimentos já produzidos pela humanidade. Quando olhamos para um determinado sistema de organização do conhecimento, por exemplo, um esquema de classificação que utilizamos nas bibliotecas brasileiras, Classificação Decimal de Dewey, que organiza o conhecimento em dez grandes classes: 000 generalidades, 100 filosofia, 200 religião, 300 ciências sociais, 400 linguagem, 500 ciências puras/exatas, 600 ciência e tecnologia ou ciências aplicadas, 700 arte/esporte, 800 literatura, 900 geografia/biografia/história; quando chegamos na classe religião, na classe 200, percebemos nitidamente que as subclasses de 210 a 280 dizem respeito apenas às religiões cristãs. Miranda comenta que o criador desse esquema de classificação, desse sistema de organização do conhecimento americano, era de formação religiosa protestante, então, natural dar voz em nove classes ao cristianismo e as outras religiões serem "silenciadas" numa subclasse que é a 290, onde todas as outras religiões estão representadas; 291, 292, 293 ... e 299. Temos as religiões de matrizes africanas, e aí, fazendo uma outra relação, o que ocorre? Esse etnoconhecimento produzido acaba por ficar silenciado também nas estantes nas bibliotecas, por quê? Porque eles ficam armazenados ali em um grupo pequeno, quer dizer, uma pequena fatia de conhecimento que, de um tempo para cá, tem recebido uma atenção mais especial.

Miranda volta ao capítulo 7, de **Macunaíma**, onde encontramos ali, de uma certa maneira, a Macumba; e aí, a Macumba, sem distinção, é como se colocasse no mesmo saco, Macumba, Umbanda e Candomblé: temos a figura da mãe de santo como a feiticeira, e temos, de certo modo, essa demonização da mãe de santo como a feiticeira, e também a demonização dos orixás, sobretudo de Exu. Esse *Jokerman* que o professor Gardel estava se referindo, acrescenta o pesquisador, se vê refletido na obra de Andrade porque em **Macunaíma**, Exu é, por um lado, a pura maldade, mas também é o brincalhão, é o galhofeiro. Porém, na realidade, no panteão dos orixás, nas religiões de matrizes africanas, Exu é o primeiro orixá a ser cultuado, é aquele que abre os caminhos, aquele que é a boca do mundo, o que tudo sabe, o que tudo vê e o que tudo come. Outro aspecto ressaltado por Miranda, é a relação antropofágica nos rituais de Candomblé. Na realidade, Candomblé é uma construção porque se formos olhar em África, as religiões dos orixás são um tanto quanto diferentes, então, o Candomblé foi uma junção de várias nações, que são chamados de religiões dos orixás, como Angola, Ketu, Jeje, Fon, etc. onde existe uma festa, uma confraternização, de uma certa maneira, uma interrelação entre os ritos de cada uma dessas nações, que chamamos de nações do Candomblé. Então, é muito interessante essa viagem que **Macunaíma** faz, passa por todo o país e vai coletando as identidades étnicas, as identidades para formar o nosso nacionalismo, para formar a nossa identidade nacional e, nesse sentido, ele vai parar, acho que depois de estar em um bordel em São Paulo, porque ele tinha também essa relação muito íntima, onde perdia seu dinheiro com as prostitutas, com as cunhãs, etc. Ficou sem dinheiro mas queria ter mais para poder gastar cada vez mais, ele pedia esse dinheiro para fazer galhofagens, essas farras e aí é que está o interessante, que numa dessas viagens, chega ao Rio de Janeiro, vai até à casa da tia Ciata e a gente tem a relação de **Macunaíma** com as religiões de matrizes africanas, no caso o Candomblé e o samba, porque na casa da tia Ciata, na praça XI, é onde nasce o samba carioca e também faz a relação não só com o ritmo do samba, mas a partir dos atabaques com o Pilette, que são os atabaques utilizados nas manifestações das religiões de matrizes africanas, e é interessante como ali, naquele ambiente, a mãe Ciata é a feiticeira, a tia Ciata é a feiticeira, que ela é a mãe de santo e é aonde, de uma certa maneira, **Macunaíma** faz esse contato, vamos dizer assim, com o Aiê, com os orixás e, sobretudo, com Exu. Mas ele tendo Exu, e na obra isso está revelado como um ser maléfico, um ser que trabalha para fazer mal aos outros. E o interessante, e triste, é que de uma maneira geral, a sociedade faz essa relação, então, como o cristianismo colocou Exu com chifre e rabo, como se fosse o diabo, como se fosse o demônio, então aí encontramos na própria obra, a demonização das religiões de matrizes africanas, avalia o professor. Para ele, é preciso desmistificar um pouco todas essas questões, fazer essa relativização que o Gardel falou, justamente para compreendermos melhor este universo e termos um pouco mais de alteridade, olhar para o outro que, de uma certa maneira, é o nosso reflexo, e saber também como este outro se sente ao ter a sua religião mal interpretada.

Tupinólogos e sul-americanistas: a etnoliteratura inspiradora de Mário de Andrade

O discurso colonialista desqualificou a poesia e os mitos indígenas, e a historiografia jogou no esquecimento a existência da Língua Geral da Amazônia e suas características de meio de comunicação interétnica, durante 200 anos. Em que medida a obra **Macunaíma**, de Mário de Andrade, rompe com esse discurso? Como os esquecimentos da historiografia brasileira em relação às línguas gerais da Amazônia e Paulista foram mote para o movimento modernista? Em **Roteiro de Macunaíma** é pontuado que Mário de Andrade teve como fontes uma rica etnoliteratura que foram registros de estudiosos, os quais trouxeram essas manifestações orais para transformar isso em algo escrito. M. Cavalcante Proença, o autor do **Roteiro de Macunaíma**, cita que os livros guias de **Macunaíma**, de Mário de Andrade, além da obra do etnógrafo alemão Koch-Grünberg, foram os registros de Couto de Magalhães e o seu "**O Selvagem**", de Capistrano de Abreu, no caso do livro "**A Língua dos Kaxinaúas**", e também Gustavo Barroso, Basílio de Magalhães e Silvio Romero.

O professor José Ribamar Bessa Freire, do programa de

Memória Social da UNIRIO e aposentado na Universidade do Estado do Rio de Janeiro (UERJ), em 2021, coordenou durante 30 anos o Programa de Estudos dos Povos Indígenas (PROINDIO). Desenvolve pesquisas na área de História, com ênfase em História Social da Linguagem, atuando principalmente nos seguintes temas: literatura oral, memória, patrimônio, fontes históricas, história indígena, línguas indígenas e Amazônia. Ele, que participou do 3º encontro virtual do nosso projeto, fez um apanhado histórico resgatando que no século XVI não havia, na chamada "américa portuguesa", falantes da língua portuguesa, e que os próprios Portugueses, quando chegaram ao Brasil, perceberam que não tinham categorias para nomear tanta diversidade.

No território onde é hoje o Brasil, Pindorama, nos informa o professor Bessa, eram faladas mais de 1.300 línguas, cerca de 700 na Amazônia, no Grão-Pará. O que aconteceu com essas línguas? Há um equívoco quando se fala "a língua indígena não existe". Estudos indicam que eram mais de 1.300 línguas pertencentes a diferentes troncos e famílias linguísticas, por exemplo, as línguas do tronco Tupi: Guarani, Tupinambá, Tupiniquim, o próprio Pataxó, eram línguas da mesma família, que tinham, portanto, um grau de intercompreensão por ter a mesma matriz. Tínhamos blocos de línguas Tupi que apresentavam um grau de intercompreensão como o Português do Espanhol, o Português do Francês, o Português do Italiano, e até do Romeno; quer dizer, eram graus variáveis de diferença para intercomunicação, mas temos também outros grandes grupos: as línguas Macro G, as línguas Aruaque, do tronco Aruaque. Se o Yanomami fala com um Guarani, é como se um alemão estivesse falando para nós e não entendessemos nada.

Então, o que é que aconteceu? Quando os portugueses chegaram, o litoral estava ocupado por grupos Tupis. Num primeiro momento, os portugueses precisavam se comunicar com os indígenas para tentar subtrair deles o sobretrabalho na extração do pau-brasil e utilizavam intérpretes que eram alguns indígenas a quem se ensinava o Português, mesmo precariamente, e além desses indígenas, também alguns portugueses, como João Ramalho, por exemplo, que tinha facilidade para a língua, casou-se com uma indígena e se tornou um intérprete, relata o pesquisador.

Por um lado, avalia Bessa, com o crescimento da exploração do litoral, e o começo do plantio da cana-de-açúcar, não era possível colocar um intérprete em cada engenho, em cada plantação. Os Jesuítas começaram a usar, no início, intérpretes na confissão; eles ensinavam catecismo com a ajuda de intérpretes. E aí resultou em um problema porque o segredo da confissão é tão inviolável quanto o segredo da urna, embora tenha gente que não ache, brinca o professor. O bispo Sardinha representou junto ao Papa, condenando a prática, e o sumo sacerdote proibiu o uso de intérprete nas confissões. Foi quando os Jesuítas, ao aprenderem a língua, descobriram que se eles falassem a língua Tupi de São Paulo, o Tupinambá do Rio de Janeiro entenderia, o Tupiniquim do Espírito Santo entenderia e assim por diante no litoral do Brasil, os grupos de Carijós em Santa Catarina, no Rio Grande do Sul, entenderiam essa língua. Eles passaram a utilizar na catequese, então, a língua falada internamente no Brasil, que não era o Português, era essa Língua Geral que, no contato com o Português e com outras línguas indígenas, foi se modificando. Como explica o professor Bessa, a Língua Geral foi se formando em um processo que a sociolinguística chama de línguas em contato: com o Português e com línguas africanas. De forma que essa língua se expandiu no Brasil a partir da segunda metade do século XVI na Amazônia, e no século XVII ela se expandiu e toda a população no território brasileiro falava essa língua, e como informa o pesquisador, somente a partir do período da exploração da borracha de 1870 a 1914 é que Língua Geral deixa de ser majoritária para ser minoritária. Mas, como adverte o professor, é preciso que se diga que até hoje, essa língua conhecida como Nheengatu, a Língua Geral, é falada em vários lugares da Amazônia e no Rio Negro ela continua sendo uma língua de comunicação interétnica. Um Tucano quando quer falar com Baniwa ele costuma usar a Língua Geral, está mudando um pouco agora, mas o Nheengatu é a tradução de "fala boa" porque ela permite a comunicação. Apesar dessa vantagem comunicativa, ao mesmo tempo o uso do Nheengatu como Língua Geral acabou por contribuir com a política de silenciamento da Coroa Portuguesa, uma vez que, segundo Bessa, foi uma política de línguas para matar as línguas particulares, porque um índio Xacriabá de Minas Gerais que aprendesse a Língua Geral deixava de ser bilíngue Xacriabá e a Língua Geral passava a ser monolíngue em Língua Geral esquecendo a sua língua. O bilinguismo foi incentivado para que as línguas particulares desaparecessem, o que aconteceu também com a própria Língua Geral porque nas cidades se passou a usar o Português. Em Belém e Manaus apareceram muitos bilíngues Português-Língua Geral, só que com o tempo desaparecia a Língua Geral e se criava um monolinguismo em Português.

    E chegamos ao final do século XX, olhando para esse conjunto de estudiosos interessados na literatura indígena, encontramos os chamados tupinólogos, porque a maioria deles, com exceção do Theodor Koch-Grünberg e do Capistrano de Abreu, era de estudiosos do Nheengatu. Segundo Bessa, eles surgiram e se interessaram pela Língua Geral através do contato com uma etnoliteratura, ou seja, narrativas que em uma cultura oralizada são as enciclopédias, as histórias, as obras de referência de toda a sabedoria contida nessa narrativa. Foram intelectuais que coletaram narrativas indígenas na segunda metade do século XIX até o final do século XX, registrando por escrito histórias narradas oralmente, quase todas na primeira língua de comunicação interétnica, entre os brasileiros – o Nheengatu e as traduziram ao Português. São eles: Couto de Magalhães (1837-1898), nascido na fazenda de gado de seu avô, em Diamantina (MG), onde passou sua infância embalado por "lendas tocantes e poéticas, metade cristãs, metade indígenas" contadas pelos vaqueiros. Formado em direito, procurou "as cores do país" não só em arquivos e bibliotecas, mas também em dez viagens por grotões do Brasil profundo, quando ouviu "lendas tupi" que transcreveu em "**O Selvagem**", editado em várias línguas: Francês, Inglês, Alemão e Italiano. Seu interesse cresceu, quando foi nomeado presidente da Província do Pará pelo Imperador Pedro II.

O geólogo canadense Charles Hartt (1840-1878), que veio, na missão científica do naturalista Louis Agassiz, inventariar as riquezas da Amazônia, na parada do navio, em Óbidos (PA), ouviu uma velha senhora contando histórias em Nheengatu na calçada de sua casa, cercada por crianças e jovens. Quando traduziram as histórias, fascinado, aprendeu a língua e coletou mitos amazônicos, com o jaboti, como personagem central. Descobriu que essa era a riqueza mais importante da região: sua literatura repleta de sabedoria e a língua usada para fazê-la circular.

O conde italiano Ermano Stradelli (1852-1926), nascido num castelo, em Borgo Val di Taro, uma comuna na Itália, visitou a Amazônia durante algumas semanas. De noite, numa maloca, no Rio Negro, deitado em sua rede, ouviu os indídenas contarem histórias, o que o fez modificar seu plano ao se inteirar da tradução. Passou o resto da vida no Amazonas até a sua morte, em Manaus. Aprendeu a língua, fez um dicionário Nheengatu-Português-Nheengatu, registrou as traduções, entre elas o "Mito do Jurupari" e as "Lendas dos Tariana", entre uma e outra, cuia de caxiri. Outro que não resistiu aos encantos das narrativas orais foi o botânico mineiro João Barbosa Rodrigues (1842-1909), filho de um comerciante português. Professor do Colégio Pedro II, no Rio de Janeiro, mudou para Manaus em 1872, contratado para criar o Museu Botânico. Aprendeu o Nheengatu e nessa língua coletou cantigas e contos avaliados por ele como "flores da imaginação de um povo" publicadas no **Poranduba Amazonense**. Quando perguntava o nome de uma planta dele desconhecida, respondiam com uma história na qual a planta era descrita. Percebeu que em sociedades orais, histórias constituíam as enciclopédias populares.

Temos ainda Brandão de Amorim (1865-1926), nascido em Manaus, filho de um comerciante português, criador da companhia que fez a navegação direta de Liverpool a Manaus. Ele publicou 35 narrativas do alto Rio Negro, em edição bilíngue, sem mencionar que haviam sido recolhidas por Maximiano José Roberto, índio descendente dos Manaú e dos Tariana do rio Uaupés. E para finalizar a história dos tupinólogos, o professor Bessa nos chama a refletir o fato de que essa etnoliteratura, ou mesmo literatura, que foi sempre considerada como simples matéria-prima etnográfica, só passa a fazer parte da categoria de arte quando trabalhada por intelectuais não indígenas.

Os sul-americanistas

Dentre as inúmeras fontes em que Mário de Andrade se documentou para a construção de **Macunaíma**, destaca-se o livro de Capistrano de Abreu, "**Língua dos Caxinauás**", resultado dos seus estudos sobre as línguas indígenas brasileiras (Kaxinawás e Bacaeris), em conformidade com o movimento sul-americanista, que reuniu um grupo de especialistas sobre a cultura e línguas sul-americanas de 1890 a 1929 (época das viagens dos etnógrafos alemães à região Amazônica) e o contexto do domínio europeu no conhecimento etnográfico e de linguística dos povos americanos. Capistrano de Abreu, como sul-americanista, foi interlocutor da etnografia alemã da qual se destacava Theodor Koch-Grünberg, importante fonte de Mário de Andrade. Um grande número de lendas e narrativas indígenas foram colhidas no segundo volume das obras de Koch-Grünberg. A obra de Capistrano fornece o tema central do capítulo 4 "Boiuna Luna" e do capítulo 13 "A Piolhenta do Jiguê" de **Macunaíma**.

Beatriz Protti Christino, professora associada do Departamento de Letras Vernáculas (Setor de Língua Portuguesa) da Universidade Federal do Rio de Janeiro (UFRJ), investigou o circuito de produção e recepção das pesquisas acerca de línguas sul-americanas de 1890 a 1929 e, em especial, a obra de Capistrano de Abreu sobre a língua Kaxinawá, obtendo Menção Honrosa no Prêmio Capes de Teses. Segundo Christino, essa comunidade de especialistas que, na verdade, se autodenominavam americanistas (como os estudiosos da América Central e de povos da América do Norte também se denominavam americanistas), os destaca como sul-americanistas, porque o diálogo se dava, especialmente, entre os especialistas de povos de um mesmo continente, tinha a característica de estar deixando de ser eurocêntrica, nesse período entre 1890 e 1929.

Pesquisadores da América do Sul também passam a ser parte dessa rede, informa Christino, ao destacar a palavra rede: não por acaso, eu coloquei na minha tese o título de "A rede de Capistrano de Abreu", justamente por rede ser essa palavra de vários sentidos e pelo fato de que Capistrano, cearense que era, sempre teve o hábito de dormir em rede e trabalhar também em rede, na rede tecida. Ele mencionou em várias cartas as redes que estava trabalhando, e pedia redes a conterrâneos que iam ao Ceará o tempo todo em que ele viveu no Rio de Janeiro. De outro lado, a rede, propriamente dessa comunidade de especialistas, contava também com chilenos como o antropólogo Robert Lehmann-Nitsche e venezuelanos como Luís Ramón Oramas. Nesse cenário, vários pesquisadores de povos da América do Sul passam a trabalhar, inclusive, em território da América do Sul e em diálogo direto e bastante horizontal com os pesquisadores radicados na Europa, que vinham fazer viagens de pesquisa ou que depois organizavam dados em pesquisas de gabinete.

Segundo Christino, essa geração de 1890 é a primeira que tem nos povos e línguas, nas culturas e nas línguas dos vários povos, o principal objeto de estudo, porque os pesquisadores anteriores eram pesquisadores de ciências naturais, que nas suas viagens de pesquisa também recolhiam informações sobre povos e línguas. Um estudioso paradigmático da geração anterior, destaca a professora, é Carl Friedrich Philipp Von Martius, que compôs o *Glossaria Linguarum Brasiliensium*, reunindo todas as fontes que haviam até aquele momento, no tempo do império, sobre línguas brasileiras e também coletou nas suas viagens algumas palavras, alguns vocabulários com os povos que teve contato na viagem com o zoólogo Johann Baptist von Spix que era, sobretudo, um botânico e fez vários volumes de um catálogo sobre a flora brasileira. A geração seguinte a essa, que a pesquisadora focaliza, são os sul-americanistas dos quais Capistrano de Abreu fez parte, como também Theodor Koch-Grünberg, cuja obra é a fonte de Mário de Andrade na construção de **Macunaíma**.

Esses especialistas, de forma geral, se viam na urgência de fazer registros etnográficos e linguísticos, porque estavam assistindo a um processo de genocídio, de etnocídio muito intenso; e acreditavam, naquele início do século XX, que podiam estar vendo os últimos representantes de muitos povos. Nesse sentido, Capistrano de Abreu acreditava que o registro da cultura dos Kaxinawá e da cultura dos Bakairi, que ele pretendia fazer, poderia vir a ser o registro de povos que deixariam de existir por conta de genocídio e etnocídio. A conjuntura do momento, então, especialmente na região tradicional dos Kaxinawá, o Alto Juruá, poderia ser caracterizada historicamente pelo fato de que ela passou, em muito pouco tempo, de uma região que era completamente à parte do jogo do capitalismo internacional para fornecedora da indústria de ponta daquele momento, que é a indústria automobilística. Por conta dessa grande demanda por borracha, as terras dos Kaxinawá e de outros povos da região foram invadidas, eles foram escravizados, foram afugentados. A pesquisadora destaca que era uma realidade muito ameaçadora e os sul-americanistas se viam com a premência de fazer esses registros, como que na última oportunidade, no último momento (ainda) possível.

A historiadora Rebeca Gontijo, professora associada do Departamento de História e do Programa de Pós-Graduação em História da Universidade Federal Rural do Rio de Janeiro, participou do 4º encontro virtual do projeto e apresentou a trajetória e o legado de Capistrano de Abreu, um ícone da historiografia nacional, considerado "o pai fundador" de uma história moderna e científica no Brasil. Segundo a pesquisadora, autora de "**O velho vaqueano Capistrano de Abreu: historiografia, memória e escrita de si**" (7Letras, 2013), Capistrano dedicou-se ao estudo da história do Brasil (séculos XVI e XVII) e das línguas indígenas, desde o final do século XIX. Seu primeiro texto sobre os Bakairis é de 1895, e ao longo de toda a primeira década do século XX, dedicou-se a esses estudos. Supostamente, o estudo das línguas indígenas fez parte de um projeto de estudo sobre a história brasileira, "e não me parece que eles sejam um desvio como alguns intérpretes pensaram" por que a grande questão do Capistrano é entender o processo de povoamento do Brasil, de povoamento do interior, dos sertões. Esse é o tema que ocupou as suas investigações e, para entender esse processo, o autor considerava necessário compreender as relações estabelecidas com os povos indígenas, sobretudo nos dois grandes centros de povoamento dos sertões, Pernambuco e São Paulo. Ele supunha que, nessas regiões, alguma coisa de diferente aconteceu, e, no seu entendimento, as relações com os povos indígenas favoreceram a ocupação dos sertões. A ausência de estudos sobre os indígenas deixou uma lacuna na história brasileira. Capistrano inseriu os indígenas na história, não como uma curiosidade erudita ou como um elemento exótico da formação nacional, mas como agente necessário dessa história, cujas ações eram constitutivas da própria nacionalidade. Para Capistrano, sem entender a relação com os indígenas, a história do Brasil ficaria incompleta, conclui Rebeca Gontijo.

Uma narrativa, um léxico e sua categorização

As 2112 entradas que compõem este glossário, foram categorizadas se utilizando da análise facetada do matemático e bibliotecário indiano Shiyali Ramamrita Ranganathan, que é uma das estratégias para a representação de um determinado *corpus*. Ranganathan estabeleceu cinco categorias fundamentais para o seu sistema de classificação facetada: Personalidade, Matéria, Energia, Espaço, Tempo, conhecidas pela sigla PMEST. Essas categorias são mutuamente excludentes, ou seja, o que é personalidade não é matéria, nem energia, nem espaço, nem tempo. No entanto, uma palavra de um léxico pode ser categorizada em qualquer uma delas, dependendo do seu sentido e contexto. A categoria Personalidade, para efeito de organização do léxico de **Macunaíma**, agrupou todos os termos referentes a fauna, flora, entidades, personagens, instituições. A categoria Energia abrange ações, reações, atividades, operações, processos, técnicas, tratamentos, problemas etc.

A categoria Matéria consiste em todos os tipos de materiais e substâncias de que são feitas as coisas. A categoria Espaço corresponde às divisões geográficas e a categoria Tempo, às divisões cronológicas. Com essa categorização, fizemos o controle semântico das palavras que aparecem na obra **Macunaíma**, incluindo as sinonímias encontradas no glossário de **Roteiro de Macunaíma** e buscadas em outras referências.

Nas entradas compiladas do glossário de M. Cavalcanti Proença, constam indicações de capítulo (numeração romana) e parágrafo (numeração arábica, entre parênteses, que se referem à 3ª edição de **Macunaíma**, e a definição para cada termo, como também acontece nas demais entradas, acrescidas à compilação de Proença, como podem ser conferidas abaixo:

1. ABABALOAÔ - Sinônimo de Babalaô (PERSONALIDADE/ Sacerdote).
2. ABACATE (PERSONALIDADE/Fruta): No contexto de **Macunaíma** é uma fruta produto da árvore Dzalaúra-Iegue. Que também dá frutas como o caju, cajá, cajá manga, jabuticaba, graviola, sapoti, pupunha, pitanga e guajiru. (JAFFE, Noemi. **Macunaíma**. ANDRADE, Mário de, 2016, p. 46) O cozimento do broto do abacate é usado na Amazônia para curar tuberculose.
3. ABACAXI (PERSONALIDADE/Fruta) (V,30): No contexto de **Macunaíma** é uma fruta "produto da árvore Dzalaúra-Iegue (PERSONALIDADE) juntamente com cajus, cajás, cajá mangas, abacates, jabuticabas, graviolas, sapotis, pupunhas, pitangas e guajiru. Também conhecida como Ananassaticus

Schult. É uma junção dos termos tupis i'bá (fruto) e ká'ti (recendente, que exala cheiro agradável e intenso). Ananas sativus Schult; bromeliácea, variedades cultivadas (A. J. de Sampaio, Nomes Vulgares de Plantas do Distrito Federal e Estado do Rio, p.162).
4. ABERTÃO (ESPAÇO) (XII, 50): Grande aberto ou clareira na mata (A. B. Hollanda).
5. ABERTO (ESPAÇO) (II,18): Lugar onde o campo, rompendo o mato marginal, vem até a beira do rio (Chermont de Miranda).
6. ABICADO (PERSONALIDADE/Característica) - Que se encontra encostado, quando a proa da embarcação se aproxima da terra. O mesmo que encostado (JAFFE, Noemi. **Macunaíma**. ANDRADE, Mário de, 2016, p. 33).
7. ABICAR (ENERGIA/Processo) (IV,18): Encostar a proa da embarcação em terra (Raymundo Moraes, O meu Dicionário de Cousas da Amazônia).
8. ABIEIRO (PERSONALIDADE/Árvore) - É a árvore que dá o Abio. Sinônimos: abiu, abiurana, abiurana-acariquara, abiorama, abio, guapeva ou cabo-de-machado (região Centro-Oeste). O nome científico da planta é Pouteria caimito. É uma árvore frutífera da família Sapotaceae, nativa da Amazônia Central e da Mata Atlântica costeira do Brasil (ABIEIRO, 2023).
9. ABIO (PERSONALIDADE\Fruta) (II,70) - Sapotácea (Sampaio, Nomes Vulgares de Plantas da Amazônia, p. 4). Abiu, em A.B. Hollanda. - Fruta comestível e muito apreciada em completa maturidade. Antes disso, a polpa, branca e adocicada, de gosto especial, é uma massa resinosa, intragável. (Stradelli, Rev. do Instituto Histórico e Geográfico Brasileiro, p. 384).

Fruta amarela e arredondada, doce e refrescante (Jaffe, Noemi, Mac., M. de Andrade, 2016, p. 20). Fruto, produto do Abieiro, também conhecido como Abiu.

10. ABIO - Sinônimo de abieiro (PERSONALIDADE/Árvore).
11. ABIORAMA - Sinônimo de Abieiro (PERSONALIDADE/Árvore).

Glossário Decolonial de Macunaíma
Termos e Categorias:

1. **ABABALOAÔ** - Sinônimo de Babalaô (PERSONA-LIDADE/Sacerdote).
2. **ABACATE** (PERSONALIDADE/Fruta): No contexto de Macunaíma é uma fruta produto da árvore Dzalaúra-Iegue. Que também dá frutas como caju, cajá, cajá manga, jabuticaba, graviola, sapoti, pupunha, pitanga e guajiru. (JAFFE, Noemi. *Macunaíma*. ANDRADE, Mário de, 2016, p. 46) O cozimento do broto do abacate é usado na Amazônia para curar tuberculose.
3. **ABACAXI** (PERSONALIDADE/Fruta) (V,30): No contexto de *Macunaíma* é uma fruta "produto da árvore Dzalaúra-Iegue (PERSONALIDADE) juntamente com cajus, cajás, cajá mangas, abacates, jabuticabas, graviolas, sapotis, pupunhas, pitangas e guajiru. Também conhecida como *Ananassaticus* Schult. É uma junção dos termos tupis *i'bá* (fruto) e *ká'ti* (recendente, que exala cheiro agradável e intenso). *Ananas sativus* Schult; bromeliácea, variedades cultivadas (A. J. de Sampaio, *Nomes Vulgares de Plantas do Distrito Federal e Estado do Rio*, p.162).

4. **ABERTÃO** (ESPAÇO) (XII, 50): Grande aberto ou clareira na mata (A. B. Hollanda).
5. **ABERTO** (ESPAÇO) (II,18): Lugar onde o campo, rompendo o mato marginal, vem até a beira do rio (Chermont de Miranda).
6. **ABICADO** (PERSONALIDADE/Característica) - Que se encontra encostado, quando a proa da embarcação se aproxima da terra. O mesmo que encostado (JAFFE, Noemi. Macunaíma. ANDRADE, Mário de, 2016, p. 33).
7. **ABICAR** (ENERGIA/Processo) (IV,18): Encostar a proa da embarcação em terra (Raymundo Moraes, *O meu Dicionário de Cousas da Amazônia*).
8. **ABIEIRO** Sinônimos: abiu, abiurana, abiurana-acariquara, abiorama, abio, guapeva ou cabo-de-machado (região Centro-Oeste) (PERSONALIDADE/Árvore) - É a árvore que dá o abio.. O nome científico da planta é Pouteria caimito. É uma árvore frutífera da família *Sapotaceae*, nativa da Amazônia Central e da Mata Atlântica costeira do Brasil (ABIEIRO, 2023).
9. **ABIO** (PERSONALIDADE\Fruta) (II,70) - Sapotácea (Sampaio, *Nomes Vulgares de Plantas da Amazônia*, p. 4). Abiu, em A.B. Hollanda. - Fruta comestível e muito apreciada em completa maturidade. Antes disso, a polpa, branca e adocicada, de gosto especial, é uma massa resinosa, intragável. (Stradelli, Rev. do Instituto Histórico e Geográfico Brasileiro, p. 384). Fruta amarela e arredondada, doce e refrescante (Jaffe, Noemi, *Mac.*, M. de Andrade,

2016, p. 20). Fruto, produto do abieiro, também conhecido como abiu.

10. **ABIO** - Sinônimo de abieiro (PERSONALIDADE/Árvore).
11. **ABIORAMA** - Sinônimo de abieiro (PERSONALIDADE/Árvore).
12. **ABIU** (PERSONALIDADE\Fruta) - Fruta amarela e arredondada, doce e refrescante; abiu (JAFFE, Noemi. *Macunaíma*. ANDRADE, Mário de, 2016, p. 28). Corruptela de abio ou sinônimo de abieiro (árvore).
13. **ABIU** - Sinônimo de abieiro (PERSONALIDADE/Árvore).
14. **ABIURANA** (PERSONALIDADE\Árvore) - Árvore, sinônimo de abieiro.
15. **ABIURANA-ACARIQUARA** (PERSONALIDADE/Árvore) - Árvore, sinônimo de abieiro.
16. **ABIURANA-DO-CARANAZAL** (PERSONALIDADE/Árvore) - O mesmo que árvore no Amazonas, sinônimo de abieiro.
17. **ABIURANA-VERMELHA** - Sinônimo de abieiro (PERSONALIDADE/Árvore).
18. **ABÓBORA** - Sinônimo de jerimum (MATÉRIA/Comida).
19. **ABOBOREIRA** - Sinônimo de jerimunzeiro (PERSONALIDADE/Árvore).
20. **ABRICÓ** (PERSONALIDADE/Árvore) (VIII,l) - O abricó da Amazônia, também conhecido como abricoteiro, abricó-de-são-domingos e abricó-selvagem, é uma árvore

da família *Calophyllaceae* ou da família *Clusiaceae*, natural da Amazônia, das Antilhas e do México. A árvore atinge entre 18 e 21 metros de altura; seu tronco é curto. "Abricó" se originou do francês *abricot*. "Castanha" se originou do grego *kástanon*, através do latim *nux castanea*, "noz de castanheiro". "Cuia" se originou do tupi *ku'ya*. "Amêndoa" e "amendoeira" se origina do grego *amygdále*, através do latim *amygdala*. Nas Américas do Sul e Central, em regiões tropicais, incluindo toda a Amazônia, na mata semidecidual de terras baixas, em margens inundáveis. Nativa em: Brasil, Colômbia, Costa Rica, Equador, Guiana Francesa, Guiana, Panamá (onde está em perigo crítico), Peru, Suriname, Venezuela. É amplamente cultivada fora de sua abrangência nativa (ABRICÓ-DO-PARÁ, 2022). Tipo de árvore abricó; Abricó- de-macaco. (Sampaio, *Pl. Am.*, p. 4). Ou Abricó do Pará.

21. **ABRICÓ** (PERSONALIDADE/Fruta) - Produto do abricó da Amazônia. O fruto, que é uma baga muito maior que a do abricó comum, é usado em compotas, xaropes e refrescos. O fruto é carnoso e drupáceo internamente, com quatro sementes: come-se e há três espécies deste género. O suco leitoso do caule e do fruto, misturado com água e sal, é útil nas picadas de insetos e nas úlceras. O fruto bem maduro é agradável, e a amêndoa é anti-helmíntica (ABRICÓ-DO-PARÁ, 2022). Ou A. do Pará. Fruto de uma gutífera (Sampaio, *Pl. Am.*, p. 4).

22. **ABRICÓ SELVAGEM** - Sinônimo de abricó (PERSONALIDADE/Árvore).

23. **ABRICÓ-DE-MACACO** (PERSONALIDADE/ Árvore) - O abricó-de-macaco (*Couroupita guianensis Aubl.*; *Lecythidaceae*), também conhecido pelos nomes populares castanha-de-macaco, cuia-de-macaco, macacarecuia, maracarecuia, amêndoa-dos-andes, amendoeira-dos-andes e coco-da-índia, é uma espécie de árvore originária da Amazônia que tem frutos redondos que pendem em cachos e flores exuberantes. É bastante usada em paisagismo urbano e em fazendas. Possui altura média entre 8 e 15 metros, fruto tipo baga, grande e redondo, e suas flores, muito perfumadas, saem diretamente do tronco. É um tipo de árvore abricó; Abricó da Amazônia. "Abricó" se originou do francês abricot. "Castanha" se originou do grego kástanon, através do latim nux castanea, "noz de castanheiro". "Cuia" se originou do tupi ku'ya. "Amêndoa" e "amendoeira" se origina do grego *amygdále*, através do latim *amygdala*. Nas Américas do Sul e Central, em regiões tropicais, incluindo toda a Amazônia, na mata semidecidual de terras baixas, em margens inundáveis. Nativa em: Brasil, Colômbia, Costa Rica, Equador, Guiana Francesa, Guiana, Panamá (onde está em perigo crítico), Peru, Suriname, Venezuela. É amplamente cultivada fora de sua abrangência nativa (ABRICÓ-DE-MACACO, 2020).
24. **ABRICÓ-DE-SÃO-DOMINGOS** - Sinônimo de abricó (PERSONALIDADE/Árvore).
25. **ABRICÓ-DO-PARÁ** - Sinônimo de abricó (PERSONALIDADE/Fruta).

26. **ABRICOTEIRO** - Sinônimo de abricó (PERSONALIDADE/Árvore).
27. **ABRIDEIRA** (MATÉRIA/Alimento/Bebida) (VII, 38) - Bebida alcoólica, em geral aguardente, tomada como aperitivo (A. B.Holl.).
28. **ABRIR NA GALOPADA** (ENERGIA/Processo) (XI, 119): Fugir, escapar, ir-se embora (Luís Carlos Moraes, *Vocabulário Sul Rio-Grandense*, p. 20).
29. **ACA** (ENERGIA/Processo) (XIII, 31) - Sinônimo de *bodum*, catinga ou inhaca. No contexto de *Macunaíma* trata-se de uma sensação produzida no órgão olfativo a partir de algo desagradável exalado por uma pessoa ou animal.. Mau cheiro (L. Motta, *Cantadores*, p. 365).
30. **ACAÇÁ-ACAÇÁ** (MATÉRIA/Alimento/Comida) (VII, 40) - Angu preparado com farinha de arroz ou de milho (Antônio Joaquim Macedo Soares, *Dicionário de Brasileirismos*, p. 24).
31. **ACAÇU** – Sinônimo de assacu (PERSONALIDADE/Árvore).
32. **AÇAÍ** (PERSONALIDADE/Fruta) (II, 1) - Açaí é uma fruta, produto do açaizeiro ou palmeira-açaí (*Euterpe oleracea*). É o alimento do pobre, no Pará. Amassado, produz um vinho purpurina, aromático, tomado com açúcar e farinha d'água ou de tapioca (R. Moraes, Meu Díc., p. 66). - *Euterpe precatoria* M., no Alto Amazonas.
33. **ACAIÚRA** - Sinônimo de tucumã. (PERSONALIDADE/Árvore): acuiuru, coqueiro-tucumã, tucum, tucumã-açu, tucumã-arara, tucum-açu, tucumaí-da-terra-firme,

tucumãí-uaçu, tucumã-piririca, tucumã-purupuru, tucumdo-mato ou tucumã-do-amazonas.

34. **AÇAIZEIRO** (PERSONALIDADE/Árvore) (VI,1) - árvore responsável pela produção do açaí, é uma monocotiledônea da família *Arecaceae*, nativa da região amazônica, que abrange, além do Brasil: Venezuela, Colômbia, Equador, Guianas e Peru. No Brasil, cerca de 90% da produção está no estado do Pará. (FRANCO, Giulia. Mundo Educação) (mundoeducacao.uol.com.br/biologia/acai.htm)

35. **ACALANTO** (ENERGIA/Processo) (IV, 4) - É o ato de produzir sons musicais utilizando a voz, variando a altura de acordo com a melodia e o ritmo. No contexto de *Macunaíma* é o canto e carinho de mãe. Canto e carinho de mãe que aquece e embala a criança. Fig.: engano, lisonja (Teschauer, *Dicionário*, p. 16; Manuel Viotti, *Dicionário da Gíria Brasileira*, p. 17). Acalento em A. B. Hollanda.

36. **ACAPU** (MATÉRIA/Insumo) - Madeira de fibra longa e muito resistente, tanto ao tempo como ao cupim, muito usada nas construções civis para viga, soalho, portais e, nas construções de taipa, para esteios (Strad., *Rev.*, p. 395). Sinônimo de acapú-do-Igapó, Manaiara (Pará), Comandaçu, cumandá, Comanda-açú, capoerana, Acapurana-vermelha, Acapurana-da-várzea, Caacapoc, Caacapoc-dos-aborígines e acapú-do-igapó.

37. **ACAPU** (PERSONALIDADE/Árvore) (X, 30) - Casta de árvores de terra firme e vargem alta. Voucapoua americana Aubl. Leguminosa. No Rio Negro, *V. pallidior Ducke* e

Clathrotropis nítida Bth. Harms. (Sampaio, *Pl. Am.*, p. 4). Sinônimos: Acapú-do-Igapó, Manaiara (Pará), Comandaçu, cumandá, Comanda-açú, capoerana, Acapurana-vermelha, Acapurana-da-várzea, Caacapoc, Caacapoc-dos-aborígines e acapú-do-igapó (ACAPURANA, 2019).

38. **ACAPÚ** (PERSONALIDADE/Planta medicinal) - É uma planta com propriedades medicinais, sendo suas folhas, casca e frutos, usados no tratamento de febres, feridas, malária e úlceras. Acapurana é um remédio comum para a febre da malária na Floresta Amazônica. Na região de Iquitos, herbanários e curandeiros locais recomendam uma decocção ou tintura da casca a ser tomada duas vezes por dia para reduzir a febre relacionada à malária. Também conhecida como: Acapurana, Manaiara (Pará), Comandaçu, cumandá, Comanda-açú, capoerana, Acapurana-vermelha, Acapurana-da- várzea, Caacapoc, Caacapoc-dos-aborígines e acapú-do-igapó (ACAPURANA, 2019).

39. **ACAPÚ-DO-IGAPÓ** - Um dos sinônimos de Acapú nos variados sentidos (MATÉRIA/Insumo), (PERSONALIDADE/Árvore), e(PERSONALIDADE/Planta medicinal).

40. **ACAPURANA** - Um dos sinônimos de acapu nos seus variados sentidos (PERSONALIDADE/Árvore), (MATÉRIA/Insumo) e (PERSONALIDADE/Planta medicinal).

41. **ACAPURANA-DA-VÁRZEA** - Um dos sinônimos de acapu (PERSONALIDADE/Planta medicinal/Árvore/Matéria) nos seus vários sentidos.

42. **ACAPURANA-VERMELHA -** Um dos sinônimos de acapurana nos seus vários sentidos.
43. **ACARÁ** (PERSONALIDADE/Peixe) (XVI, 24) - Também cará ou papaterra. Peixe de família Ciclídeos, gêneros *Geophagus*, Acara, etc. (Ihering).
44. **ACARI** - Sinônimo de acariquara (PERSONALIDADE/Árvore).
45. **ACARICUARA** - Sinônimo de acariquara (PERSONALIDADE/Árvore).
46. **ACARIQUARA** (PERSONALIDADE/Árvore) (VI, 30) - *Acary-cuara*. wakarí kwara em nheengatu de stradelli. MELGUEIRO. E.M.O NHEENGATU DE STRADELLI AOS DIAS ATUAIS: uma contribuição aos estudos lexicais de línguas Tupí-Guaraní em perspectiva diacrônica. (Tese de Doutorado, UNB, 2022). A árvore ocorre na Região Amazônica, principalmente nos Estados do Acre, Roraima, Amazonas e oeste do Pará e, também, na Guiana, Equador e Nicarágua. Trata-se de uma árvore de grande porte que fornece uma madeira muito dura e pesada. Também é chamada de acari, acariúba e buraco do acari. Árvore muito comum nas margens dos pequenos cursos d'água. Seu cerne é duro e resistente à umidade da terra, pelo que é muito usado, juntamente com o acapu, para esteio nas construções de taipa (Strad., *Rev.*, p. 361). In A. B. Hollanda, acaricuara. No tupi-guarani, significa literalmente: ¨a árvore do acari¨ (acari+uba(iba))¨.
47. **ACARIÚBA** (lI, 1) - Sinônimo de acariquara (PERSONALIDADE/Árvore).

48. **ACARYCUARA** - Sinônimo de acariquara (PERSO-NALIDADE/Árvore). Origem da palavra em Nhengatu.
49. **ACOCHADO** (ESPAÇO/Característica) (II, 45) - Apertado, urgido (Basílio Magalhães, *Folclore*, p. 327).
50. **ACOTOVELAR** - Sinônimo de cutucar (ENERGIA/Ação).
51. **AÇU** - Sinônimo de grande. (PERSONALIDADE/MATÉRIA/ESPAÇO/TEMPO/Característica) (XIV, 48) - Sufixo tupi que designa aumento. Corresponde ao guaçu do guarani.
52. **ACUAR** (ENERGIA/Processo) (VI, 55) - Do cão que persegue a caça e, ladrando, obriga-a a entocar ou a trepar em árvore, ou, ainda, a tomar rumo onde a espera o caçador. Fig.: perseguir o inimigo até pô-lo em sítio de onde não escape (Tesch., *Dic.*, p. 24; P. da Costa, *Voc.*, p. 14; R. Garcia, *Dic.*, p. 667).
53. **ACUIURU** - Sinônimo de tucumã (PERSONALIDADE/Árvore), acaiura, coqueiro-tucumã, tucum, tucumã-açu, tucumã-arara, tucum-açu, tucumaí-da- terra-firme, tucumaí-uaçu, tucumã-piririca, tucumã-purupuru, tucum-do-mato ou tucumã-do-amazonas.
54. **ACUNHÃ** - Sinônimo de cunhatã (PERSONALIDADE/Mulher)**,** cabocla ou cunhã (Viotti, *Dic. Gir. Bras.*, p. 111).
55. **ACUTIPURU** (PERSONALIDADE/Animal) - Espécie de esquilo, vulgarmente chamado rato de palmeira (*Sciurus aestuans*). Pequeno mamífero roedor, de cauda muito comprida e largamente enfeitada de pelos longos e sedosos, que costuma trazer levantada e como que para servir de

umbrela ao corpo, o que lhe dá um aspecto elegantíssimo, aumentado se é possível pela elegância dos movimentos. No Amazonas conheço três espécies. Duas avermelhadas: a maior e mais comum toda de uma cor, com o peito branco; a segunda um pouco menor, também de peito branco, mas de pelo mais escuro e, em certos pontos, quase preto; e uma terceira, cinzenta, cor de rato, também de peito branco, mas muito mais pequena e com a cauda menos enfeitada. A primeira se encontra em todos os cacauais do baixo vale; a segunda tem sempre sido encontrada nas matas centrais de terra firme. A cinzenta encontrada, Querari, afluente do Uaupés, (Strad., *Rev.* p.365). Denominação amazônica do esquilo (JAFFE, Noemi. *Macunaíma*. ANDRADE, Mário de, 2016, p. 31).

56. **ACUTIPURU** (PERSONALIDADE/Divindade) (IV, 4) - O mesmo que Murucututu e Dacucu (mãe do sono). Uma das divindades propiciadoras do sono, segundo quadra colhida por Barbosa Rodrigues. Tem toda a admiração do indígena, porque, segundo afirmam, é um dos poucos animais que sabem descer das árvores mais altas, de cabeça para baixo. Acresce que, para muitos, é sob a forma do acutipuru que a alma sobe ao céu, logo que o corpo acaba de apodrecer (Strad., *Rev.*, p. 365).

57. **ADESTRO** (PERSONALIDADE/Característica) (XV, 6) - Que vai ao lado (Tesch., *Dic.*, p. 26).

58. **AFASTADO** (ENERGIA) (IV, 25) - Recuo: "Macunaíma deu um afastadinho com o corpo".

59. **AFINCAR** (ENERGIA/Processo) (XII, 58) - Embeber,

cravar (A. Amaral, *O Dialeto Caipira*, p. 1). - Fincar o pé, caminhar ou correr (Viotti, **Dic.**, p. 21).

60. **AFOBADO** (PERSONALIDADE/Característica) (IV, 33) - Ansiado (Tesch., *Dic.*, p. 29). - Azafamado, apressado, atrapalhado, cansado (R. Garcia, *Dic.* de Brasileirismos, p. 668).

61. **AFONSO SARDINHA** (PERSONALIDADE) (XIV, 47) - "O moço que, dizem, deixou em testamento 80.000 cruzados de ouro em pó, escondidos em talhas de barro enterradas". Isso, em Jaraguá, S. Paulo (Paulo Prado, *Retrato do Brasil*, p. 9).

62. **AGÃ** - Sinônimo de ogã (PERSONALIDADE) (VII, 6).

63. **AGARRA-COMPADRE** (PERSONALIDADE) (VII, 55) - Trepadeira, Caesapinia sepiaria, de espinhos fortes e em forma de anzol, que forma barreiras intransponíveis; espinho-de-cerca. (JAFFE, Noemi. *Macunaíma*. ANDRADE, Mário de, 2016, p. 71)

64. **AGARRAR** (ENERGIA/Processo) (III, 8) - Apanhar, tomar, segurar (L. C. Moraes, *Voc.*, p. 23). Em Mário de Andrade é começar, sentido registrado por Amadeu Amaral (Dial., p. 146).

65. **AGORINHA** (TEMPO) (VI, 27) - Termo que expressa a indicação de algo acontecido há pouquinho, ainda agora, agora mesmo, neste momento. Agora há pouquinho, ainda agora (Tesch., *Dic.*, p. 32; P. da Costa, *Voc.*, p. 20). - Agora mesmo, neste momento (L. C. Moraes, *Voc.*, p. 23).

66. **AGOURENTO** - Sinônimo de Tincuan ou sincuan. (PERSONALIDADE/Característica) **-** De mau agouro,

isto é, que sugere que algo ruim vai acontecer (JAFFE, Noemi. *Macunaíma*. ANDRADE, Mário de, 2016, p. 28).

67. **AGRESTE** (ESPAÇO) (XV, 58) - Região do Nordeste brasileiro e de certa região do Estado de Pernambuco, entre a mata e a caatinga, caracterizada pelo solo pedregoso, escassez e pequeno porte da vegetação (Tesch., Dic., p. 32; R. Garcia, Dic., p. 66). Com o mesmo sentido, a palavra é usada em todo o Nordeste.

68. **ÁGUA DE CHOCALHO** (MATÉRIA) (I, 7) - Há entre o povo, principalmente no Nordeste, a crendice de que, bebendo água em chocalho, as crianças aprendem a falar. A água de janeiro, isto é, das primeiras chuvas da estação verão, é recolhida na biqueira; usa-se um chocalho de gado, em vez de copo, para dá-la de beber à criança que está demorando a falar.

69. **AGUAPÉ DO SUL** - Sinônimo de mururê (PERSONALIDADE/Planta).

70. **AGUENTAR NO TOCO** (ENERGIA) (IV, 62) - Permanecer firme, inabalável, resoluto (Viotti, *Dic.*, p. 26).

71. **AIMALÁ-PÓDOLE** (PERSONALIDADE/Entidade) (XIV, 26) - Ou Aimará-Pódole, o pai do peixe traíra. Pai, em taulipangue, é pódole (K. Grümberg, Saga 46, 2.0 vol., p. 132). - Aimará é traíra (*Macrodon trahira*), segundo o mesmo autor (Saga 5, 2.0 vol., p. 40).

72. **AIMARÁ** (PERSONALIDADE/Peixe) - Espécie de traíra de grande porte, *Hoplias aimara,* que ocorre nas bacias do rio Tocantins, Xingu, Tapajós, Jari e Trombetas,

e no estado do Amapá (JAFFE, Noemi. *Macunaíma*. ANDRADE, Mário de, 2016, p. 116).

73. **AIMARÁ-PÓDOLE** - Sinônimo de Aimalá-Pódole (PERSONALIDADE/Entidade).
74. **AIPIM** - Sinônimo de mandioca (PERSONALIDADE/Planta).
75. **AIRU-CURUCA** - Sinônimo de curica (PERSONALIDADE/Pássaro).
76. **AIRUCATINGA** - Sinônimo de curica (PERSONALIDADE/Pássaro).
77. **AJOJO** (V, 2) - Sinônimo de canoa (MATÉRIA/Meio de transporte fluvial). Meio de transporte fluvial composto de duas ou três canoas convenientemente unidas, tendo por cima um lastro de táboas ou paus roliços, seguros com alças ou tiras de couro cru. Movidos a varas ou remos, servem os ajojos para transporte de passageiros, carga e gado, de uma a outra margem dos rios (P. da Costa, *Voc.*, p. 21). In A. B. Hollanda, Ou também ajoujo.
78. **AJOUJO** - Sinônimo de ajojo (MATÉRIA/Meio de transporte fluvial).
79. **AJURU** - Sinônimo de curica (PERSONALIDADE/Pássaro). Ajuru é designação genérica de papagaio, e curica *ou* curuca é papagaio do gênero Amazona.
80. **AJURU-CURICA** - Sinônimo de curica (PERSONALIDADE/Pássaro).
81. **AJURUAÇU** - Sinônimo de curica (PERSONALIDADE/Pássaros).

82. **AJURUCATINGA** - Ou ajuru-catinga. Sinônimo de curica (PERSONALIDADE/Pássaros).
83. **AJURUCURAU -** Sinônimo de curica (PERSONALIDADE/Pássaro).
84. **AJURUCURUCA** - Sinônimo de curica (PERSONALIDADE/Pássaro).
85. **AJUSTADO** (PERSONALIDADE/Característica) (XVII, 24) - Contratado, combinado (L. C. Moraes, *Voc.*, p. 25).
86. **ALAMOA** (PERSONALIDADE/Personagem) (VIII, 5) - Forma antiga da palavra "alemã". Ninfa Alamoa, forma antiga de alemã, fulva e cruel donzela, a fada e o gênio mau da Ilha presidiária de Fernando de Noronha (Proença, M. Ci. *Roteiro de Macunaíma*, 1974, p. 170).
87. **ALINHADO** (PERSONALIDADE/Característica) (VIII, 19) - Vestido com esmero, elegante (A. B. Hollanda.).
88. **ALJAVA** - Sinônimo de carcá (MATÉRIA/Objeto).
89. **ALUÁ** (MATÉRIA/Alimento/Bebida) (II, 70) - Bebida refrigerante, fermentada, feita de arroz cozido, água e açúcar (P. da Costa,*Voc.*, 2.5). Bebida fermentada feita com a casca de frutas ou farinha de arroz.
90. **ALUADO** (PERSONALIDADE/Característica) (X, G) - Estouvado ou de mau-humor (P. da Costa, *Voc.*, p. 17). Distraído.
91. **AMARELAS, VER-SE NAS** (ENERGIA) (VI, 50) - Passar dificuldades, embaraços, perigos (L. Motta, *Cant.*, p. 206; P. da Costa, Voc., p. 17).
92. **AMARRILHO** (MATÉRIA) (VI, 50) - "Diz que um

dia mandara certo camarada arrancar uma cipoama que precisava pr'os amarrilhos duma cerca"... (V. Silveira, *Leréias*, p. 111). Cordão ou fio com que se ata qualquer coisa (A. B. Hollanda.).

93. **AMAZONA** (PERSONALIDADE) - Sinônimo de icamiaba.
94. **AMÊNDOA-DOS-ANDES** - Um dos sinônimos de abricó-de-macaco.
95. **AMENDOEIRA-DOS-ANDES** - Um dos sinônimos de abricó-de-macaco.
96. **AMOFUMBAR** (ENERGIA/Processo) (XI, 155) - Guardar, esconder, ocultar (P. da Costa.)
97. **AMOITAR** (ENERGIA/Processo) (XI, 159) - Entrar em moita, sumir (Tesch., *Dic.*, p. 51; V. Silveira, *Leréias*, "Vocabulário", p. 184). *In* A. B. Hollanda, *amoitar-se*.
98. **AMOLAR** (ENERGIA/Processo) (XII, 45) - Importunar (A. Amaranl, *Dial.*, p. 751). Importunar, maçar, desagradar (R. Garcia, *Dic.*, p. 671).
99. **AMONTAR** (ENERGIA/Processo) (lI, 41) - O mesmo que montar.
100. **AMULEGAR** (ENERGIA/Processo) (XV, 14) - Amolegar, amolecer; deve ser corruptela de amolegar, segundo Ignácio Raposo (Viotti, *Dic.*, p. 28).
101. **AMULHERAR** (ENERGIA/Processo) (XIII, 18) - Tradução do caxinauá āiyāi, de āimulher. Casar. "Quem se amulhera de roçado fazedor é" (Capistrano de Abreu, *Língua dos Caxinawís*, p. 117).
102. **ANA FRANCISCA DE ALMEIDA LEITE DE**

MORAIS (PERSONALIDADE/ Personagem) - Que fez sapatinhos de tricô para o filho de Ci.
103. **ANACÁ** (XV, 12) - Ou anacã. Sinônimo de curica-bacabal (PERSONALIDADE/Pássaro), papagaio-de-coleira, vanaquiá e anamburucu.
104. **ANAIÁ** - Sinônimo de inajá (PERSONALIDADE/ Árvore).
105. **ANAMBURUCU** (PERSONALIDADE/Entidade) - Nanã, orixá feminino. A mais velha das mães-d'água, entre os negros baianos (A. Ramos, *O Negro*, p. 86).
106. **ANAMBURUCU** - Sinônimo de curica-bacabal (PERSONALIDADE/Pássaro), papagaio-de-coleira, anacá e vanaquiá.
107. **ANAPURA** (PERSONALIDADE/Animais) (XV, 12) - Casta de papagaio (Strad., *Rev.*, p. 369).
108. **ANAQUILÃ** (PERSONALIDADE/Personagem) (VI, 55) - Formiga amazônica que, segundo o mito taulipangue, é a pimenta do gigante Piaimã.
109. **ANDARENGO** (PERSONALIDADE/Característica) - Andador, andejo, caminhador (Tesch., *Dic.*, p. 56; L. C. Moraes, *Voc.*, p. 30). Pessoa que anda muito, andarilho (Jaffe, Noemi, *Mac.*, M. de Andrade, 2016, p. 24).
110. **ANDIRANA** (PERSONALIDADE/Fruta) - A fruta da andirobeira, de onde se extrai um azeite amargo, empregado desde muito tempo na preparação de um sabão de inferior qualidade (Strad., *Rev.*, p. 369).
111. **ANDIROBA** (PERSONALIDADE/Árvore) (XII, 45) - A andiroba (*Carapa guianensis Aubl.*), também conhecida

como andirova, andiroba-suruba, angirova, carapa e purga-de-santo-inácio, é uma árvore da família *Meliaceae*. O nome deriva de ãdi>roba, termo tupi que significa "óleo amargo", numa referência ao óleo extraído das sementes da planta. É nativa da Amazônia (ANDIROBA, 2020).

112. **ANDIROBA, ÓLEO DE** (Matéria) - O óleo, conhecido como "azeite-de- andiroba", é extraído das suas sementes e utilizado para a produção de: repelente de insetos, antissépticos, cicatrizantes e anti-inflamatório. É reconhecida oficialmente pelo Ministério da Saúde do Brasil como possuidora de propriedades fitoterápicas (ANDIROBA, 2020).

113. **ANDIROBA-SURUBA** - Sinônimo de (PERSONALIDADE/Plantas medicinais) andiroba.

114. **ANDIROVA** (PERSONALIDADE/Plantas medicinais) (XII, 45) - Sinônimo de andiroba.

115. **ANGELIM** (PERSONALIDADE/Árvore) (V, 56) - *Andira inermis e A. retusa*, em Marajó; *Dionizia excelsa* Ducke, em Gurupá e Faro. 11: também nome vulgar de *Hymenolobium excelsum* Ducke e de *H. petraeum* Ducke (*angelim* pedra); os verdadeiros angelins da Amazônia são do gênero *Hymenolobium*, segundo Ducke (*Arquivos do Jardim Botânico*, IV, p. 316). Árvore leguminosa, de grande altura, de madeira dura e que não apodrece (JAFFE, Noemi. *Macunaíma*. ANDRADE, Mário de, 2016, p. 48).

116. **ANGIROVA** - Sinônimo de andiroba (PERSONALIDADE/Plantas medicinais) (XII, 45).

117. **ANGUSTURA** - Sinônimo de guaruba (PERSONA-LIDADE/Planta).

118. **ANHANGA** (PERSONALIDADE/Entidade) (lI, 72) - Deus do campo, protetor da caça entre os tupis (C. de Magalhães, *O Selvagem*, p.128). No lendário indígena e popular amazônico, os guardiões da caça do campo, da mata, dos peixes e das árvores usam estratagemas de defesa, infligindo terríveis castigos e até mesmo a morte aos caçadores ou incendiários que transgridem suas leis" (RIBEIRO, 1987, p. 143).

119. **ANHUMA** (PERSONALIDADE/Ave) (XVI, 53) - Ave palamedeídea. *Palamedea comuta*. Tem na cabeça um espinho recurvo, e o bordo anterior da asa é provido de dois esporões (Ihering, *Dic.*, p. 86; E. Sn., p. 112).

120. **ANINGA** (PERSONALIDADE/Planta) - A aninga (*Montrichardia linifera*) é uma planta herbácea macrófita aquática da família das aráceas que tem cerca de 4 metros. *Aningaçu, aningaíba ou aningaúba. Montrichardia arborescens* Schott. Arácea (Sampaio, Pl. *Am.*, p. 7). Casta de árum - planta que cresce nos lugares alagados e terras baixas, onde chega a água da preamar, ao longo da costa; muito comum na baía de Marajó (Strad., *Rev*, p. 371). Planta que cresce na periferia de manguezais. (FTD, *Mac.*, p.)

121. **ANINGA, FIBRA DE** (MATÉRIA) (I, 7) - Só vinga na beira dos alagadiços e medra em família. De fibras longas e resistentes, a aninga presta-se à fabricação de cordas, cabos e linhas (R. Moraes, *Meu Dic.*, p. 56).

122. **ANINGAÇU** - Um dos sinônimos de aningá (PERSONALIDADE/Planta).
123. **ANINGAÍBA** (PERSONALIDADE/Planta) - Um dos sinônimos de aningá (PERSONALIDADE/Planta).
124. **ANINGAÚBA** (PERSONALIDADE/Planta) - Um dos sinônimos de aningá (PERSONALIDADE/Planta).
125. **ANTA** (I, 9) - Ou tapir. Mamífero ungulado, perissodátilo, da família Tapirídeos. *Tapirus americanus*. É uma das nossas maiores caças, pois mede até 2 metros de comprimento por 1 metro de altura (Ihering, *Dic.*, p. 87).
126. **ANTA SAPATEIRA** – Sinônimo de anta. (PERSONALIDADE/Animal) (XVI, 42) -.
127. **ANTA-COMUM** – Sinônimo de anta (PERSONALIDADE/Animal).
128. **ANTA-GAMELEIRA** – Sinônimo de anta (PERSONALIDADE/Animal) - Ver anta.
129. **ANTAXURÉ** – Sinônimo de anta (PERSONALIDADE/Animal) - Ver anta.
130. **ANTIANTI** (PERSONALIDADE/Ave) (XV, 7) - Palmípede do gênero *Larus*, que habita as praias (Barbosa Rodrigues, *Poranduba Amazonense*, p. 289). Gaivota. Nome genérico comum a várias espécies de *larus*, que vivem ao longo das margens do Amazonas e afluentes (Strad., *Rev*, p. 371). Espécie de gaivota (JAFFE, Noemi. *Macunaíma*. ANDRADE, Mário de, 2016, p. 157).
131. **ANTÔNIO DO ROSÁRIO** (PERSONALIDADE) (XIV, 23) - Artesão de Belém, Pará, produz objetos de tartaruga, conforme registra o livro *O turista aprendiz*.

(JAFFE, Noemi. *Macunaíma*. ANDRADE, Mário de, 2016, p. 228).

132. **ÂNUS** (MATÉRIA) - Nos seres humanos, é o orifício no final do intestino grosso por onde são eliminadas as fezes e gases intestinais (ÂNUS, 2023).

133. **AO EMBOLÉU** (ENERGIA)**:** sem rumo; boléu ou emboléu quer dizer queda estrondosa; pelo contexto; o autor utiliza a locução com o sentimento de "aos trancos", isto é, aos saltos, aos solavancos (JAFFE, Noemi. *Macunaíma*. ANDRADE, Mário de, 2016, p. 12).

134. **APARADOR** (MATÉRIA) (XI, 94) - Pequena rede de pescaria.

135. **APEREMA** (PERSONALIDADE/Animal) (IV, 55) - O mesmo que jabuti. *Nicoria punctulata*. Quelônio da Amazônia, onde é usado como alimento (Ihering, *Dic.*, p. 413).

136. **APERTADOS** (ESPAÇO) (XI, 144) - É regionalismo gaúcho que significa desfiladeiro, estreiteza do rio ou do caminho.

137. **APIACÁ** (PERSONALIDADE/Inseto) - Espécie de marimbondo muito agressivo, temido pela forte ferroada (JAFFE, Noemi. *Macunaíma*. ANDRADE, Mário de, 2016, p. 33).

138. **APINCHAR** - Sinônimo de pinchar (ENERGIA).

139. **APIÓ** (PERSONALIDADE/Planta) (V, 56) - Em *Mac.*, é nome de planta. Ápio, sem o acento agudo final, é forma de aipo, corrente em Portugal.

140. **APITAN** - Sinônimo de Urubu (PERSONALIDADE/Ave).

141. **APOJO** (MATÉRIA) (III, 34) - Leite mais grosso da vaca, o que se tira depois do primeiro (Tesch., *Dic.*, p. 68; L. C. Moraes, *Voc.*, p. 33). O qual é pouco espesso (JAFFE, Noemi. *Macunaíma*. ANDRADE, Mário de, 2016, p. 28).
142. **APOQUENTAR** - Sinônimo de atentar (ENERGIA).
143. **APÓSTATA** (PERSONALIDADE/Característica) - Que comete apostasia, ou seja, que renuncia às crenças de uma religião (JAFFE, Noemi. *Macunaíma*. ANDRADE, Mário de, 2016, p. 71).
144. **APUÍ** - Sinônimo de ficus (PERSONALIDADE/Árvore).
145. **AQUEQUE** (PERSONALIDADE/Inseto) (XVI, 59) - Em *Macunaíma.*, é nome de uma formiga.
146. **ARA** (PERSONALIDADE/Pássaro) gênero das araras.
147. **ARA** (TEMPO) (VIII, 47) - O mesmo que ora. "Ara, vá pro inferno"- "Ara, se conheça, seu Manduca". (R. Moraes, *Meu Dic.*).
148. **ARACU** (PERSONALIDADE/Animal) (XIII, 21) - Na Amazônia é peixe de água doce, família characídeos, principalmente do gênero *Leporinus* e outros, correspondentes às piabas (ou piavas) do Sul (Ihering). Nome genérico de várias espécies da família dos corimbatás, muito apreciados, apesar das muitas espinhas (Strad., *Rev.*, p. 375).
149. **ARACUÃ** (PERSONALIDADE/Ave) (IV, 55) - *Ortalis aracauan* Spix (E. Sn., p. 57). *Aracuã*. Ave da família cracídeos, gênero *Ortallis*. Vive próximo dos rios, em bandos. Canta ao crepúsculo da manhã e da tarde (Ihering, *Dic.*, p. 96).
150. **ARADO** (PERSONALIDADE/Característica) (VI, 67)

- De fome - Indivíduo faminto, guloso (Tesch., *Dic.*, p. 73; Viotti, *Dic.*, p. 33; R. Garcia, *Dic.*, p. 676).
151. **ARAGUAÍ** - Sinônimo de periquitão (PERSONA-LIDADE/Pássaro).
152. **ARAGUARI** (PERSONALIDADE/Pássaros brasileiros) (XV, 12) - Um dos sinônimos de Araguaí.
153. **ARAME** (V, 11) (MATÉRIA) - Dinheiro (R. Moraes, *Meu Dic.*; R. Garcia, *Dic.*, p. 676; P. da Costa, *Voc.*, p. 40).
154. **ARAPAÇÓ** - Sinônimo de arapaçu (PERSONALIDADE/Pássaro).
155. **ARAPAÇU** (PERSONALIDADE/Pássaro) (XV, 9) - Arapaçó. Pica-pau. É nome genérico dos pica-paus que geralmente ostentam roupa que se destaca, pela cor, do resto do corpo (Strad., *Rev.*, p. 375).
156. **ARAPONGA** (PERSONALIDADE/Pássaro) (XVII, 41) - Ou ferreiro. Pássaro da família dos Cotingídeos. "É a araponga que completa o quadro dos dias de canícula, quando tudo repousa, e só do alto da perobeira ressoam as notas metálicas que tão bem imitam o trabalho do ferreiro (Ihering, *Dic.*, p. 02).
157. **ARAPUCA** (MATÉRIA) (XIV, 4) - Armadilha para apanhar pássaros, feita de pequenos paus arranjados horizontalmente e em forma de pirâmide (A. Amaral, *Dial.*, p. 80).
158. **ARARA** (PERSONALIDADE/Pássaro) (III, 6) - Ave psitacídea, gênero *Anodorhynchus* e espécies maiores do gênero *Ara*. As espécies menores deste são maracanãs.

159. **ARARA AZUL** - Sinônimo de araraúna (PERSONALIDADE/Pássaros brasileiros).
160. **ARARA CANINDÉ** (XV, 12) - um dos sinônimos de arara amarela (PERSONALIDADE/Pássaro).
161. **ARARA TAUÁ** (PERSONALIDADE/Ave) (XV, 12) - Tipo de arara citado em *Macunaíma*.
162. **ARARA-VERMELHA** (III, 6) - Sinônimo de arara-piranga (PERSONALIDADE/Pássaro) (Ihering, *Dic.*, p. 05).
163. **ARARA-AMARELA** (PERSONALIDADE/Pássaro) - O mesmo que arara-de-barriga-amarela, arari, arara-amarela, arara-azul-e-amarela, araraí e canindé, é uma das mais conhecidas representantes do gênero Ara, sendo uma das espécies emblemáticas do cerrado brasileiro e importante para muitas comunidades indígenas. É muito apreciada como animal de estimação. Ocorre da América Central ao Brasil, Bolívia e Paraguai. "Arara" provém do tupi *a'rara*. "Canindé" é oriundo do tupi *kanimé*. "Arari" provém do tupi *ara'ri* (ARARA- CANINDÉ, 2022).
164. **ARARA-AZUL-E-AMARELA** - Sinônimo de arara-amarela (PERSONALIDADE/Pássaro).
165. **ARARA-AZUL-E-BARRIGA-AMARELA** - Um dos sinônimos de arara- amarela (PERSONALIDADE/Pássaro).
166. **ARARA-DE-BARRIGA-AMARELA** - Um dos sinônimos de arara-amarela (PERSONALIDADE/Pássaro).
167. **ARARA-PIRANGA** (PERSONALIDADE/Pássaro)

(XV, 12) - Ou araracanga. Nome dado às araras em que predomina a cor vermelha. *Ara macao* e *Ara chloroptera* (Ihering, *Dic.*, p. 105).

168. **ARARACANGA** (XV, 12) - Sinônimo de arara-piranga (PERSONALIDADE/Pássaro).
169. **ARARAÍ** (PERSONALIDADE/Pássaros) (XV,12) - Um dos sinônimos de arara amarela.
170. **ARARAÚBA** (PERSONALIDADE/Árvore): pequiá-marfim; árvore madeira (JAFFE, Noemi. *Macunaíma*. ANDRADE, Mário de, 2016, p. 14). Árvore da família *Leguminosae-Papilionaceae*, da espécie *Centrolobium tomentosum* Bth.
171. **ARARAÚNA** (PERSONALIDADE/Árvore) (II, 1), (X, 12) - *Sickingia tinctoria*. Rubiácea conhecida por pau-de-arara da várzea. Da casca se extrai tinta carmim-vivo (R. Moraes, *Meu Dic.*).
172. **ARARAÚNA** (PERSONALIDADE/Pássaros brasileiros) - Também conhecida como arara-azul. *Anodorhynchus hyacintimus*. Arara cuja plumagem é toda de um azul intenso, uniforme, apenas com as faces amarelas (Ihering. *Dic.*, p. 105).
173. **ARATICUM** - (PERSONALIDADE/Árvore) (VIII, I) - Nome dado à planta e aos frutos de várias anonáceas. Sinônimo de *ariticum; arichicum*, em Mato Grosso.
174. **ARATICUTITAIA** - Sinônimo de ata (PERSONALIDADE/Fruta).
175. **ARATINGA** – Sinônimo de aguari. (PERSONALIDADE/Pássaros brasileiros).

176. ARATINGA-DE-BANDO (PERSONALIDADE/ Pássaros brasileiros) - Um dos sinônimos de aratinga.
177. ARAUÁ-I - Sinônimo de aguaraí. (PERSONALIDADE/ Pássaros brasileiros).
178. ARCO-DA-VELHA (PERSONALIDADE/Fenômeno) (VI, 50) - Arco-íris (A. Amaral. Dial., p. 80; L. C. Moraes, *Voc.*, 34).
179. ARDUME (ENERGIA) (XI, 78) - Ardência (Tesch., *Dic.*, p. 76).
180. AREAL (ESPAÇO) - superfície de grande extensão coberta de areia; areão. Local de onde se extrai areia; jazida de areia (AREAL - DICIO, DICIONÁRIO ONLINE DE PORTUGUÊS, [*s. d.*]).
181. AREÃO (XI, 162) - aumentativo de areal (A. B. Hollanda).
182. AREZI (XVI, 6) - Não encontrado o termo. Pelo texto, um animal, talvez peixe.
183. ARICHICUM - Sinônimo de *ariticum* e *araticum* (PERSONALIDADE/Árvore).
184. ARINQUE (MATÉRIA) - Espécie de espinhel que consiste em um aparelho de pesca que funciona de forma passiva, com a utilização de iscas para a atração dos peixes (A. B. Hollanda.).
185. ARIRAMBA (PERSONALIDADE/Pássaros) (XV, 7) - Casta de Galbula. Nome genérico de ave ribeirinha que se encontra em todos os rios, lagos e igarapés do vale do Amazonas; pousada geralmente sobre um galho seco, à espera da oportunidade de cair sobre a presa, que aboca à superfície da água, sem mergulhar (Strad., *Rev.*, p. 379).

Nome dado, na Amazônia, a espécies de martim-pescador. Ave da família Alcedinídea. Colorido esverdeado, com predominância do branco na parte ventral. Pousada num galho sobre o rio, vigia as águas. De repente mergulha e colhe o peixe, que é seu alimento por excelência (Ihering, *Dic.* p. 499).

186. **ARITICUM** - Sinônimo de *araticum* (PERSONALIDADE/Árvore).
187. **ARPÃO** (MATÉRIA) - Instrumento usado na Amazônia, para a pesca do pirarucu em lagos.
188. **ARRAIADA** (ENERGIA) (I, 19) - De arraiar, raiar do dia (L. Gomes, *Contos*), p. 227). Ato de arraiar; nascer do sol.
189. **ARRASTADOURO** (ESPAÇO) (Ep., 2) - Caminho estreito; vereda. Picada tosca, através do mato, para condução de madeira. Trilho, no mato, para comunicação com pastos de gado (ARRASTADOURO - DICIO, DICIONÁRIO ONLINE DE PORTUGUÊS, [s. d.]). Termo do nordeste da Bahia e de outros Estados do Norte, que significa picada tosca (Souza, *Dic.*, p. 20).
190. **ARROIO** - Sinônimo de igarapé (PERSONALIDADE/Rio).
191. **ARUÁ** (PERSONALIDADE/Característica) (V, I4) - Uruá. Muito tolo. Do nome de um molusco. "Besta como aruá" (L. Motta, *Cant.*, p. 367).
192. **ARUAÍ** - Sinônimo de periquitão (PERSONALIDADE/Pássaro).
193. **ARUANÁ** (PERSONALIDADE/Animal) (XI, I02) - Casta de peixe muito voraz, de forma alongada e achatada,

que atinge o comprimento de cerca de 1 metro por 7 ou 8 dedos de altura, feito em forma de lâmina de espada muito larga. É peixe de muita espinha, mas tem apreciadores (Strad, *Rev.*, p. 378). Também araúna ou carapena. Peixe de escama, da água doce. Família dos Osteogreossídeos, com uma única espécie amazônica - *Osteoglossum bicirrhosum* (Ihering). O nome vem da língua tupi *arua'ná*, aruanã ou arauaná

194. **ARUCU** (PERSONALIDADE/Entidade) (XIII, 21) - Um dos Donos da Água, invocado por *Macunaíma*.

195. **ARUMÃ** (PERSONALIDADE/Planta) - Planta morantácea (*Calathea funcea*). Palavra do tupi-guarani que define uma planta. Sinônimos: guarumã e guarumá. Uma espécie de palmeira. Planta de até 4 metros de altura. A haste da planta é utilizada na confecção de paneiros e outros tipos de trançado.

196. **ARURU** (PERSONALIDADE/Inseto) (II, 10) - Parece tratar-se de um inseto. Em *Macunaíma*, no capítulo 2, aparece como um tipo de mosquito.

197. **ÁRVORE MADEIRA** - Sinônimo de araraúba (PERSONALIDADE/Árvore).

198. **ASPA** (MATÉRIA) (VII, 55) - Guampa (Do mapuche *huámpar*, ou do quechua cuerno, pelo espanhol platino guampa) é o termo usado para se referir ao chifre bovino, ovino ou de veado, mas é especialmente usado para se referir ao chifre usado como um recipiente ou copo (GUAMPA, 2023). Chifre, guampa. Emprega-se o termo somente em relação a animais vivos.

199. **ASSACU** (PERSONALIDADE/Árvore) (VII, 4) - Grande árvore vargeira. A seiva é tóxica (R. Moraes, *Meu Dic.*, p. 65). Árvore de alto porte, que vive na margem do rio. Família Euforbiáceas, *Hura brasiliensis*. O látex, a casca e as folhas têm propriedades benéficas (Strad., *Rev.*, p. 381). *Açacu*, em A. B. Hollanda.
200. **ASSAÍ** (II, 1) - Sinônimo de açaí (PERSONALIDADE/Fruta).
201. **ASSANHADO** (PERSONALIDADE/Característica) (XII, 64) - Inquieto, desassossegado, buliçoso, sem modos e sem compostura (P. da Costa, *Voc.*, P. 49).
202. **ASSARAPANTAR** (X, 10) - Sinônimo de sarapantar (ENERGIA).
203. **ASSOMBRAÇÃO** (PERSONALIDADE/Entidade) (VII, 6) - Aparição, fantasma, alma do outro mundo. (A. Amaral, *Dial.*, 82).
204. **ASSUNTAR** (ENERGIA) (II, 26) - Prestar atenção, atender ao assunto, cismar (R. Garcia, *Dic.*, p. 681; Teschauer, Dic., p. 88; A. Amaral, *Dial.*, p. 82; L. Gomes, *Contos*, p. 228).
205. **ATA** (PERSONALIDADE/Fruta) (II, 70) - O mesmo que pinha e fruta-de- conde, conforme a região do Brasil. *Anona reticulata* L. e, também, *A. squamosa* L. pinha, fruta-de-conde ou araticutitaia (Sampaio, *Nomes Vulgares de Plantas do Distrito Federal e Estado do Rio*, p. 232). Fruta de casca rugosa, cheia de caroços envolvidos em polpa. (Jaffe, Noemi, *Mac.*, Mário de Andrade, 2016, p. 20)
206. **ATABAQUE** (MATÉRIA/Instrumento musical) (VII,

6) - Instrumento musical dos africanos, espécie de tambor muito estrepitoso; é usado nos seus batuques e bailados (P. da Costa, *Voc. Pern.*, p. 51).

207. **ATALHO** (ESPAÇO) (V, 20) - Caminho estreito por fora da estrada, para encurtar distância (*In* A. B. Hollanda).
208. **ATENTAR** (ENERGIA) (XIII, 12) - Apoquentar (L. Motta, *Cantadores*, p. 36). Tentar ou cometer um crime contra pessoa, patrimônio ou instituição; cometer atentado.
209. **ÁTIMO** (TEMPO) (I, 27) - Instante, momento (Teschauer, *Dic.*, p. 91).
210. **ATURIÁ** (MATÉRIA) (XI, 102) - Cesto com quatro pernas, usado sobretudo para transportar mandioca (Ch. de Miranda, Strad., *Rev.*, p. 382).
211. **ATURIÁ** (PERSONALIDADE) (IV, 18) - Nome comum a duas espécies da família das leguminosas. Papilonáceas da flora amazônica. *Drepanocarpus arístulatus* Spruce e D. *Lunatus* G. F. W. Maz.
212. **AVEXAR-SE** (PERSONALIDADE/Característica) (V, 7) - O mesmo que envergonhar-se, corar de vergonha (Teschauer, *Dic.*, p. 99).
213. **AVIÚ** (PERSONALIDADE/Animal) (XVI, 24) - Camarãozinho, pequeno crustáceo da Amazônia, usado na alimentação humana nessa região (Ihering, *Dic.* p. 114).
214. **AZARANZADO** (PERSONALIDADE/Característica) (XII, 53) - Perturbado, desorientado (Teschauer, *Dic.*, p. 100).
215. **AZEITE, estar de** (PERSONALIDADE/Característica) (X, 6) - Estar de mau humor. Expressão popular corrente no Sul de Minas e Norte de São Paulo.

216. **AZUCRINAR** (ENERGIA) (XII, 53) - Importunar, enfadar (Teschauer, *Dic.*, p. 101).
217. **BABALAÔ** (PERSONALIDADE/Sacerdote) (VII, 43) - Ou ababaloaô. Sacerdote iorubano (A. Ramos, *O Negro*, p. 42).
218. **BABOSA DE PAU** - Sinônimo de pacová (PERSONALIDADE/Planta).
219. **BACABA** (PERSONALIDADE/Fruta) (V, 19) - Segundo Barbosa Rodrigues, o nome significa "fruto que dá gordura". Pio Corrêa registra três espécies, todas oferecendo dupla contribuição à alimentação popular: o palmito e o fruto, do qual se faz vinho. *Ocnocarpus bacaba* Mart.
220. **BACHAREL DA CANANEIA** (PERSONALIDADE/Personagem) - Foi um degredado português e, posteriormente, traficante de escravos, intérprete e guia de navegação. Foi levado para o Brasil, no litoral sul do atual Estado de São Paulo em algum momento no começo do século XVI, onde passou a viver entre os índios carijós da área, ganhando liderança e o respeito de sua tribo na então aldeia de Maratayama (BACHAREL DE CANANEIA, 2022).
221. **BACORORÓ** (ENERGIA) (I, 4) - Ou *bororô*. Danças de vários povos indígenas e dos índios bororos. Tem esse nome porque a quase totalidade dos cantos dessa tribo começa por essa palavra (Veja-se Colbacchini).
222. **BACU** (PERSONALIDADE/Animal) (V, 2) - Peixe do gênero *Prochilodus* e, também, *Doras*. Ihering acha a designação imprópria para o gênero *Doras*, devendo haver

confusão com vacu (*Dic.*, p. 118). Na Amazônia, o nome designa várias espécies de peixe de água doce, do gênero *Prochilodus*, ao qual pertencem os corumbatás do Sul (*Id. ibd.*).

223. **BACUPARI** (PERSONALIDADE/Fruto) - O fruto do bacupari pode ser encontrado no Brasil da região Amazônica ao Rio Grande do Sul. A fruta tem alto valor de ingredientes antioxidantes e anticancerígenos (BACUPARI, [*s. d.*]).

224. **BACUPARIZEIRO** (PERSONALIDADE/Árvore) - Que produz o bacupari. Típico de matas de restinga, litoral. Árvore frutífera (*Erythroxylum exaltatum*), Bong. - Eritroxilácca. *Salácfa paniculata* Don., hipocrateácea (Sampaio, *Pl. Am.*, p. 178).

225. **BACURI** (PERSONALIDADE/Árvore) (VIII, 1) - Gutífera (Sampaio, *Pl. Am.*, 11). Árvore desenvolvida.

226. **BACURI** (PERSONALIDADE/Fruta) - O fruto, amarelo, parece uma laranja grande. A polpa é branca, acidulada e doce. A comporta, fina, delicada, incomparável; o sorvete, delicioso (R. Moraes, *Meu Dic.*, p. 72).

227. **BAGA** - Sinônimo de mamona (PERSONALIDADE/Planta).

228. **BAGAROTE** (MATÉRIA) (V, 11) - Dinheiro. Nota de mil-réis (R. Moraes, *Meu Dic.*; P. da Costa, *Voc.*, p. 62; Tesch., *Dic.*, p. 685). Notar que mil-réis, moeda vigente até 1942, equivalia à milésima parte do cruzeiro.

229. **BAGO** (V, 2) (MATÉRIA) - Dinheiro (P. da Costa, *Voc.*, p. 63). Sinônimo de bagarote (R. Garcia, *Dic.*, p. 685).

Embora referido a cacau, é claro, em *Macunaíma*, o sentido de dinheiro.

230. **BAGRE** (PERSONALIDADE/Animal) (XI,'94) - No litoral designa peixes da família Ariídeos e, no interior, é sinônimo de jundiá, ou seja, das espécies do gênero *Ramdia* (Ihering, *Dic.*, p. 121). Palavra introduzida pelos portugueses e espanhóis na América do Sul. Jundiá é uma designação que engloba quase todos os representantes da família Pimelodídeos, que compreende peixes de couro da água doce. Na Amazônia se diz *jandiá* (Ihering).

231. **BAGUAÇU** (PERSONALIDADE/Árvore) (XII, 59) - Árvore de madeira, sinônimo de *caguaçu* (A. Amaral, *Dial.*, p. 86).

232. **BAGUAL** (PERSONALIDADE/Animal) (VII, 55) - Cavalo indômito, cavalo vistoso, cavalo ruim, trotão (Tesch., *Dic.*, p. 107; Moraes *Voc.*, p. 42).

233. **BAIRRO** (ESPAÇO) (III, 1) - Pequeno povoado ou arraial (A. B. Hollanda)

234. **BALANGAR** (ENERGIA) (VII, 42) - O mesmo que balançar. No brinquedo da cadeirinha, quando um menino balança, os outros cantam: "Bango balango, sinhô capitão" (Figueiredo, Pimentel, *Os meus brinquedos*, p. 6).

235. **BALATA** (PERSONALIDADE/Árvore) (XII, 85) - *Mimusops bidentata* A. DC - *Ecclinusa balata* Ducke. Também chamado coquirana, ucuquirana, ou abiurana. *Sideroxylum cyrtobotryum* (balata rosaa); S. **resiniferum** Ducke e outras sapotáceas (Sampaio, *Pl. Am.*, p. 11).

236. **BALUDO** (PERSONALIDADE/Característica) (IV,

58) - Endinheirado. "Num belo dia que o Raimundo estava baludo"... (L. Motta, *Sertão Alegre*, p. 95).

237. **BAMBA QUERÊ** (ENERGIA) (VII, 39) - Dança de negros africanos, em que homens e mulheres, em círculo, cantam uma toada com o estribilho "Bamba sinhá bamba querê" (P. da Costa, *Voc.*, p. 66).

238. **BAMBEAR** (ENERGIA) (VI, 50) - Afrouxar (P. da Costa, *Voc.*, p. 67). Dar a liberdade a alguém, fazer ou deixar bambo, desanimar (Viotti, *Dic.*, p. 44; V. Silveira, - *Leréias*, "Vocabulário", p. 185).

239. **BANANA-IMBÉ** - Sinônimo de guaimbé (PERSONALIDADE/Planta).

240. **BANINI** (MATÉRIA) (V, 50) - Espécie de flecha (C. de Abreu, *Língua*, p. 553).

241. **BANZAR** (ENERGIA) (V, 19) - andar à toa (P. da Costa, *Voc.*, 72). M. de A., neste parágrafo, empregou o verbo no sentido de andar à toa, correspondente ao zanzar, de muito uso em Mato Grosso.

242. **BANZAR** (PERSONALIDADE/Característica) - Estar pensativo, preocupado.

243. **BARAFUSTAR** (ENERGIA) (VI, 54) - Meter-se, entrar violentamente (A. B. Hollanda.).

244. **BARATINHA CASADEIRA** (PERSONALIDADE/Personagem) - É referência ao conto da barata que encontrou uma moeda e vai à janela propor casamento aos animais que passam (J. Ribeiro, *Folclore*, pag. 234).

245. **BARBEIRO** (PERSONALIDADE/Inseto) (XVI, 64) -

Herníptero da família dos Triatomídeos, muitos dos quais transmitem a doença de Chagas.

246. **BARIGUI** - Sinônimo de birigui (PERSONALIDADE/ Inseto).

247. **BARRA** (ESPAÇO) (XI, 167) - Em Portugal, além de outros sentidos, diz-se barra a entrada de um porto, máxime se é estreita (C. de Figueiredo e C. Aulette).

248. **BARRA** (MATÉRIA/Sedimentos) (XI, 167) - No Brasil, além dessa acepção, se emprega em outras, a saber: bancos e coroas de areia e de outros sedimentos trazidos pelos rios e depositados nas suas bocas e nas dos estuários, resultantes da ação conjugada das correntes fluviais e marinhas (Souza, *Dic.*, p. 40).

249. **BARRANCA** (VI, 54) - Sinônimo de barranco (ESPAÇO).

250. **BARRANCO** (ESPAÇO) - Ribanceira de rio (BARRANCO, [*s. d.*]).

251. **BARREIRO** (ESPAÇO) (II. 8) - Fosso cavado em terreno argiloso para reter e conservar por longo tempo a água da chuva.

252. **BARREIRO** (MATÉRIA) - Terra salitrada onde o gado lambe (R. Carcia, *Dic.*, p. 696).

253. **BARRIGUDO** (PERSONALIDADE/Animal) (V, 8) - Macaco símio amazônico do gênero *Lagothrix* (Thering, *Dic.*, p. 133).

254. **BARROCA** - Sinônimo de Biboca (ESPAÇO).

255. **BARROQUEIRA** (ESPAÇO) (XII. 50) - Garganta funda situada ordinariamente no centro dos vales. (Souza, *Dic.*, p. 45).

256. **BARU** (PERSONALIDADE/Entidade) - "Orixá citado por João do Rio (*As religiões no Rio*), sem pormenores de elementos que o identifiquem. Arthur Ramos (*O negro brasileiro*) possibilita ser o mesmo Wari-waru, orixá da varíola." (JAFFE, Noemi. *Macunaíma*. ANDRADE, Mário de, 2016, p. 67).
257. **BATATÁ** - Sinônimo de boitatá e bitatá (PERSONALIDADE/Entidade).
258. **BATE-BATE** (ENERGIA) (XI. 94) - Na Amazônia, quando as águas invadem as florestas, os pescadores, usando ramos e as próprias mãos, batem a água espraiada, obrigando os peixes a voltarem ao leito do rio, onde foram previamente estendidas as redes que os aprisionam (informação de um pescador acreano). Ver, também, o processo descrito por A. Aguirre em *A pesca e a caça no Alto São Francisco,* publicação do Serviço de Caça e Pesca do Ministério da Agricultura.
259. **BATE-CU** - Sinônimo de tuim (PERSONALIDADE/Pássaro).
260. **BATELADA** (MATÉRIA/Característica) (V. 2) - Grande quantidade (A. B. Hollanda.).
261. **BATOQUE** (MATÉRIA) - Orifício redondo em uma das aduelas de barril ou tonel, para saída do líquido (BATOQUE, [s. d.]).
262. **BATUVIRA** - Sinônimo de anta (PERSONALIDADE/Animal).
263. **BEBE EM BRANCO** (PERSONALIDADE/Animal) (XI. 149) - Equino que tem o focinho branco (Viotti, *Dic.,* p. 50). Melhor dizer focinho albino.

264. **BEBIDA** (MATÉRIA) - Alimento líquido, extraído ou feito à base de plantas e/ou animais, geralmente ingerido acompanhado de outros alimentos (Tesauro de Folclore e Cultura Popular Brasileira).
265. **BEÇA, À** (MATÉRIA/Característica) (XII, 16) - Em grande quantidade.
266. **BEIJA-FLOR-COM-RABO-DE-TESOURA** - (PERSONALIDADE/Personagem) - Tipo de beija-flor maior e mais briguento. Macunaíma encontra um no caminho e é sinal de azar (JAFFE, Noemi. *Macunaíma*. ANDRADE, Mário de, 2016, p. 54)
267. **BEIJU** (MATÉRIA/Comida) - O beiju ou pajauruaçu é uma iguaria tipicamente brasileira, de origem indígena e feita com a tapioca, que ao ser espalhada em uma chapa ou frigideira aquecida coagula-se e vira um tipo de panqueca ou crepe seco.
268. **BEIJU-MEMBECA** (MATÉRIA/Comida) (X, 1) - Biscoitos do Amazonas. Bolo de fécula de mandioca. Bolo mole (R. Moraes, *Meu Dic.*, p. 82).
269. **BENZEDOR** - Sinônimo de pajé (PERSONALIDADE).
270. **BEREVA** (PERSONALIDADE) (XVI, 59) - Erupção da pele. Sinônimo de pereba (A. Amaral, *Dial.*, p. 91; Viotti, *Dic.*, p. 51).
271. **BERRUGA** (PROCESSO) (V, 2) - O mesmo que verruga. É crença popular que apontar para as estrelas faz nascer berrugas nos dedos.
272. **BERUANHA** - Sinônimo de muruanha (PERSONALIDADE/Inseto).

273. **BESTUNTO** (MATÉRIA/Característica) - Juízo.
274. **BESTUNTO** (MATÉRIA/Membro do corpo) - cabeça. (JAFFE, Noemi. *Macunaíma*. ANDRADE, Mário de, 2016, p. 19).
275. **BETA DO CENTAURO** - Sinônimo de Ci, mãe do mato (PERSONALIDADE/Personagem).
276. **BEXIGUENTO** (PERSONALIDADE/Característica) - Que tem marcas de bexiga (varíola) (JAFFE, Noemi. *Macunaíma*. ANDRADE, Mário de, 2016, p. 66).
277. **BIBOCA** (ESPAÇO) (VII, 4) - Buraco, barroca, escavação feita no terreno pelas enxurradas (R. Garcia, *Dic.*, p. 697). Quebrada, grota, lugar apartado e ínvio, casinhola (A. Amaral, *Dial.*, p. 92).
278. **BICHO PONDÉ** (PERSONALIDADE/Personagem) (XV, 22) - Monstro que aparece num conto popular de Lindolfo Gomes.
279. **BICHO-DO-CAFÉ** - Sinônimo: bicho-mineiro-do-café e bicho-mineiro-do-cafeeiro (PERSONALIDADE/Praga) - Praga-chave na cafeicultura, causando prejuízos que podem chegar à ordem de 52% pela redução da produção em consequência da desfolha que causa nas plantas. (JAFFE, Noemi. *Macunaíma*. ANDRADE, Mário de, 2016, p. 54).
280. **BICHO-MINEIRO-DO-CAFÉ** - Sinônimo de bicho-do-café (PERSONALIDADE/Praga).
281. **BICHO-MINEIRO-DO-CAFEEIRO** - Sinônimo de bicho-do-café (PERSONALIDADE/Praga).
282. **BICHO-PAPÃO** - Sinônimo de carrapatu (PER-

SONALIDADE/Personagem). Tutu Marambá (PERSONALIDADE/Personagem).
283. **BICHO-PREGUIÇA** (PERSONALIDADE/Animal) - Mamíferos arborícolas divididos em dois gêneros, *Bradypus* e *Choloepus*. Representam a superordem Xenarthra, juntamente com os tamanduás e tatus (dasipodídeos; clamiforídeos). As espécies de bicho-preguiça estão divididas em dois gêneros que se diferenciam basicamente pela quantidade de dedos (FOLIVORA, 2022).
284. **BICOS** (MATÉRIA/Característica) (V, 11) - Restos de alguma coisa, quebrados de dinheiro, quantia insignificante (M. Soares, *Dic.*, p. 94). Em *Macunaíma*, "bicos de coruja".
285. **BICUDA** (MATÉRIA) (XIII, 32) - Faca de ponta (P. da Costa, *Voc.*, p. 97; R. Garcia, *Dic.*, p. 698).
286. **BIFE** (PERSONALIDADE/Característica) (XI, 95) - O Inglês (P. da Costa, *Voc.*, p. 98). "Tinha ali perto um inglês pescando aimarás com anzol de verdade" (JAFFE, Noemi. *Macunaíma*. ANDRADE, Mário de, 2016, p. 115).
287. **BIGUÁ** (PERSONALIDADE/Pássaros) (I, 7) - Ave da família Carbonídeos. *Carbo vigua*. Cauda, pescoço e bico enormemente alongados. Persegue os peixes debaixo d'água e é exímio mergulhador (llhering, *Dic.*, p. 154). Ave aquática que mergulha em busca de peixes e que pode permanecer um bom tempo debaixo da água.
288. **BIGUATINGA** (PERSONALIDADE/Pássaros) (I, 7) - *Plotus anhinga*. Semelhante ao biguá, de que difere pelo colorido; o pescoço, o dorso e as asas são quase brancos (Ihering, *Dic.*, p. 154).

289. **BILO, BILO** (ENERGIA) (Ep., 7) - Produzir som com a manipulação dos lábios. Forma de acalentar crianças com a voz acompanhada de afago nos lábios. Voz acompanhada de afago nos lábios da criança (P. da Costa, *Voc.*, p. 99; Viotti, *Dic.*, p. 53).

290. **BIRIBÁ** (PERSONALIDADE/Árvore) (XVI, 69) - *Rollinia orthopetala*. Anonácea, espécie muito duvidosa, segundo Ducke (Sampaio, *Pl. Am.*, p. 12). Árvore de porte regular. O fruto é pouco maior que uma laranja, amarelo esverdeado e cheio de bicos na casca. A polpa branca e gomosa é doce, vagamente ácida e saborosa (R. Moraes, Meu *Dic.*, p. 87).

291. **BIRIGUI** (XVI, 59) - Sinônimo de mosquito (PERSONALIDADE/Inseto), biriqui, barigui, marigui, e mosquito-palha. Mosquito hematófago, da família dos *Pschydídeos*, gênero *Phlebotumus*. É o transmissor da leishmaniose cutânea ou úlcera de Bauru (Ihering, *Dic*, p. 157).

292. **BIRIQUI** - Sinônimo de birigui e mosquito (PERSONALIDADE/Inseto).

293. **BITATÁ** (PERSONALIDADE/Personagem) - Sinônimo de boitatá e batatá.

294. **BOA** (PERSONALIDADE/Característica) (VIII, 45). Mulher bonita que fala ao instinto. Gíria carioca.

295. **BOCA-PRETA** - Sinônimo de macaco de cheiro (PERSONALIDADE/Animal).

296. **BOCAGEM** (MATÉRIA/Vocabulário) (VI, 71) - Palavrada, expressões baixas, indecentes (A. Amaral, *Dial.*, p. 94).

297. **BOCAÍNA** (ESPAÇO) (XII, 50) - Depressão, colo, garganta, boqueirão das serras. O termo é mais comum no Sul. Chermont de Miranda informa que na Amazônia designa a foz de um rio ou a entrada de um lago que se comunica com o rio por um desaguadouro (Souza, *Dic*, p. 51).
298. **BOCAIUVA** - Ou bocaiúva. Sinônimo de mucajá (PERSONALIDADE/Árvore).
299. **BOCÓ DE FIVELA** - Sinônimo de bocó-de-mola (PERSONALIDADE/Característica).
300. **BOCÓ-DE-MOLA** (PERSONALIDADE/Característica) (XV, 77) – Bocó, palerma, sujeito de boca aberta. Cretino (R. Moraes, Meu *Dic*). Também bocó de mola, bocó de fivela (Viotti, *Dic.*, p. 54).
301. **BODUM** - Sinônimo de aca (ENERGIA).
302. **BOFES** (MATÉRIA/Órgãos) (VI, 67). Pulmões (A. B. de Hollanda).
303. **BOCAIUVA** - Sinônimo de mucajá (PERSONALIDADE/Árvore).
304. **BOITATÁ** - Sinônimo de bitatá, batatá (PERSONALIDADE/Personagem) (III, 35) - Em *Macunaíma*, a cobra-preta/boitatá chupou o único seio de Ci, Mãe do Mato.. Fogo fátuo (A. Amaral, *Dial.* p. 95). Cobra de fogo, de *mboi*, "cobra", e ta'tá, "fogo" (JAFFE, Noemi. *Macunaíma*. ANDRADE, Mário de, 2016, p. 28).
305. **BOIÚNA** (PERSONALIDADE/Personagem) (IV, 14) - Duende noturno dos rios; embarcação mal-assombrada; mãe d'água (Viotti, *Dic.* p. 55). Ou boiuna. Ser mitológico

da Amazônia. Ao passar, abre sulcos na terra, formando os igarapés. Habita a parte mais funda do rio e assusta os pescadores com seus olhos, que iluminam como tochas. Cobra-grande (JAFFE, Noemi. *Macunaíma*. ANDRADE, Mário de, 2016, p. 32).

306. **BOIÚNA CAPEI** - Sinônimo de boiúna (PERSONALIDADE/Personagem).
307. **BOIÚNA LUNA** - Sinônimo de boiúna (PERSONALIDADE/Personagem).
308. **BOLACHA** (ENERGIA) (XI, 59) - Bofetada (A. B. Hollanda). Tapa no rosto aplicado com a mão aberta.
309. **BOLADA** (MATÉRIA) (V, 11) - Grande soma de dinheiro (A. B. Hollanda).
310. **BOLINAR** (ENERGIA) (XI, 54) - Imprudente e propositadamente incomodar a uma senhora (P. da Costa, *Voc.*, p. 111; R. Garcia, *Dic.* p. 702; A. B. Holl.).
311. **BONITÃO** (PERSONALIDADE/Característica) (VIII, 49) - Um tanto bonito, formoso, de aspecto agradável, simpático (P. da Costa, *Voc.* p. 114).
312. **BOQUEIRÃO** (ESPAÇO) (XII, 50) - No Nordeste do Brasil o termo nomeia abertura ou garganta nas serras, por onde passam rios (Souza, *Dic.*, p. 54).
313. **BORÓ** (MATÉRIA) (V, 11) - Bilhete de bonde que circulava em Belém, como dinheiro. Tinha aceitação tal qual uma cédula do Tesouro (R. Morais, Meu *Dic.*).
314. **BORORÓ** (I, 4) - Ou *bororô*. Sinônimo de bacororó (ENERGIA).
315. **BORORÓ** (PERSONALIDADE/Tribo) - Os bororos,

otuques, bororós ou boe (autodenominação) são um povo indígena que habita o estado de Mato Grosso, no Brasil.[1][3] Falam a língua bororo, autodenominada *boe wadáru*, que pode pertencer ao tronco linguístico macro-jê (BOROROS, 2023).

316. **BORRACHUDO** (PERSONALIDADE/Inseto) (II, 10) - Ou pium. Mosquito hematófago, da família dos Simuliídeos, gênero *Simulium* (Ihering).
317. **BOTAR CORPO** (ENERGIA) (I, 7) - Crescer, desenvolver-se (Viotti, *Dic.* p. 57). Adquirir tamanho de adulto.
318. **BOTO** (PERSONALIDADE/Animal) (II, :2) - Cetáceo. Da família Delfinídeos, os do oceano; os de água doce são da família Platanistídeos. Também chamados "golfinho" ou "toninha" (Ihering, *Dic.*, p. 167).
319. **BOTO BRANCO** (PERSONALIDADE/Personagem) (VII, 36) - Uiara dos indígenas. Vive na água doce, na Amazônia. Na crendice regional o boto branco é um D. Juan famoso. *Inia Geoffroyensis* (Ihering, *Dic.*, p. 167).
320. **BOTO TUCUXÍ** (PERSONALIDADE/Animal) (VII, 13) - Cetáceo amazônico que difere do boto branco pela pelagem escura.
321. **BOTO TUCUXÍ** (PERSONALIDADE/Entidade) - O tucuxi livra o homem, travando luta com a Iara. Também chamado pirajagoara (Ihering, *Dic.*, p. 814). Na pajelança da Ilha de Marajó, no Pará, o boto é uma das formas que o encantado pode assumir. O encantado é um ser sobrenatural que possui poder de cura ou maldição e vive

no fundo dos rios ou no interior das matas (JAFFE, Noemi. Macunaíma. ANDRADE, Mário de, 2016, p. 66).

322. BREDO (ESPAÇO) (li, 52) - Mato, matagal. Cair no bredo: afundar-se no mato (Viotti, *Dic.*, p. 58).

323. BREDO (PERSONALIDADE/Erva) - Erva de folha comestível. (JAFFE, Noemi. Macunaíma. ANDRADE, Mário de, 2016, p. 18)

324. BRUACA (PERSONALIDADE/Característica) (VIII, 20) - Mulher velha, feia, repelente (P. da Costa, *Voc.*, p. 123).

325. BUBUIAR (ENERGIA) (V, 78) - Ir de bubua, significa, no norte do Brasil, principalmente na Amazônia, flutuar, ficar à superfície da água, à tona (Souza, *Dic.*, p. 62; Ch. Mir.).

326. BUÇU - Sinônimo de Ubussu (PERSONALIDADE/Árvore).

327. BUDUM (VII, 36) - Sinônimo de aca (ENERGIA).

328. BUÉ (ENERGIA) (I, 19) - Choradeira, berreiro de criança (A. B. Hollanda).

329. BUGIO (PERSONALIDADE/Animal) (V, 8) - Macaco do gênero *Alouatta*. Chamado de guariba ou macaco urrador, de grande porte. O macho em algumas espécies é preto. O macho barbado. Guia do bando, é chamado capelão (Jhering, *Dic.*, p. 172).

330. BULHA (ENERGIA) - Produção de som, de ruído. Barulho (JAFFE, Noemi. *Macunaíma*. ANDRADE, Mário de, 2016, p. 27).

331. BUMBA-MEU-BOI (ENERGIA) (XVI, 95) - Dança popular e tradicional auto ou drama pastoril (P. da Costa, *Voc.*, p. 25).

332. **BUMBA-MEU-BOI** (PERSONALIDADE/Personagem) - Personagem do drama pastoril. Sinônimo de Giganta.
333. **BUNDA** (MATÉRIA) (I, 22) - Nádegas, assento, traseiro (P. da Costa, *Voc.*, p. 126).
334. **BURACO** - Sinônimo de biboca (ESPAÇO).
335. **BURACO DO ACARI** - Sinônimo de acariquara (PERSONALIDADE/Árvore).
336. **BURBON** (MATÉRIA) - Em *Macunaíma* significa dinheiro.
337. **BURBON** (MATÉRIA/Característica) (V, 11) - Variedade de café.
338. **BURITI** - Sinônimo de miriti (PERSONALIDADE/Árvore/Fruta) em seus vários sentidos.
339. **BUSSU** - Sinônimo de Ubussu (PERSONALIDADE/Árvore).
340. **BUTECAINA** (ENERGIA/Processo patológico) (XII, 45) - Mário de Andrade lhe deu o sentido popular de "doença da raiva".
341. **BUTIÁ** (MATÉRIA) (XIII, 33) - "Corria o amargo e copinhos de licor de butiá" (Simões Lopes Neto, *Contos Gauchescos*, p. 210). Licor muito usado no Sul do país, fabricado com o fruto da palmeira do mesmo nome.
342. **BUTIÁ** (PERSONALIDADE/Fruto) - Fruta da palmeira usada para fazer licor.
343. **BUTIÁ** (PERSONALIDADE/Árvore) - Palmeira que é típica da região Sul do Brasil
344. **CAACAPOC** - Um dos sinônimos de acapu nos

seus variados sentidos (PERSONALIDADE/Árvore), (MATÉRIA/Insumo) e (PERSONALIDADE/Planta medicinal).

345. **CAACAPOC-DOS-ABORÍGINES** - Um dos sinônimos de acapu (PERSONALIDADE/Árvore/Planta medicinal) e (MATÉRIA/Insumo).

346. **CAAPORA** (PERSONALIDADE/Entidade/Personagem) (V, 77) - Duende maligno, habitante das nossas florestas (Viotti, *Dic.*, p. 63). Morador da mata, silvícola. Não confunda, como fazem alguns, com o caipora, que tem significação muito diversa (Strad., *Rev.*, p. 388). Misto de Curupira e Saci. Por causa da terminação se diz a Caapora (Câmara Cascudo, *Geografia dos Mitos*, p. 129). Também é a forma feminina do Currupira, e Tatuí.

347. **CAATINGA** (ESPAÇO) (II, 45) - Espaço de terra inundada na cheia e coberta de vegetação mofina (Viotti, *Dic.*, p. 63). - Mato branco, mata rala (Strad. *Rev.*, p. 388).

348. **CABA** (PERSONALIDADE/Inseto) (XIII, 16) - Nome indígena que designa as vespas em geral (Strad. *Rev.*, p. 388).

349. **CABAÇA** - Sinônimo de porongo (PERSONALIDADE/Fruta).

350. **CABAÇA** (MATÉRIA) (VI, 65) - Espécie de cuia ou coité, do fruto do cabaceiro, cuieira, cuisa de porongo ou cuitezeiro, usada como utensílio doméstico (Strad., *Rev.*, p. 129). Porongo onde se prepara o mate para ser tomado com bomba (L. C. Moraes, *Voc.*, p. 82). Metade da cabaça, seca, é muito usada na roça como vasilhame (Viotti, *Dic.*, 110).

351. **CABACEIRO** (PERSONALIDADE/Árvore) (VII,

43) - Árvore nativa do Brasil (*Stifftia parviflora*), da família das Compostas, de que se aproveita a madeira, branca e leve, para caixotaria, produção de papel (CABACEIRO, DICIONÁRIO INFOPÉDIA DA LÍNGUA PORTUGUESA, [*s. d.*]).
352. **CABATÃO** - Sinônimo de marimbondo (PERSONALIDADE/Inseto).
353. **CABATATU** - Sinônimo de tatucaba (PERSONALIDADE/Inseto).
354. **CABEÇA PELADA** (PERSONALIDADE/Pássaros) (XVI, 90) - Designação geral de certas aves, como os urubus e gaviões. Entre os bororos há uma lenda etiológica explicando por que essas aves têm a cabeça pelada (Ver Colbacchini).
355. **CABECEIRO** (MATÉRIA) (III, 34) - Cabeceira. Travesseiro.
356. **CABO-DE-MACHADO** - Sinônimo de abieiro (PERSONALIDADE/Árvore). Na região Centro-oeste do Brasil a árvore abieiro é chamado de cabo-de-machado.
357. **CABOCLA** - Sinônimo de cunhatã (PERSONALIDADE/Mulher), cunhã ou acunhã (Viotti, *Dic. Gir. Bras.*, p. 111).
358. **CABORÉ** (PERSONALIDADE/Pássaros) (XV, 9) - Casta de pequena coruja (Strad., *Rev.*, p. 407).
359. **CABORGE** (MATÉRIA) - M. de A. usou a palavra no sentido de feitiço, que já fora registrado por L. Motta. (*Cant.* p. 370). Amadeu Amaral (*Dial.*, p. 99) consigna: "Feitiço, encantamento, saquinho que tem dentro uma oração escrita, e que se leva num cordão pendurado ao pescoço".

360. **CABORGE** (PERSONALIDADE/Animal) (XV, 4) - Peixe do Rio São Francisco. *Doras marmoratus* (Ihering). Vive na margem do rio, no tempo das chuvas e é fácil de pegar.
361. **CABORGE** (PERSONALIDADE/Característica) - Com esse nome designam-se as prostitutas que vivem no porto do Juazeiro.
362. **CABUJI** - Sinônimo de Jacutinga (PERSONALIDADE/Ave).
363. **CACAU** (MATÉRIA) (V, 2) - Em *Macunaíma*, cacau tem o sentido de dinheiro, lembrando os primórdios da vida amazônica, quando realmente teve valor de moeda.
364. **CACAU** (MATÉRIA/Insumo) - O cacau é a principal matéria-prima do chocolate, feito por meio da torra e moagem das suas amêndoas secas em processo industrial ou caseiro. Outros subprodutos do cacau incluem sua polpa, suco, geleia, destilados finos e sorvete. Do cupuaçu (*Theobroma grandiflorum*), espécie da mesma família do cacau, produz-se o cupulate, doce bastante similar ao chocolate (CACAU, 2023).
365. **CACAU** (PERSONALIDADE/Fruto) (V, 2) - O cacau é o fruto do cacaueiro (*Theobroma cacao*), uma planta da família *Malvaceae* e gênero *Theobroma*, originada da floresta tropical úmida americana. É um fruto muito apreciado por sua polpa adocicada e por sua semente, a qual é utilizada na culinária (CACAU, 2023).
366. **CACAUEIRO** (PERSONALIDADE/Árvore) - O cacaueiro (*Theobroma cacao*) é a árvore perenifólia que dá origem ao fruto chamado cacau.

367. **CACETEAR** (ENERGIA) (IV, 58) - Massar, amolar (M. Soares, *Dic.*, p. 124).
368. **CACHAÇA** (MATÉRIA/Bebida) (VII, 36) - Aguardante de cana (A. Amaral, *Dial.*, p. 99).
369. **CACHIRI** (MATÉRIA/Bebida (I, 7) - Bebida inebriante, usada nas festas indígenas. E preparada com pajauruaçu, grande bolo de farinha de mandioca, ou beiju (B. Rodrigues, *Por.*, p. 112).
370. **CACHORRO DO MATO** (PERSONALIDADE/Animal) (XV, 85) - Nome dado a vários carnívoros silvestres do gênero *Canis*. Mais estritamente, *Canis thous*. Alimentam-se de pequenos mamíferos, aves e outros animais de pequeno porte (Ihering, *Dic.*, p. 185; A. Amaral, *Dial.*, p. 100).
371. **CACIQUE** (PERSONALIDADE) - Entre indígenas da Amazônia, o chefe temporal; curaca, murumuxaua, muruxaua, tuxaua e morubixaba.
372. **CAÇOAR** (ENERGIA) (XII, 83) - Zombar, ridicularizar. Não dar apreço, ser indiferente (Viotti, *Dic.*, p. 66).
373. **CAÇUÁ** (MATÉRIA) (XI, 94) - Cesto oblongo, grande, feito de cipós rijos, com azelhas para prendê-lo às cangalhas (R. Garcia, *Dic.*, p. 82).
374. **CACULAR** (ENERGIA) (V, 2) - Encher, abarrotar.
375. **CAFAJESTE** (PERSONALIDADE/Característica) (XI, 58) - Tipo de baixa esfera, vadio (P. da Costa, *voc.*, p. 145; R. Garcia, *Dic.*, p. 713).
376. **CAFUNDÓ** (ESPAÇO) (II, 24) - Cafundó do Judas. Lugar distante dos centros populosos, ermo, onde tudo é

difícil (P. da Costa, *Voc.*, p. 146; A. Amaral, *Dial.*, p. 100; Souza, *Dic.*, p. 80). Lugar desabitado, distante e de difícil acesso.

377. **CAFUNÉ** (ENERGIA) (VIII, 19) - Golpe dado na orelha, por detrás, com o dedo indicador ou médio, subitamente correndo sobre o polegar (P. da Costa, *Voc.*, p. 146).
378. **CAFUTE** - Sinônimo de diabo (PERSONALIDADE).
379. **CAGA FOGO** - Sinônimo de lava-pés (PERSONALIDADE/Inseto).
380. **CAGUAÇU** - Sinônimo de baguaçu (PERSONALIDADE/Árvore).
381. **CAGÜIRA** (PERSONALIDADE/Fenômeno) (VI, 29) - Azar, falta de sorte (Viotti, *Dic.*, p. 667).
382. **CAIARARA** (PERSONALIDADE/Animal) (V, 8) - Macaco caiarara. Macaco do gênero *Cebus*, oriundo da Amazônia.
383. **CAICAI** (MATÉRIA) (XI, 94) - Espécie de rede para pescar camarões.
384. **CAIÇARA** (MATÉRIA) (VIII, 31) - Qualquer proteção ou cerca feita com ramos de árvores, paus a pique, varas etc. (p.ex., em torno de plantação para impedir a entrada de gado). Manga do curral de gado, feita com achas de madeira e que, em geral, o liga à margem onde as reses são embarcadas para os mercados consumidores (R. Moraes, Meu *Dic.*, p. 811; Strad. *Rev.*, p. Em *Mac.*, neste parágrafo, significa as docas do Rio de Janeiro).
385. **CAIÇUMA** (MATÉRIA/Bebida) (VI, 30) - Bebida fermentada feita de frutas, geralmente pupunha ou milho cozido e mascado para facilitar a fermentação. O milho,

grosseiramente pilado e empastado com água morna, é posto a cozinhar em boneca de folha de arumã ou pacová; quando cozido, uma parte é desmanchada na mesma água, depois de conscienciosamente mascada. É um serviço em que se empregam todos os que estão em casa, sem distinção. A bebida fica pronta no terceiro dia e é servida depois de cuidadosamente escumada (Strad. *Rev.*, p. 407).

386. **CAIEIRA** (MATÉRIA) (IV, 4) - Forno construído com os próprios tijolos a cozer (R. Garcia, *Dic.*, p. 716). Fogueira de grandes paus arranjados em quadrilátero, nas festas populares (A. Amaral, *Dial.*, p. 101).

387. **CAIPIRA** - Sinônimo de Jeca (PERSONALIDADE).

388. **CAIPORA** (PERSONALIDADE/Entidade) (XVII, 62) - Gênio malfazejo da mitologia dos índios brasileiros; é de mau agouro encontrá-lo e, daí, chamar-se caipora ao homem a quem tudo vai ao revés (P. da Costa, *Voc.*, p. 149).

389. **CAIPORISMO** (PERSONALIDADE/Fenômeno) - infelicidade, má sorte, desastre (A. Amaral, *Dial.*, p. 102).

390. **CAIR NO SANTO** (ENERGIA) (VII, 42) - Aparecimento do "estado de santo" ou transe da possessão nas macumbas. "Nos candomblés a queda no santo é relativamente frequente". (A. Ramos, *O Negro*, p. 171).

391. **ÇAIRÊ** (ENERGIA/festa) - A própria festa. Descrita por B. Rodrigues, *na Poranduba*.

392. **ÇAIRÊ** (MATÉRIA) (VII, 6) - Cesto de cipó, usado em festa religiosa dos índios, na Amazônia.

393. **CAITETU** - Sinônimo de cateto (PERSONALIDADE/Animal).

394. CAJÁ (PERSONALIDADE/FRUTA): É uma fruta "produto da árvore Dzalaúra-Iegue (PERSONALIDADE) que também dá as frutas de cajú, cajá manga, abacate, jabuticabas, graviola, sapoti, pupunha, pitanga e guajiru.

395. CAJÁ MANGA (PERSONALIDADE/FRUTA): É uma fruta "produto da árvore Dzalaúra-Iegue (PERSONALIDADE).

396. CAJU (PERSONALIDADE/FRUTA): É uma fruta produto da árvore Dzalaúra-Iegue (PERSONALIDADE).

397. CAJUBI - O mesmo que cujubim. Sinônimo de jacutinga (PERSONALIDADE/Ave).

398. CAJUÍ (PERSONALIDADE/Árvore) (XVI, 69) - *Anacardium giganteum* e *A. microcarpum* Ducke. Anacardiácea (Sampaio, *Pl. Am.*, p. 189). Árvore típica do Sudeste e do Centro-oeste do Brasil.

399. CAJUÍ (PERSONALIDADE/Fruta) - Fruto do cajuí, árvore semelhante ao cajueiro, de menor tamanho, nativa e dispersa na Amazônia, Goiás, Mato Grosso e Guianas.

400. CALCÁREO (MATÉRIA) (V, 11) - Nome dos vales emitidos, em 1895, pela Companhia de Produtos Calcáreos de Pernambuco, no valor de 100 a 200 réis, para circularem no comércio, na falta de moeda divisionária (R. Garcia, *Dic.*, p. 718).

401. CALUNGA - Sinônimo de mãe d'água (PERSONALIDADE/Entidade). O mesmo que sereia.

402. CAMA DE VARAS - Sinônimo de jirau (MATÉRIA).

403. CAMÃ-PABINQUE (PERSONALIDAD/Personagem) - É um dos cunhados da lenda de Pauí-Pódole.

404. **CAMÃ-PABINQUE** (PERSONALIDADE/ Cogumelo) (X, 30) - Literalmente, orelha de cachorro. Espécie de cogumelo, orelha de pau. Aparece no relato *Nascença dos Cogumelos:* "O pau seco soluçou durante a noite, não podia dormir. Resolve virar orelha de pau (urupê). Vira. Nascem muitas. Uma é Camã-Pabinque" (C. Abreu, *Língua,* p. 257).

405. **CAMAIUÁ** (PERSONALIDADE/Inseto) (X, 30) - *Kamayuá*: vespa que se transforma na Alfa do Centauro (K. Grümberg, "Introdução", lI, Vol., IV, p. 43). Vide Cunacá.

406. **CAMAIUÁ** (PERSONALIDADE/Personagem) - O vaga-lume amigo e compadre de Pauí-Pódole.

407. **CAMARU** (PERSONALIDADE/Árvore) (VI, 54) - *Coumarouma odorata* Aubl., *Dipteryx tetraphylla* Spr. em óbidos e Faro: variedade desta, segundo Ducke. Leguminosa (Sampaio, *Pl. Am.,* p. 25). Árvore que cresce na terra firme e fornece excelente madeira para construções civis, além de uma qualidade de carvão superior, pelo que é muito procurada pelos ferreiros (Stradelli, *Rev.,* p. 428).

408. **CAMBAIO** - Sinônimo de capenga (PERSONALIDADE/ Característica).

409. **CAMBGIQUE** (PERSONALIDADE/Inseto) - Nome de uma vespa (K. Grümberg, "Intr.", vol. 11). Em *Macunaíma,* é nome de uma formiga, também himenóptero. Ver Formiga oncinha (K. G., vol. IV, p. 433 e 267).

410. **CAMBGIQUE** (PERSONALIDADE/Personagem) (V, 61) - A Formiga Cambgique que sugou todo sangue do herói, esparramado no chão e nos ramos e sugando sempre

as gotas do caminho foi mostrando o rasto pra Maanape, irmão mais velho de Macunaíma.

411. **CAMIRANGA** (PERSONALIDADE/Pássaros) (XVI, 90) - O mesmo que urubu caçador. Urubu do gênero *Cathartes*, de que há o *C. urubutinga* e o *C. aura*. O *C. urubutinga* tem a cabeça cor de laranja e o *C. aura* a tem toda vermelha (Ihering, *Dic.*, p. 826). Sinonímias: urubu campeiro, urubu de cabeça amarela, de cabeça vermelha, gameleiro, ministro, peba, perutinga, camiranga e jereba, nomes que se aplicam com alguma confusão do povo às duas espécies.

412. **CAMORIM** (PERSONALIDADE/Animal) (II, 70) - No Norte do Brasil é nome genérico dos robalos do Sul. Peixe do mar, família dos Centropomídeos, gênero *Centropomus*. Para desovar, os robalos sobem as águas dos rios (Ihering, *Dic.*, p. 199). Espécie de peixe do litoral do Nordeste (Jaffe, Noemi, *Mac.*, Mário de Andrade, 2016, p. 20).

413. **CAMPEAR** (ENERGIA) (II, 8) - Procurar. "Em qualquer parte que eu ande os teus olhos me campeiam" (A. Amaral, *Tradições Populares*, p. 78). Em *Mac.* (IV, 55) encontramos, com o mesmo sentido, a expressão dar campo: "No outro dia os manos deram um campo até a beira do rio". Procurar (animais, especialmente gado), percorrendo campo, a pé ou a cavalo (Jaffe, Noemi, *Mac.*, Mário de Andrade, 2016, p. 15).

414. **CAMPO** (ESPAÇO) (lI, 24) - Cerrado. Luetzerburg define-o como sendo um campo no qual à flora baixa do

solo se junta uma vegetação lenhosa xerófila, de famílias distintas, em espaço maior ou menor, com árvores baixas, de troncos irregulares e tortos (Souza, *Dic.*, p. 94).

415. **CANABI** - Sinônimo de cunambi (PERSONALIDADE/Planta) ou canambi.
416. **CANAMBI** - Sinônimo de cunambi (PERSONALIDADE/Planta) ou canabi.
417. **CANARANA RASTEIRA** - Sinônimo de membeca (PERSONALIDADE/Planta).
418. **CANASTRA** (MATÉRIA) (XV, 29) - Caixa revestida de couro, na qual se guardam roupa branca e outros objetos (A. Amaral, *Dial.*, p. 104; Viotti, *Dic.*, p. 72).
419. **CANASTRA** - Sinônimo de tatu-canastraa (PERSONALIDADE/Animal).
420. **CANDIRU** (PERSONALIDADE/Peixe) (lI, 8) - Peixinho do tamanho de um polegar, muito voraz, que vive em grupo, devorando tudo nas beiradas. É perigoso, porque entra em qualquer orifício do corpo humano, matando a vítima (R. Moraes, Meu *Dic.*). Peixes dos gêneros *Vandellia* e *Stegophieus*, Ihering, (*Dic.*, p. 201), refere várias observações de naturalistas a propósito da penetração desse peixe nos orifícios naturais. Pequeno peixe, da bacia do Amazonas, que tem o hábito de introduzir-se nas cavidades e aberturas do corpo humano com violência e rapidez, abrindo depois as barbatanas, o que torna dolorosa e difícil sua extração.
421. **CANDOMBLEZEIRA** (VII, 4) - Sinônimo de feiticeira (PERSONALIDADE), mulher que faz candomblé, macumbeira.

422. **CANELA** (PERSONALIDADE/Árvore) (XV, 42) - Designa muitas espécies de árvores pertencentes a diversas famílias, com ou sem determinantes: sassafrás, amarela, antã, ameixa, etc. (A. Amaral, *Dial.*, p. 105).
423. **CANELA-SASSAFRÁS** - Sinônimo de sassafrás (PERSONALIDADE/Plantas medicinais).
424. **CANGERANA** (PERSONALIDADE/Árvore) (XVI, 66) - Árvore da família das meliáceas. Também *canjarana* ou *canjírana*.
425. **CANGOTE** (MATÉRIA) (XIII, 32) - Região occipital (L. Gomes, Contos, p. 229).
426. **CANGUÇU** (XVI, 39) - Sinônimo de onça pintada (PERSONALIDADE/Animal). O nome se aplica às formas menores, de cabeça mais grossa e cujo pelo tem manchas menores e mais numerosas (Strad., *Rev.*, p. 359).
427. **CANHOTO** (XI, 144) - Sinônimo de demônio (PERSONALIDADE).
428. **CANINDÉ** (XV, 12) - Sinônimo de arara (PERSONALIDADE/Pássaros). Arara de colorido todo azul na parte superior e amarelo na inferior. *Ara ararauna* (Ihering).
429. **CANINHA** (MATÉRIA/Bebida) (VII, 41) - Aguardente de cana (P. da Costa, *Voc.*, p.177; Amaral, *Dial.*, p. 106).
430. **CANJARANA** - Sinônimo de cangerana (PERSONALIDADE/Árvore).
431. **CANJICA** - Sinônimo de mungunzá (MATÉRIA/Comida).
432. **CANJÍRANA** - Sinônimo de cangerana (PERSONALIDADE/Árvore).

433. **CANOA** (MATÉRIA/Meio de transporte fluvial) - Canoa em geral é a definição que se aplica a uma embarcação leve a remo ou a vela, algumas com motor de popa, geralmente em uma só peça, como troncos de árvores, ou a um objeto similar. É barco estreito e leve, com ambas as extremidades afiadas, e que é normalmente propelido por remos (CANOA, 2021). Palavra tupi-guarani. Canoa feita de um único toro ou casca de árvore. Sinonímias: igara, igarapé, ajojo, ajoujo, igaritim, igarité, ubá, montaria e vigilenga.

434. **CÃO** (VII, 45) - Sinônimo de demônio (PERSONALIDADE).

435. **CAPÃO** (PERSONALIDADE/Vegetação) - O capão é uma formação vegetal típica do Brasil meridional (região Sul e Centro-sul do Estado de São Paulo). Consiste em um grupamento de vegetação arbórea cercada por campinas (CAPÃO, 2023).

436. **CAPEI** (IV, 14) - Sinônimo de lua (PERSONALIDADE/Astro). *Kapei* é a lua (K. Grümberg, "Introd.", II).

437. **CAPELÃO** (PERSONALIDADE/Animal) - Capelão é o nome do guia do bando dos macacos Bugios.

438. **CAPEMBA** - Sinônimo de curauá (MATÉRIA/Insumo). Na região sul do país a espata das palmeiras é conhecida como capemba. (B. Rodrigues, *Poranduba*, p. 50).

439. **CAPENGA** (PERSONALIDADE/Característica) (XVII, 85) - Coxo, manco, por qualquer defeito ou lesão orgânica (P. da Costa, *Voc.*, p. 184). Cambaio, de perna torta (A. Amaral, *Dial.*, p. 106).

440. **CAPIM CHEIROSO** (PERSONALIDADE/Plantas

(VI, 28) - *Andropogon Glaziovii* Hack. Gramínea. *Kyllinga odorata* Vahl. Ciperácea também chamada "capim de cheiro" ou "jacapê", segundo Caminhoá (Sampaio, *Pl. Am.*, p. 197).

441. **CAPIM DE CHEIRO** - Sinônimo de capim cheiroso (PERSONALIDADE/Plantas).
442. **CAPIM-MEMBECA** - Sinônimo de membeca (PERSONALIDADE/Planta).
443. **CAPIROTO** (VII, 21) - Sinônimo de demônio (PERSONALIDADE).
444. **CAPISTRANA** (MATÉRIA) (VI, 50) - Em Minas, calçada de pedras largas e irregulares.
445. **CAPITUBA** (PERSONALIDADE/Plantas) - Planta ciperácea (*Rhynchospora aurea*) que cresce nos brejos e à beira dos rios (CAPITUBA - DICIO, DICIONÁRIO ONLINE DE PORTUGUÊS, [s. d.]). Ciperácea (Sampaio, *Pl. Am.*, p. 17)
446. **CAPITUVA** (PERSONALIDADE/Plantas) (X, 32) - Sinônimo de capituba.
447. **CAPIVARA** (PERSONALIDADE/Animal) (XVI, 47) - *Hydrochoerus hydrochoerus*. Grande roedor que habita à beira dos cursos d'água e lagoas (Ihering, *Dic.*, p. 210). O maior de todos os roedores.
448. **CAPOEIRA** (ESPAÇO) - A capoeira se dá principalmente em áreas de atividade agrícolas, em especial áreas de pastagem. Por sofrer desgaste causado pelo homem, não é considerada uma floresta primária. No Brasil, o termo é sinônimo de juquira.
449. **CAPOEIRA** (PERSONALIDADE/Vegetação) (I,

23) - Capuera. Vegetação arbórea que surge nas taperas antes da mata secundária (Sampaio, *Pl. Am.*, p. 18). Mato que nasce no lugar do que foi derrubado ou queimado (A. Amaral, *Dial.*, p. 107; *Rev.*, p. 396). O termo, oriundo do tupi, designa o mato que nasceu no lugar de vegetação cortada. Significa, literalmente, "mato do passado", de ka'a ("mato") e uera ("do passado").

450. **CAPOEIRÃO** (ESPAÇO) (II, 24) - Extensa e baixa capoeira, cuja vegetação tem atingido grande desenvolvimento (P. da Costa, *Voc.*, p. 189), Capoeira alta e densa (A. Amaral, *Dial.*, p. 107).

451. **CAPOERANA** - Um dos sinônimos de Acapú nos variados sentidos (MATÉRIA/Insumo), (PERSONALIDADE/Árvore), e (PERSONALIDADE/Planta medicinal).

452. **CAPONETE** (XV, 58) - Capão de mato de pequenas dimensões. O remanescente de uma mata, floresta ou cerrado. O mesmo que pequena Capoeira (ESPAÇO) e (PERSONALIDADE/Vegetação).

453. **CAPUERA** - Sinônimo de capoeira (PERSONALIDADE/Vegetação).

454. **CAPUTERA** (ESPAÇO) (IV, 34) - Local de Santa Catarina, litoral, onde existem sambaquis, estudados por Sílvio Fróes de Abreu (*Apud* Angione Costa, *Intr.* à *Arqueologia Brasileira*, p. 148).

455. **CAQUEAR** (ENERGIA) (XVII, 55) - Revistar, em procura de arma de defesa (Viotti, *Dic.*, p. 76). Procurar.

456. **CARÁ** (XV, 42) (PERSONALIDADE/Planta) - Nome

de várias plantas rasteiras e trepadeiras que dão um tubérculo comestível (A. Amaral, *Dial.*, p. 107).

457. **CARÁ** - Sinônimo de acará (PERSONALIDADE/Peixe).

458. **CARACOL** (PERSONALIDADE/Animal) - Caracóis são os moluscos gastrópodes terrestres de concha espiralada calcária, pertencentes à subordem *Stylommatophora*, que também inclui as lesmas. Possui concha mais delicada (CARACOL, 2020).

459. **CARAGUATÁ** (XV, 8) - Sinônimo de craguatá (PERSONALIDADE/Planta).

460. **CARAÍBA** - Sinônimo de pajé (PERSONALIDADE).

461. **CARAIMONHAGA** (PERSONALIDADE/Entidade) (X, 1) - "Caraimonhaga" era a santidade dos índios; *acaraí-monhaga*, em um dicionário de línguas indígenas, do século XVI, é "fazer santidade" (*apud*, C. Abreu, *Primeira Visitação do Santo Ofício - Confissões da Bahia Col.* Eduardo Prado).

462. **CARAMBOLA** (PERSONALIDADE/Fruta) (XV, 70) - *Averrhoa carambola*. Terebintácea. Segundo J. A. Pinto, é originária da Índia (*Dic. Bot.*).

463. **CARAMINGUÁS** (MATÉRIA) (V, 11) - Cacarecos, troços, coisas ordinárias, de nenhum valor (P. da Costa, *Voc.*, p. 192). Pouco dinheiro em moedas, níqueis, (Viotti, *Dic.*, p. 76).

464. **CARAMUJO** (PERSONALIDADE/Animal) (VI, 31) - Designação dada aos moluscos que produzem concha. Ihering distingue entre caramujo e caracol. Nunca notamos

essa distinção, sendo que o termo caracol é pouco usado no interior (Ver Ihering, Dic., p. 213 e 215). O caramujo possui concha mais resistente e pode ser encontrado na água doce ou salgada.

465. CARANGUEJEIRA (PERSONALIDADE/Inseto) (IV, 42) - Aranha de corpo volumoso, escuro, recoberto de pelos. Os maiores espécimes atingem 25 cm de comprimento, medidos entre as extremidades das patas estendidas. Em geral, têm hábitos noturnos. As caranguejeiras não tecem fios nem armam teias (Ihering, *Dic.*, p. 219).

466. CARANGUEJEIRA (PERSONALIDADE/Personagem) - Aranha caranguejeira que, no capítulo "Boiúna Luna", tece o fio que leva a cabeça da Capei para o céu.

467. CARAPA (PERSONALIDADE/Plantas medicinais) (XII, 45) - O mesmo que andiroba (*Carapa guianensis* Aubl.), também conhecida como andirova, andiroba-suruba, angirova e purga-de-santo-inácio, é uma árvore da família *Meliaceae*. O nome deriva de ãdi'roba, termo tupi que significa "óleo amargo", numa referência ao óleo extraído das sementes da planta. É nativa da Amazônia. O óleo, conhecido como "azeite-de-andiroba", é extraído das suas sementes e utilizado para a produção de: repelente de insetos, antissépticos, cicatrizantes e anti-inflamatório e é reconhecida oficialmente pelo Ministério da Saúde do Brasil como possuidora de propriedades fitoterápicas. (*CARAPA*, 2014).

468. CARAPANÃ (X, 2) - Sinônimo de mosquito (PERSONALIDADE/Inseto). No Norte, é carapanã

(Ihering, *Dic.*, p. 604). Entre eles se encontram os transmissores da febre amarela (Ihering, *Dic.*, p. 604).

469. **CARAPANAÚBA** (PERSONALIDADE/Árvore) - Árvore do mosquito, por abrigar água nas fendas, entre as lamelas salientes do tronco. *Aspidospermum nitidum* Bth (Sampaio, *Pl. Am.*, 18). Árvore dos carapanãs. Em Pio Correia, *Aspidospermum Excelsum* Bth. Árvore de grande porte de madeira pardo-amarelada encontrada frequentemente na floresta Amazônica (Jaffe, Noemi, *Mac.*, M. de Andrade, 2016, p. 21).

470. **CARAPANAÚBA** (PERSONALIDADE/Plantas medicinais) - Da casca da árvore de carapanaúba se obtém uma infusão amarga usada para cura das sezões (Strad., *Rev.*, p. 399).

471. **CARARÁ** (PERSONALIDADE/Planta) - Planta aninga, que cresce nos lugares alagados e em terras baixas, onde chega a água da preamar, ao longo da costa; muito comum na baía de Marajó (Strad. *Rev.*, p. 399).

472. **CARARÁ** (PERSONALIDADE/Pássaros) (V, 56) - Nome dado ao biguatinga, na Amazônia e em Mato Grosso (Ihering).

473. **CARATAÍ** (PERSONALIDADE/Animal) (X,30) - Peixe de couro, da água doce, da família traquicoristídeos (Ihering, *Dic.*, p. 226).

474. **CARCÁ** (MATÉRIA/Objeto) - Recipiente para setas, geralmente transportado ao ombro (S.A, [*s. d.*]). "Esses carcases são, ora de vime trançado e revestido de pez ou verniz, ora de uma bela madeira vermelha, esculpida com

extrema paciência" (Martius e Spix, Viagem, vol. UI, p. 256). Sinônimo de coldre, aljava ou mênie.

475. **CARDÃO PEDRÊS** (MATÉRIA/Característica) (XI, 138) - Cardão é cor da flor do cardo, branco-azulado, ou azul-cinza.

476. **CARDÃO PEDRÊS** (PERSONALIDADE/Animal) (XI, 138) - O cavalo cardão pedrês tem o pelo claro semeado de pontinhos negros. Equino tordilho, cor branca, com pintas em rodas escuras (Viotti, Dic., p. 77).

477. **CARDÃO-RODADO** (XI, 150) - Sinônimo de cardão pedrês (PERSONALIDADE/Animal).

478. **CARDEIRO** (MATÉRIA/Insumo) - Suco da planta cardeiro, usado como narcótico, analgésico (A. Pinto e Pio Correia). *Argemone mexicana* L.). Sua raiz é utilizada no tratamento de distúrbios renais, digestivos, respiratórios e hepáticos. Sinônimos: mandacaru (*Cereus jamacaru*), jamacaru ou jumacaru.

479. **CARDEIRO** (PERSONALIDADE/Plantas medicinais) (I, 23) - Planta cultivada. Papaverácea. Cacto comum em praticamente todo o Nordeste brasileiro.

480. **CARIAPEMBA** - Sinônimo de Demônio (PERSONALIDADE). É superstição trazida pelos escravos africanos.

481. **CARIMÃ** (MATÉRIA/Comida) (lI, 73) - Cariman. Bolo de massa de mandioca, próprio para fazer papa, mingau. Vendem-no envolto em folha. Bolo feito com essa massa (Jaffe, Noemi, *Mac.*, M. de Andrade, 2016, p. 21).

482. **CARIMÃ** (MATÉRIA/Produto da culinária regional) -

Fécula para engrossar caldos (R. Moraes, *Meu Dic.*). Farinha de mandioca; massa de mandioca fermentada na água.

483. **CARIMAN** - Sinônimo de carimã (MATÉRIA/Comida).

484. **CARNAÚBA** (PERSONALIDADE/Árvore) (VI, 44) - *Copernicia cerifera* Martins. A palmeira providencial do nordeste brasileiro, a "árvore da vida", no dizer de Hulboldt (Souza, *Dic.*, p. 112).

485. **CAROATÁ** - Sinônimo de craguatá (PERSONALIDADE/Planta).

486. **CARRAPATEIRA** - Sinônimo de mamona (PERSONALIDADE/Planta).

487. **CARRAPATU** (PERSONALIDADE/Personagem) (XV, 85) - "Calai, menino, calai, / calai que lá vem tutu/ que no mato tem um bicho/ chamado Carrapatu" (Quadra popular registrada por P. da Costa, *in Voc.*, p. 533). Variante do Tutu Marambá e do Bicho-Papão, com que se amedrontam as crianças insones.

488. **CARRASCO** (ESPAÇO) (XII, 50) - Terreno alto e frio, de vegetação arborescente definhada e baixa, de ramos esguios, caules raquíticos, entrelaçados e, muitas vezes, cheios de espinhos. É uma espécie de mata anã, na expressão de Saint Hilaire (Souza, *Dic.*, p. 10 e 111; Garcia *Dic.*, p. 792).

489. **CARRASCO** (PERSONALIDADE/Vegetação) - A vegetação é uma cobertura vegetal de um espaço geográfico, e sua formação é determinada diretamente pelo clima. Além dos aspectos climáticos, outros fatores participam do desenvolvimento da vegetação. Devido à grande

diversidade de clima, paisagem, solo e fauna, o Brasil conta com diversos tipos de vegetação.

490. **CARREGOS** (MATÉRIA) (II, 23) - Bagagem móveis, trastes (B. Magalhães, *Folcl.*, p. 328).

491. **CARUARA** (ENERGIA/Processo patológico) (X, 22) - Reumatismo, dores nas articulações, mofineza dolorida por todo o corpo, mal-estar por quebranto. Ver quebranto (PROCESSO). É palavra tupi (C h. Miranda).

492. **CARURU** (MATÉRIA/Produto da culinária regional)**:** prato feito com planta do mesmo nome, ou com quiabos, além de camarões secos, peixe, dendê, pimenta, amendoim, entre outros.

493. **CARURU** (PERSONALIDADE/Planta) (I, 18) - Bredo caruru, muito vulgar entre nós (P. da Costa, *Voc.*, p. 205). Nome de várias espécies de ervas, algumas comestíveis. Na Bahia, mistura de ervas, quiabos, camarões ou peixe, etc. (A. Amaral, *Dial.*, p. 109; Strad., *Rev.*, p. 402).

494. **CARUVIANA** (PERSONALIDADE/Fenômeno) (XI, 1) - Vento frio que sopra em várias regiões do Brasil (Souza, *Dic.*, p. 155). Sinônimo de cruviana.

495. **CASCA-PRECIOSA** - Sinônimo de sassafrás (PERSONALIDADE/Plantas medicinais).

496. **CASCA-SACACA** (MATÉRIA/Insumo) (VI, 28) - Sacaca é uma euforbiácea usada em feitiçaria. *Croton cajuçara* (Sampaio, *Pl. Am.*, p. 57).

497. **CASCA-SACACA** (PERSONALIDADE/Planta) - Tipo de euforbiácea, Família de plantas dicotiledóneas que se distribui por cerca de 320 gêneros e cerca de

6.000 espécies. As plantas desta família são árvores, arbustos, ervas e alguns géneros são plantas trepadoras. As euforbiáceas (*Euphorbiaceae*) são plantas de distribuição cosmopolita, atingindo a sua máxima densidade nas regiões tropicais e subtropicais. As folhas são alternas, por vezes opostas, geralmente simples e com estípulas. Por vezes apresentam um par de glândulas produtoras de néctar (EUFORBIÁCEAS, INFOPÉDIA, [s. d.]).

498. CASCUDO (PERSONALIDADE/Peixe) (XVI, 23) - Peixe de água doce, da família dos Laricarídeos, cujo corpo é revestido de placas ósseas, ásperas e, às vezes, com pequenos espinhos (Ihering).

499. CASINHOLA - Sinônimo de biboca (ESPAÇO).

500. CASSACO - Sinônimo de gambá (PERSONALIDADE/ Animal).

501. CASTANHA-DE-MACACO - Um dos sinônimos de Abricó-de-macaco (PERSONALIDADE/Árvore).

502. CASTANHA-DO-PARÁ, SEMENTE (MATÉRIA) - Semente da castanheira. É altamente consumida pela população local *in natura*, torrada, ou na forma de farinhas, doces e sorvetes. Sua casca é muito resistente e requer grande esforço para ser extraída manualmente.

503. CASTANHEIRA (PERSONALIDADE/Árvore) (VI, 54) - É uma árvore de grande porte, muito abundante no norte do Brasil e na Bolívia, cujo fruto contém a castanha, que é sua semente. É uma árvore da família botânica *Lecythidaceae*, endêmica da Floresta Amazônica. Sinônimos: castanha-do- brasil, castanha-da-amazônia, castanha-do-acre, castanha-do-pará, noz amazônica, noz boliviana, tocari ou tururi. *Bertholletia excelsa* H. B. K. (Sampaio, *Pl. Am.*, p. 20).

504. **CASTANHEIRA-DA-AMAZÔNIA** - Sinônimo de castanheira (PERSONALIDADE/Árvore).
505. **CASTANHEIRA-DO-ACRE** - Sinônimo de castanheira (PERSONALIDADE/Árvore).
506. **CASTANHEIRA-DO-BRASIL** - Sinônimo de castanheira (PERSONALIDADE/Árvore).
507. **CASTANHEIRA-DO-PARÁ** - Sinônimo de castanheira (PERSONALIDADE/Árvore).
508. **CATALEPSE** (ENERGIA) - Neologismo, possível referência cômica à catalepsia; condição transitória, mas às vezes duradoura, em que a pessoa sofre paralisia geral de todos os seus músculos, ficando impossibilitada de se mover ou falar, embora continue consciente (JAFFE, Noemi. Macunaíma. ANDRADE, Mário de, 2016, p. 99).
509. **CATARINA** (PERSONALIDADE/Personagem) (VI, 39) - Negra Caterina. Em *Macunaíma* é a boneca que o herói encontra e a quem fica grudado. Ou Catirina. Nome dado à negra que é personagem do Bumba-meu- boi (G.Barroso, *Ao som*, p. 246). Fetiche africano usado em Pernambuco (P. da Costa, *Voc.*, p. 106). M. de Andrade usou a palavra como sinônimo de negra.
510. **CATAUARI** (PERSONALIDADE/Árvore) (V, 8) - Casta de árvores das margens baixas dos rios e igapós.
511. **CATAUARI** (PERSONALIDADE/Fruta) - A fruta é comida de tambaquis (Strad., *Rev.*, p. 404).

512. **CATETO** (PERSONALIDADE/Animal) (XVI, 42) - O mesmo que *caitetu* ou *tateto*. Porco do mato. É a espécie *Tayassu tayassu*, caracterizada por um colar branco, que envolve o pescoço, do peito às costas (Ihering).
513. **CATIMBAU** (MATÉRIA) - Cachimbo usado no culto do catimbó.
514. **CATIMBÓ** (ENERGIA/Ritual) - Culto que, de origem folclórica e com feitiçaria, mistura elementos de magia branca com outros católicos, ameríndios e negros, conhecido pelo mestre que expõe os seus assistentes ao fumo do seu cachimbo; catimbau. (CATIMBÓ, [s. d.]). Sinonímia: torê.
515. **CATIMBOZEIRO** (PERSONALIDADE) - Catimbauzeiro. Indivíduo dado à prática de feitiçaria ou espiritismo grosseiro (R. Garcia, *Dic.*, p. 732; P. da Costa, *Voc.*, p. 212). Que pratica catimbó (feitiçaria) (Jaffe, Noemi, *Mac.*, M. de Andrade, 2016, p. 21).
516. **CATINGA** - Sinônimo de Aca (ENERGIA/Processo).
517. **CATINGA DE PORCO** (PERSONALIDADE/Planta) (XIV, 48) - Croton *adenocalix* Baill. Euforbiácea. Nomes populares: em São Paulo, coração de negro; no Rio Grande do Sul, verga-verga (Pio Correia, *Dic.*).
518. **CATINGUEIRO** (PERSONALIDADE/Animal) (IV, 60) - Tipo de veado mateiro. Sinônimo de virá. *Mazama simplicicomis*. Vive nos campos ou caatingas, nunca na floresta. Pasta de dia, motivo por que é visto frequentemente (Ihering, *Dic.*, p. 840).
519. **CATIRINA** - Sinônimo de Catarina (PERSONALIDADE).

520. **CATITA** (VI, 46) - Sinônimo de Catarina (PERSONALIDADE).
521. **CATOLÉ** (PERSONALIDADE/Árvore) - Palmeira, *Syagrus cearensis*, que produz o fruto de mesmo nome.
522. **CATOLÉ** (PERSONALIDADE/Fruta) (XVII, 2) - Fruto da palmeira do mesmo nome, que abundantemente vegeta nas matas e na zona sertaneja (P. da Costa, *Voc.*, p. 217).
523. **CATORRA** (PERSONALIDADE/Pássaro) (XV, 12) - *Myiopsitta monachus*. Psitacídeo. Muito semelhante ao periquito, mas de bico bojudo nos lados. Do Rio Grande do Sul e de Mato Grosso. Verde, com a fronte e o lado ventral pardacento, remiges azuis (Ihering, *Dic.*, p. 237).
524. **CAUIM** (MATÉRIA/Bebida) (V, 77) - Bebida feita de milho fermentado (Viotti, *Dic.*, p. 83).
525. **CAVALO-DE-SANTO** (MATÉRIA/Instrumento) - Instrumento de que o orixá se utiliza para suas manifestações.) (VII, 44) Filha de terreiro, "feita"; instrumento de que o orixá se utiliza para suas manifestações (A. Ramos, *O Negro*, p. 170).
526. **CAVALO-DE-SANTO** (PERSONALIDADE/Entidade) - Cavalo de santo é usado para representar o indivíduo que recebe a energia do seu orixá, a pessoa na qual o orixá se manifesta.
527. **CAXIPARA** (PERSONALIDADE/Inseto) (XI, 84) - M. de Andrade define, no texto, como "macho da formiga saúva".
528. **CAXIRI** (MATÉRIA/Bebida) - Bebida. Alimento líquido fermentado, extraído ou feito à base de mandioca.

Bebida fermentada à base de mandioca. (JAFFE, Noemi. Macunaíma. ANDRADE, Mário de, 2016, p. 11)

529. **CEIUCI** (PERSONALIDADE/Personagem) (V, 77) - Velha gulosa que aparece numa lenda indígena registrada por C. de Magalhães, em *O Selvagem*.

530. **CENTOPEIA** - Sinônimo de Lacraia (PERSONALIDADE/Inseto).

531. **CERRADÃO** (VIII, 32) - Sinônimo de cerrado (ESPAÇO).

532. **CERRADO** (ESPAÇO) (V, 19) - Vegetação típica de espaço geográfico. Campo ou capoeira fina, de plantas muito juntas e crescidas, que dificultam o trânsito (Ch. de Miranda; A. Amaral, *Dial.*, p. 112). Campo de vegetação arborescente, onde se alternam árvores baixas e arbustos espinhosos e angulosos (Souza, *Dic.*, p.11).

533. **CEVADEIRA** (MATÉRIA) (I, 7) - Aparelho de ralar mandioca para fabricação de farinha (A. B. Hollanda).

534. **CHABÓ** (PERSONALIDADE/Pássaro) (IV, 55) - Andorinha taperaguaçu (Ihering, *Dic.*, p. 242).

535. **CHATO** (ESPAÇO/Lugar) (XV, 22) - terreno plano (JAFFE, Noemi. Macunaíma. ANDRADE, Mário de, 2016, p. 161).

536. **CHAVASCAL** (ESPAÇO) (XII, 50) - Nome dado, em Mato Grosso, a certas zonas onde cresce uma vegetação média, de cerca de três metros de altura, muito densa e intrincada (Sousa, *Dic.*, p. 132); na Amazônia, bamburro ou bamburral. Formação de árvores esguias, agregadas (Sampaio *Pl. Am.*, p. 21).

537. **CHECHÉU** - Sinônimo de Xexéu (PERSONALIDADE/Ave).
538. **CHICLETE CUIABANO** - Sinônimo de mucajá (PERSONALIDADE/Árvore).
539. **CHICLETE-DE-BAIANO** - Sinônimo de mucajá (PERSONALIDADE/Árvore).
540. **CHIMPAR** (ENERGIA) (XI, 59) - Bater com força. Pespegar (J. A. Oliveira e João de Deus. *Dic.*, p. 177).
541. **CHINA** - Sinônimo de mulher (PERSONALIDADE) no linguajar de pampa.
542. **CHINFRIM** (PERSONALIDADE/Característica) (X, 29) - Sem graça, mal arranjado, ordinário (A. Amaral, *Dial.*, p. 115). - Banzé (J. A. Oliveira e João de Deus, *Dic.*).
543. **CHINOCA** (PERSONALIDADE/Característica) (VIII, 23) - Diminutivo de china (mulher) no linguarjar de pampa.
544. **CHISPADA** (PERSONALIDADE) (VI, 50) - Disparada, corrida. Substantivo derivado de chispar (L. Gomes, *Contos*, p. 231).
545. **CHISPAR** (ENERGIA) (IV, 28) - Enviar alguém apressadamente a algum lugar. Também é usado no sentido de correr (L. Gomes, *Contos*, p. 231).
546. **CHOÇA** - Sinônimo de Mocambo (MATÉRIA/Edificação).
547. **CHOPIM** (XII, 52) - Sinônimo de chupim (PERSONALIDADE/Pássaro) e Vira (PERSONALIDADE/Pássaro).
548. **CHOVE-NÃO-MOLHA** (ENERGIA) (X, 1) -

Dúvidas, indecisões, dubiedade, evasivas (P. da Costa, *Voc.,* p. 283).

549. CHUÇAR - Sinônimo de cutucar (ENERGIA/Ação).

550. CHUÍ (MATÉRIA/Órgãos) (UI, 29) - *Membrum virile,* na língua muxuruna. *Schuy* (Martins, *Gloss.,* p. 237). Pênis, na língua dos indígenas (Matsés), do Amazonas (JAFFE, Noemi. Macunaíma. ANDRADE, Mário de, 2016, p. 27).

551. CHUMBADO (PERSONALIDADE/Característica) (III, 28) - Embriagado (P. da Costa, *Voc.,* p. 234). Ébrio (Viotti, p. 93).

552. CHUPIM (PERSONALIDADE/Pássaro) (XII, 52) - Designação geral dos pássaros pretos da família Icterídeos (Ihering). Sinônimo de chopim.

553. CHUPITAR (ENERGIA) (III, 8) - Chupar, sugar (P. da Costa, *Voc.,* p. 235). Beber bem de vagar, repetidas vezes (JAFFE, Noemi. Macunaíma. ANDRADE, Mário de, 2016, p. 25).

554. CHUVISCO - Sinônimo de garoa (PERSONALIDADE/Fenômeno).

555. CHUVISQUEIRO - Sinônimo de garoa (PERSONALIDADE/Fenômeno).

556. CI, MÃE DO MATO (PERSONALIDADE/Personagem) (III, 3) - Nome criado por Mário de Andrade, segundo os métodos e crenças indígenas. Por se casar com Ci, Macunaíma se torna imperador do Mato Virgem. Também chamada Beta do Centauro.

557. CIPÓ-FILHO-DA-LUNA - Sinônimo de mata-mata. (PERSONALIDADE/Árvore).

558. **CIPÓ-TITICA** (PERSONALIDADE/Planta) (XIV, 59) - *Heteropsis Jenmani* Oliver. Família das Aráceas (Pio Corrêa, *Dic.*). O cipó-titica (Heteropsis flexuosa (Kunth) G.S. Bunting) é uma hemiepífita endêmica da Amazônia. Suas fibras naturais são utilizadas para tecer cestarias, objetos decorativos e mobílias artesanais. O estado do Amapá é o principal fornecedor dessa fibra para as indústrias do Brasil (CARVALHO et al, 2015).

559. **CIPÓ-TITICA** - (MATÉRIA) raiz usada pelos indígenas para tecer uma espécie de cinta.

560. **CISCAR** (ENERGIA) (XVI, 74) - Arredar, revolver, espalhar o cisco, como fazem as galinhas à cata de insetos e vermes (P. da Costa, *Voc.*, p. 238; A. Amaral, *Dial.*, p. 116).

561. **CLAXÓNS** (ENERGIA/Som) - Buzina de automóvel. Aportuguesamento de *klaxon*, que foi também o nome de uma revista modernista (JAFFE, Noemi. Macunaíma. ANDRADE, Mário de, 2016, p. 44).

562. **CLITÓRIS** - Ou clítoris é um órgão sexual feminino presente em todos os mamíferos e outros animais (CLÍTORIS, 2023). Sinônimo: Maissó.

563. **COANDU** (XVI, 39) - Sinônimo de cuandu (PERSO-NALIDADE/Animal).

564. **COBERTO** (ESPAÇO) (IJ, 29) - Campo onde existem árvores espaçadas, disseminadas em maior ou menor profusão (Ch. Miranda). Transição entre os campos e as matas, que ocorre na região costeira e do baixo Amazonas (Huber). Campo que, oferecendo pastagem para o gado, está, entretanto, entremeado de arvoredo

escasso (Beaurepaire Rohan). Campo arborizado que a fitogeografia denomina savana (Souza, *Dic.,* p. 93).

565. COBRA-PRETA (PERSONALIDADE/Animal) (III, 34) - *Rhachidelus brasili.* Cobra que se alimenta de pássaros. Não é venenosa. Confundida com a muçurana, que se alimenta de outras cobras (Ihering). M. de Andrade empregou o termo sem especificidade.

566. COÇA (ENERGIA) (I, 18) - Ato de bater com violência. Sova, pisa, tunda (Ch. Mir., *Glossário*). Surra (JAFFE, Noemi. Macunaíma. ANDRADE, Mário de, 2016, p. 11).

567. CÓCEGA (ENERGIA) - Sensação particular, a um tempo irritante e agradável, que provoca movimentos espasmódicos e/ou riso incontrolado, produzida por um leve roçar ou repetidos toques ou fricções leves, em certos pontos do corpo. É usado em *Macunaíma* no sentido de: vivo desejo e tentação.

568. COCHICHAR (ENERGIA) (VI, 38) - Este verbo (de *cochicho,* nome de um pássaro) é usado no sentido de rezar em voz baixa (L. Gomes, *Contos,* p. 231). Em linguagem corrente, falar baixo, ao ouvido do interlocutor.

569. COCO (MATÉRIA) (XV, 17) - Utensílio fabricado a partir da casca do coco, que é cuidadosamente cerrada no seu terço superior e munida de um longo cabo que passa através de dois orifícios, o que provaria uma certa noção de higiene, se o utensílio, pousado junto à talha ou sobre a tampa da tina d'água, não fosse de uso comum.

570. COCO, BEBER NO (ENERGIA/Processo) - Ato de

beber no coco. Processo que se utiliza da casca do coco para servir de copo.

571. **COCO-BABOSO -** Sinônimo de mucajá (PERSONALIDADE/Árvore).
572. **COCO-DA-ÍNDIA** - Um dos sinônimos de Abricó-de-macaco (PERSONALIDADE/Árvore).
573. **COCO-DE-CATARRO -** Sinônimo de mucajá (PERSONALIDADE/Árvore).
574. **COCO-DE-ESPINHO -** Sinônimo de mucajá (PERSONALIDADE/Árvore).
575. **COCO-MACAÚBA -** Sinônimo de mucajá (PERSONALIDADE/Árvore).
576. **COCOS DA BAHIA** (MATÉRIA) (XII, 86) - Geriguiatugo é abandonado pelo pai vingativo, e os urubus lhe devoram as nádegas. Ele as recompõe com a batata pagodori (Colbacchini e Alb., p. 228). Na mesma ordem de idéias, em *Macunaíma*, os testículos do herói são substituídos por cocos da Bahia.
577. **COCUICOGUE** (PERSONALIDADE) (I, 4) - Dança dos índios taulipangues.
578. **CODÓRIO** (MATÉRIA) (X, 1) - Gole. Expressão que o sacerdote pronuncia na missa ao terminar de beber o vinho que está no cálice. O mesmo que *Quod ore* em latim (JAFFE, Noemi. Macunaíma. ANDRADE, Mário de, 2016, p. 101). "O texto da missa, aliás, já havia fornecido outras derivações humorísticas e populares conhecidas; *quod ore sumpsimus*, ao beber pelo cálice, que se tornou o codório do linguajar peebeu" (J. Ribeiro, *Curiosidades*, p. 152).

579. **COFO** - Sinônimo de jiqui (MATÉRIA/Instrumento).
580. **COISA-RUIM** (PERSONALIDADE/Entidade) (XIV, 48) - Cuisarruim. Nome popular do diabo (L. Gomes, Contos, p. 231; Viotti, Dic., p. 98). Lenda do demônio, coisa-ruim, registrada por Pereira da Costa, no *Folclore Pernambucano*. - Sinônimo de demônio (PERSONALIDADE).
581. **COISARRUIM** - Sinônimo de demônio (PERSONALIDADE).
582. **COITÉ** (VII, 43) - Sinônimo de cabaça (Matéria).
583. **COLA** (ENERGIA) (VI, 56) - Encalço, pegada, rasto, - *Ir na cola de alguém*. Ir-lhe no encalço.
584. **COLDRE** - Sinônimo de carcá (MATÉRIA/Objeto).
585. **COMANDA-AÇÚ** - Um dos sinônimos de acapú nos variados sentidos (MATÉRIA/Insumo), (PERSONALIDADE/Árvore), e (PERSONALIDADE/Planta medicinal).
586. **COMANDAÇU** - Um dos sinônimos de acapú nos variados sentidos (MATÉRIA/Insumo), (PERSONALIDADE/Árvore), e (PERSONALIDADE/Planta medicinal).
587. **COMES-E-BEBES** (ENERGIA) - Festança.
588. **COMES-E-BEBES** (MATÉRIA) (II, 79) - Farto cardápio. Comidas e bebidas. Não é brasileirismo (L. Gomes, *Contos*, p. 231). Festança em que há farto cardápio e profusão de bebidas (Viotti, Dic., p. 100).
589. **CONCHO** (PERSONALIDADE/Característica) (XVI, 75) - Cheio de si. "Estava todo concho", isto é, como o sapo

concho (L. Comes, *Contos*, p. 231). Cheio de si, inchado, presunçoso (J. A. Oliveira e João de Deus, *Dic.*, 197).

590. **CONFERIR** (ENERGIA) (II, 70) - Verificar.
591. **CONFORME** (PERSONALIDADE) (VI, 38- *Ter os seus conformes*: depender de certas condições (Viotti, *Dic.*, p. 101).
592. **CONGOTE** (MATÉRIA) (XI, 59) - Parte posterior do pescoço; cachaço, cerviz. Protuberância na parte superior do pescoço.
593. **CONTAPÉ** - Sinônimo de pontapé (ENERGIA). (JAFFE, Noemi. Macunaíma. ANDRADE, Mário de, 2016, p. 32)
594. **CONTE VERDE** (MATÉRIA) (XIII, 14) - Antigo transatlântico italiano.
595. **CONTECO** (MATÉRIA) (V, 11) - Dinheiro, O mesmo que conto de réis, ou simplesmente conto (P. da Costa, *Voc.*, p. 250). Conto de réis, equivalente a um cruzeiro, persiste na linguagem corrente, principalmente, no interior.
596. **COPAÍBA** (PERSONALIDADE/Árvore) (I, 21) - Diversas espécies de *Copaifera. Leguminosa. C. Martii, C. Multifuga, C. guyanensis, C. glycycarpa,* segundo Ducke (*Arq. Jard. Bot.*, 1930, V; Sampaio, *Pl. Am.*, p. 23). Copaibeira; nome de várias árvores que produzem óleo medicinal e madeira avermelhada muito usada em marcenarias. (JAFFE, Noemi. Macunaíma. ANDRADE, Mário de, 2016, p. 12).
597. **COPAIBEIRA** - Copaíba (PERSONALIDADE/Árvore).

598. **COQUEIRO-AMARGOSO** - Sinônimo de guairô (PERSONALIDADE/Árvore).
599. **COQUEIRO-TUCUMÃ** - Sinônimo de tucumã (PERSONALIDADE/Árvore), acaiúra, acuiuru, tucum, tucumã-açu, tucumã- arara, tucum-açu, tucumaí-da-terra-firme, tucumãí-uaçu, tucumã-piririca, tucumã-purupuru, tucum-do-mato ou tucumã-do-amazonas. "Tucumã" é procedente do tupi *tuku'mã*.
600. **COQUIRANA** - Sinônimo de balata (PERSONALIDADE/Árvore).
601. **CORAÇÃO DE NEGRO** - Sinônimo de catinga de porco (PERSONALIDADE/Planta).
602. **CORDAS** (ESPAÇO) (V, 20) - Cordas dos morros: enfiada de morros, cordilheira (Souza, *Dic.*, p. 144).
603. **CORGO** (ESPAÇO) (V, 2) - Córrego. Encontrado em clássicos da língua portuguesa (L. Gomes, *Contos*, p. 231). Córrego, riacho (A. Amaral, *Dial.*, p. 120). Palavra usada na linguagem popular portuguesa no sentido de riacho, córrego (Souza, *Dic.*, p. H5).
604. **CORICA** (PERSONALIDADE/Pássaros brasileiros) (XI, 102) - Ou curica. Papagaio do gênero *Amazona* (IherIng). Espécie de papagaio de cabeça preta, típica da Amazônia (JAFFE, Noemi. Macunaíma. ANDRADE, Mário de, 2016, p. 25)
605. **CORIMÃ** (PERSONALIDADE/Peixe) (XI, 102) - Ou curimã. Designação indígena da tainha. Espécies do gênero *Mugil* (Ihering, *Dic.*, p. 300).
606. **CORNIMBOQUE** (MATÉRIA) (XII, 8) - Ponta de

chifre de boi, cabra ou carneiro, para guardar o "torrado" ou tabaco de caco (P. da Costa, *Voc.*, p. 254; Viotti, *Dic.*, p. 146).

607. **COROA** (ESPAÇO) (XII, 50) - Praia exposta, à margem ou no meio dos rios, produzida pela vazante (Souza, *Dic.*, p. 146).

608. **COROCA** (PERSONALIDADE/Característica) (IV, 28) - Decrépito, de avançada idade. Velha coroca e rabugenta. Etim. tupi: *coroca* - louco, caduco pela idade (B. Rodrigues, Ch. de Miranda). Velhice extrema, senilidade (R. Garcia, *Dic.*, p. 742; A. Amaral, *Dial.*, p. 120).

609. **COROTE** (MATÉRIA) (Il, 18) - Barrilete para transportar água (A. B. Hollanda.). Pequeno barril, geralmente usado para o transporte de água. (JAFFE, Noemi. Macunaíma. ANDRADE, Mário de, 2016, p. 16)

610. **CORRE-CORRE** (ENERGIA) (VII, 58) - Azáfama, agitação, alvoroço (P. da Costa, *Voc.*, p. 256; A. Amaral, *Dial.*, p. 120; Viotti, *Dic.*, p. 105).

611. **CORREDEIRA** (ESPAÇO) (V, 2) - Parte do trecho em que as águas de um rio, por força de rápida aceleração da declividade do solo, adquirem velocidade extrema, correndo céleres e dificultando a navegação (Souza, **Dic.**, p. 12; A. Amaral, *Dial.*, p. 120).

612. **CORREDORES DE TABATINGA** (ESPAÇO) (V, 2.) - Porção de terreno estreito e limpo dentro de um capão (Souza, *Dic.*, p. 147).

613. **CORREIÇÃO** (PERSONALIDADE/Fenômeno/Inseto) (IV, 15) - Fenômeno que consiste no desfile de uma multidão de formigas, em caçada coletiva, invadindo tudo

e matando e carregando quanta bicharia miúda encontre. Raymundo de Moraes, na *Planície Amazônica*, dá uma viva descrição do fenômeno (Hering, *Dic.*, p. 280). Morupeteca, taoca ou guaju- guaju, ou saca-saia. Formigas da família Dorilídeos, com o gênero principal *Eciton* (Ihering).

614. **CORTE** (ENERGIA) (VI, 11) - Na linguagem popular sul-mineira, soneca, sentido em que M. de Andrade usou a palavra.
615. **CORUJA DO MATO** - Sinônimo de murucututu (PERSONALIDADE/Pássaro).
616. **CORUMBATÁ** - Sinônimo de curumbatá (PERSONALIDADE/Peixe).
617. **COSCA** (ENERGIA) (VIII, 19) - O mesmo que cócega (L. Motta, *Sertão*, p. 248).
618. **COSQUINHA** (ENERGIA) (VIII, 19) - Corruptela de cócega, no diminutivo. "Seu maroto, deixe-se de safadeza, de fazer cosquinhas nas mãos das moças quando as aperta" (P. da Costa, *Voc.*, p. 259).
619. **COTCHO, VIOLA DE** (MATÉRIA/Instrumento musical) (II, 55) - Viola rústica feita de madeira de sará, árvore que nasce nas barrancas dos rios, e cujo encordoamento é de tripa de macaco. Usada em Mato Grosso. O nome é viola de cocho. O (cotcho) foi introduzido por Roquete Pinto, na *Rondônia*, para dar ideia da pronúncia cuiabana. Instrumento musical produzido nos estados de Mato Grosso e Mato Grosso do Sul, fundamental nos gêneros musicais cururu e siriri (JAFFE, Noemi. Macunaíma. ANDRADE, Mário de, 2016, p. 26).

620. **COTIA** (PERSONALIDADE/Animal) (II, 55) - Roedor da família dos Caviídeos. *Dasyprocta aguti e D. azarae* são as espécies mais comuns no Brasil (Ihering). Cutia é uma denominação de um grupo de roedores de pequeno porte do gênero *Dasyprocta* e família *Dasyproctidae*. São mamíferos roedores de pequeno porte, medindo entre 49 e 64 centímetros e pesando, em média, de 3 a 6 quilos. Encontram-se distribuidos em parte da América do Norte, América Central e América do Sul. Sinônimo de cutia.

621. **COTOVELO, DOR DE** (ENERGIA/Sentimento) (XIII, 20) - Ciúme, na linguagem popular. Expressão mais delicada que dor-de-corno, de idêntico sentido e empregada por M. de Andrade no parágrafo seguinte. Ciúme é o medo de perder a pessoa que se ama para outra pessoa, de perder um trabalho ao qual se é muito dedicado ou até mesmo um objeto ou posse pelos quais possui bastante estima

622. **COTRUCO** (PERSONALIDADE) (XII, 24) - Vendedor ambulante, geralmente sírio, que percorre o interior mercadejando. Sinônimo de mascate.

623. **COTUCAR** - Sinônimo de cutucar (ENERGIA/Ação).

624. **COVÃO** (ESPAÇO) (IV, 14) - Em *Macunaíma*, a Boiuna Capei morava em um Covão em companhia das saúvas. Uma gruta, mas também um cemitério. Cemitério (Viotti, *Dic.*, p. 108).

625. **COVO** (MATÉRIA) (XI, 94) - Espécie de cesto de taquara para apanhar peixes; também, cesto comprido de vime, para peixes (A. Amaral, *Dial.*, p. 121).

626. **COXIÚ** (PERSONALIDADE/Animal) (V, 8) - Casta

de macacos. O nome, conforme a localidade, é dado a indivíduos de famílias diversas, a um *Pithecus* e a um *Brachiurus* (Strad., *Rev.*, p. 422).

627. **CRAGUATÁ** (PERSONALIDADE/Planta) (XV, 8) - Nome genérico para várias bromeliáceas (Sampaio, *Pl. do D. F.*, p. 236). Sinônimo de caraguatá, gravatá e caroatá.

628. **CRAVO** - Sinônimo de periquitão (PERSONALIDADE/Pássaro).

629. **CRILADA** (PERSONALIDADE/Característica) - (XIV, 18) - De crila, criança. M. de Andrade empregou a palavra em sentido figurado - "a crilada das ordens".

630. **CRISÓLITA** (MATÉRIA/Pedra) - Pedra preciosa da cor de ouro; crisólito (JAFFE, Noemi. *Macunaíma*. ANDRADE, Mário de, 2016, p. 56).

631. **CROCAS** (ESPAÇO) (XV, 12) - Em *Mac.* tem o sentido de saliências do terreno. Os dicionários registram "cavidade ou buraco em madeira".

632. **CRUEIRA** (MATÉRIA) (II, 2) - É o farelo que não passa na peneira, ou que se rejeita depois de torrado (B. Rodrigues, *Poranduba*, p. 17; R. Garcia, *Dic.*, p. 745; L. C. Moraes, *Voc.*, p. 82). fragmentos de mandioca ralada que não passam nas malhas da peneira onde se apura a massa que se converte em farinha (JAFFE, Noemi. *Macunaíma*. ANDRADE, Mário de, 2016, p. 14).

633. **CRUMATÁ** - Sinônimo de curumbatá (PERSONALIDADE/Peixe).

634. **CRUVIANA** - Sinônimo de caruviana (PERSONALIDADE/Fenômeno).

635. **CU-COZIDO** - Sinônimo de tuim (PERSONALIDADE/Pássaro), quilim, bate-cu e cutapado.
636. **CUANDU** (XVI, 39) - Sinônimo de ouriço cacheiro (PERSONALIDADE/Animal).
637. **CUATÁ** (PERSONALIDADE/Animal) (V, 8) - Macaco da Amazônia, do gênero *Ateles* (Ihering, p. 258).
638. **CUATI** (XVI, 39) - Sinônimo de quati (PERSONALIDADE/Animal).
639. **CUCAJÁ** (VIII, 1) - Sinônimo de mucajá (PERSONALIDADE/Fruta).
640. **CUCUICOGUE** (PERSONALIDADE) (I, 4) - Dança religiosa dos índios *Cocuícogue*.
641. **CUIA** (VII, 43) - Sinônimo de cabaça (MATÉRIA).
642. **CUIA DE PORONGO** - Sinônimo de cabaça (MATÉRIA). Por ter origem natural, o porongo pode ter diferentes formatos e tamanhos, variando também os tipos de cuia de porongo que existem. Além disso, a cuia de porongo requer alguns cuidados especiais quanto à sua limpeza. Isso é importante para evitar acúmulo de mofo na cuia, que deve ser limpa sempre que o chimarrão não for mais consumido.
643. **CUIA-DE-MACACO** - Um dos sinônimos de abricó-de-macaco (PERSONALIDADE/Árvore).
644. **CUIEIRA** - Sinônimo de cabaça (MATÉRIA)
645. **CUIM** - Sinônimo de ouriço cacheiro (PERSONALIDADE/Animal).
646. **CUISARRUIM** (XIV, 48) - Sinônimo de coisa ruim (PERSONALIDADE/Entidade), demônio.

647. **CUITÊ** (PERSONALIDADE/Árvore) (IV, 46) - Árvore que produz fruto grande, de casca rija, utilizado para vasilhas; o próprio fruto.
648. **CUITÊ** (PERSONALIDADE/Fruta) - De São Paulo para o Norte, diz-se cuité para designar o fruto (A. Amaral, *Dial.*, p. 125). Verdadeira cuia. A fruta da cuia antes de ser, de alguma forma, preparada para servir de vasilha (Stradelli, *Rev.*, p. 426).
649. **CUITEZEIRO** - Sinônimo de cabaça (MATÉRIA)
650. **CUJUBIM** - Sinônimo de jacutinga (PERSONALIDADE/Ave).
651. **CULUMI** (11, 63) - É o vocábulo guarani *columi*. O mesmo que curumi (PERSONALIDADE/Criança) e curumim.
652. **CUMACÁ** (PERSONALIDADE/Árvore) (VI, 50) - *Cumacaá*. Asclepidácea, trepadeira latescente. Acha-se associada a uma série de superstições entre os sertanejos amazonenses: dá beleza, livra de prisão, prende namorado, etc. (Pio Corrêa, *Dic. Pl. Oteis*, p. 469, 2.0 vol.). Casta de planta que fornece uma fécula parecida com a da tapioca-sapurá (Stradelli, *Rev.*, p. 427).
653. **CUMANDÁ** - Um dos sinônimos de acapú nos variados sentidos (MATÉRIA/Insumo), (PERSONALIDADE/Árvore), e (PERSONALIDADE/Planta medicinal).
654. **CUMARINA** (MATÉRIA/Insumo) - As cumarinas são lactonas do ácido o-hidroxicinâmico, e estima-se que foi descoberta aproximadamente em 1820. Além da fruta cumaru, que dá origem ao nome do composto,

as cumarinas podem ser encontradas em uma grande variedade de vegetais, e também está presente em alguns fungos e bactérias. Seu cheiro é extremamente forte, com uma fragrância que lembra uma mistura de baunilha, amêndoas, canela e cravo. Além disso, a cumarina também faz parte da composição de muitos medicamentos, por possuir propriedades antibióticas, anti-inflamatórias e broncodilatadoras (POCHTECA, 2021).

655. **CUMARU** (PERSONALIDADE/Árvore) - Árvore própria da mata úmida, de grande porte, casca avermelhada ou amarelada, cujos frutos contêm grandes sementes negras, odoríferas, ricas em cumarina (JAFFE, Noemi. Macunaíma. ANDRADE, Mário de, 2016, p. 58).

656. **CUMATÉ** (PERSONALIDADE/Árvore) (VI, 30) - *Macairea glabrescens*. Árvore mediana muito comum. A casca produz uma tinta roxa que fica negra e firme sob a ação do amoníaco. É usada nas cuias negras e lustrosas (R. Moraes, *Meu Dic.*; Strad. *Rev.*, p. 428).

657. **CUNAMBI** (PERSONALIDADE/Planta) (XI, 94) - Planta de flores mal- cheirosas e suco tóxico, com que os pescadores da Amazônia narcotizam os peixes. Também usada no preparo de flechas envenenadas. O mesmo que *canambi* ou *canabi*.

658. **CUNAURÚ** (PERSONALIDADE/Animal) (II, 2) - Na Amazônia é nome de uma pequena rã. Prepara o ninho, em forma de panela, no oco da almecegueira, onde se acumula uma resina muito aromática (Ihering; Stradelli, *Rev.*, p. 430).

659. **CUNAVÁ** (PERSONALIDADE/Personagem) - É o

vaga-lume sobrinho do compadre Camaiuá de Pauí-Pódole, que foi iluminando o caminho no capítulo 10 (JAFFE, Noemi. Macunaíma. ANDRADE, Mário de, 2016, p. 102).

660. **CUNAVÁ** (PERSONALIDADE/Planta) (X, 34) - *Kunawá*. Planta trepadeira, que se transformou na Beta do Centauro. Essa planta ilumina o caminho, enquanto a vespa Camaiuá persegue Pauí-Pódole, o Pai do Mutum, com a sarabatana. Pauí-Pódole é o Cruzeiro do Sul (K. Grümberg, "Saga 20", "Nota 9", 2.0 vol., p. 61).

661. **CUNHÁ** (PERSONALIDADE) (II, 1) - Mulher mestiça e jovem (L. Motta, *Cantadores*, p. 373); fêmea de qualquer animal, mulher. O aditamento dessa palavra é essencial todas as vezes que, falando-se de animais, se quer designar a fêmea (Stradelli, *Rev:.*, p. 429).

662. **CUNHÃ** - Sinônimo de cunhatã (PERSONALIDADE/Mulher), cabocla ou acunhã.

663. **CUNHATÃ** (PERSONALIDADE/Mulher) (I, 4) Sinônimo de cabocla, cunhã ou acunhã (Viotti, *Dic. Gir. Bras.*, p. 111). Mulher; cunhã (JAFFE, Noemi. Macunaíma. ANDRADE, Mário de, 2016, p. 8).

664. **CUPA** - Sinônimo de cupuaçu (PERSONALIDADE/Árvore) e cuparana.

665. **CUPARANA** - Sinônimo de cupuaçu (PERSONALIDADE/Árvore).

666. **CUPIM** (PERSONALIDADE/Inseto) (X, 1) - Várias espécies de térmitas, que constroem grandes casas de terra (A. Amaral, *Dialeto*, p. 126).

667. **CUPU** - Sinônimo de cupuaçu (PERSONALIDADE/ Fruta).
668. **CUPUAÇU** (PERSONALIDADE/Árvore) (XVI, 69) - *Theobroma grandifloram* Schm. Esterculiácea, no Estado do Pará e na parte oriental do Estado do Amazonas; na parte ocidental é *Th. bicolor*, segundo Ducke (*Plantes Nouvelles*, III, p. 131; Sampaio, Pl. da Amazônia, p. 25). Cupa ou cuparana - casta de tcobroma próxima do cacau, do qual tem o *habitat;* encontrada principalmente nos terrenos alagadiços e igapós.
669. **CUPUAÇU** (PERSONALIDADE/Fruta) - A fruta é uma grossa cápsula, mais ou menos dura e pilosa, contendo sementes envoltas numa polpa acidulada. Segundo o tamanho da cápsula, o nome é *cupuaçu* ou *cupu*, isto é, cupu grande e cupu pequeno (Stradelli, *Rev.*, p. 430).
670. **CUPUAÇUEIRO** - Sinônimo de cupuaçu (PERSONALIDADE/Árvore), cupa e cuparana.
671. **CUQUIADAS** (ENERGIA) (V, 20) - Na Índia, grito de rebate, que quem ouvia, repetia (J. A. Oliveira e João de Deus, *Dic.*, p. 227). Em *Macunaíma*, barulho, gritaria.
672. **CURACA** - O mesmo que Cacique (PERSONALIDADE), morubixaba, murumuxaua, muruxaua, tuxaua.
673. **CURANDEIRO** - Sinônimo de pajé (PERSONALIDADE).
674. **CURARE** - Sinônimo de Uirari (MATÉRIA). É um nome comum a vários compostos orgânicos venenosos conhecidos como venenos de flecha, extraídos de plantas da América do Sul. Possuem intensa e letal ação paralisante,

embora sejam utilizados medicinalmente como relaxante muscular (CURARE, 2021).

675. CURAU - Sinônimo de curica (PERSONALIDADE/Pássaro).

676. CURAUÁ (MATÉRIA/Insumo) - Fibra de curaúa, muito fina, muito resistente e muito clara, com que, no Rio Negro, se fazem maqueiras finíssimas, e que é usada, geralmente, em toda a Amazônia, naqueles misteres em que se precise de linha que tenha grande resistência, como, por exemplo, no amanho das flechas, e corda de arco (Stradelli, *Rev.*, p. 432; R. Moraes, *Meu Dic.*). Sinônimos: curuatá (no Amazonas) e capemba (no Sul do país).

677. CURAUÁ (PERSONALIDADE/Planta) (I, 9) - *Ananas satívus*, variedade. Bromeliácea (Sampaio, Pl. *Am.*, p. 26). *Curauá* ou *curauáyua*. Classe de bromeliáceas que nasce especialmente no mato, e hoje se acha cultivada em quase todas as roças, em maior ou menor quantidade. É uma espécie de bromélia cujas folhas dão fibras para cordas, redes e cestos; curuatá; curauá; craguatá (JAFFE, Noemi. Macunaíma. ANDRADE, Mário de, 2016, p. 8).

678. CURIANGOS - Sinônimo de noitibó (PERSONALIDADE/Ave).

679. CURIBATÁ - Sinônimo de curumbatá (PERSONALIDADE/Peixe).

680. CURICA (PERSONALIDADE/Pássaro) - É o maior papagaio brasileiro. Amazona farinosa (Bod.), conhecido popularmente como papagaio-moleiro, moleiro, ajuruaçu, juru, jeru, juruaçu, ajuru-curica, ajuru, papagaio-dos-mangues, papagaio-resmungador, ajurucatinga, ajurucatinga, airu-curuca, kuritzaká (nome indígena no Mato Grosso), curau (no Alagoas), papagaio- grego, aiurucatinga, ajurucurau, ajurucuruca, curuca, encontros verdes, papagaio-poaeiro e curica fedorento. *Ajuru* é designação genérica de papagaio, e *curica ou curuca* é papagaio do gênero Amazona (PAPAGAIO- MOLEIRO, 2022).

681. **CURICA FEDORENTO** - Sinônimo de curica (PERSONALIDADE/Pássaro).

682. **CURICA-BACABAL** (PERSONALIDADE/Pássaro) (XV, 12) - No Maranhão é curica-bacacal a casta de papagaio. Um dos mais lindos da mata amazonense, muito conhecido e apreciado, mas em nenhuma parte comum. É muito manso e facilmente domesticável, quando preso pequeno, embora, quando irritado, tome um ar furibundo, levantando em leque as plumas da cabeça e do pescoço; muito raramente se serve do bico para defesa (Strad., *Rev.*, p. 368). Ave psittaciforme da família *Psittacidae*. Sinônimos: papagaio- de-coleira, anacã, anacá, vanaquiá e anamburucu.

683. **CURIMÃ** - Sinônimo de corimã (PERSONALIDADE/Peixe).

684. **CURIMATÁ** - Ou curimatã. Sinônimo de curumbatá (PERSONALIDADE/Peixe).

685. **CURIMATAÚ** - Sinônimo de curumbatá (PERSONALIDADE/Peixe).

686. **CURIMBA** - Sinônimo de curumbatá (PERSONALIDADE/Peixe).

687. **CURIMBATÁ** - Sinônimo de curumbatá (PERSONA-LIDADE/Peixe).
688. **CURIÓ** (PERSONALIDADE/Pássaro) (XIV, 4) - *Oryzoborus angolensis brevirostris* (Berl. e Sn., p. 426). Pássaro preto, com abdome vermelho e o interno da asa branco.
689. **CURIOSEAR** (ENERGIA) (XIII, 2) - Olhar curiosamente. Amorim usa a forma curiosidar: "Ele curiosidou no guabiru" (*Lendas*, p. 270).
690. **CURRUPIRA** (II, 26) - Sinônimo de curupira (PERSONALIDADE/Entidade).
691. **CURRUPIRA** (PERSONALIDADE/Personagem) - Em *Macunaíma* é um duende que dá uma carne moqueada da própria perna para armar uma cilada ao herói.
692. **CURUATÁ** (V, 19) - O mesmo que curauá (MATÉRIA/Insumo). A espata das palmeiras é conhecida por esse nome no Amazonas.
693. **CURUCA** - Sinônimo de curica (PERSONALIDADE/Pássaro).
694. **CURUMBATÁ** (PERSONALIDADE/Peixe) - Ou corumbatá. É um peixe teleósteo caraciforme da família dos caracídeos, da subfamília dos proquilodontídeos, especialmente do gênero *Prochilodus*. Vive em todo o território brasileiro. O curimbatá, também chamado papa-terra, curibatá, curimatá, curimatã, curimataú, curimba, crumatá, grumatá, grumatã e sacurimba (CURIMBATÁ, 2023).
695. **CURUMI** (II, 35) - Sinônimo de curumim (PERSONALIDADE/Criança).

696. **CURUMIM** (PERSONALIDADE/Criança) (I, 7) - É o vocábulo guarani columi. Quer dizer menino. Também curumi (L. Gomes, *Contos*, p. 231). Mário de Andrade usou a palavra em todas as suas formas.
697. **CURUPÊ** (PERSONALIDADE/Inseto) (XV, 22) - Casta de formiga de cabeça achatada. No Japurá dizem que a cabeça dessa formiga, enfiada na ponta da flecha, não deixa errar o alvo (Stradelli, *Rev.*, p. 4.'31).
698. **CURUPIRA** (PERSONALIDADE/Entidade) - Deus que protege as florestas. Tem os pés voltados para trás (L. C. Cascudo, *Geografia*, p. 120). Sinônimo de Currupira ou Tatuí.
699. **CURURU** (MATÉRIA) - Dança tradicional de Mato Grosso e típica do Centro-Oeste do Brasil, dançada ao som de caracaxás, cocho, tamborins e marimba.
700. **CURURU** (PERSONALIDADE/Animal) (XIII, 8) - Uma espécie de sapo.
701. **CURURUCA** (MATÉRIA) (XVII, 35) - Milho de pipoca.
702. **CUTAPADO** (XV, 12) - Ou cu-cozido, o mesmo que tuím (PERSONALIDADE/Pássaro). (Ihering, *Dic.*, p. 290).
703. **CUTIA** - Sinônimo de cotia (PERSONALIDADE/Animal).
704. **CUTIA-DE-RABO** - Sinônimo de cutiara (PERSONALIDADE/Animal).
705. **CUTIAIA** - Sinônimo de cutiara (PERSONALIDADE/Animal).
706. **CUTIARA** (PERSONALIDADE/Animal) - Espécie de cutia, típica da Amazônia menor e com rabo mais

desenvolvido; cutia-de-rabo e cutiaia (Jaffe, Noemi, *Mac.*, M. de Andrade, 2016, p. 20).

707. **CUTUCAR** (ENERGIA/Ação) (I, 21) - Tocar ligeiramente com o dedo ou cotovelo (A. B. Hollanda). Acotovelar (Viotti, *Dic.*, p. 107); chuçar, espetar e cutucar.

708. **DACUCU** (PERSONALIDADE/Divindade) (IV, 4) - Mãe do sono. Sinônimo de acutipuru (PERSONALIDADE/Divindade) e murucututu.

709. **DANDÁ** (ENERGIA) (I, 4) - Voz para animar os primeiros passos infantis (Viotti, *Dic.*, p. 113).

710. **DAR EM CIMA** (ENERGIA/Ação) (VIII, 39) - Conquistar, insistir com mulher (gíria carioca).

711. **DE-A-PÉ** (PERSONALIDADE/Característica) (V, 16) - Desmontado, a pé (L. C. Moraes, *Voc.*, p. 84).

712. **DE-JÁ-HOJE** (TEMPO) (lI, 23) - Há pouco tempo (Viotti, *Dic.*, p. 118).

713. **DEBICAR** (XI, 73) - Sinônimo de zombar (ENERGIA). Ridicularizar, escarnecer (P. da Costa, *Voc.*, p. 274).

714. **DEBOCHE** (ENERGIA) (III, 29) - Zombaria explícita e veemente; escárnio. Ato ou efeito de debochar. Troça, motejo. É galicismo (Viotti, *Dic.*, p. 117).

715. **DECUMÊ** (MATÉRIA/Característica) (XII, 53) - De-comer, comida, alimento: "Amanhã nós temos de-comer" (B. Magalhães, *Folclore*, p. 178); "Vem, decumê, mata a fome. Vem, aluá, mata a sede" (L. Motta, *Cantadores*, p. 19). Comida, provisão de comida: "Eu ganho dois mil-réis e mais o decumê" (A. Amaral, *Dial.*, p. 129).

716. **DEFECAR** - (ENERGIA) Defecar é o ato de evacuar

fezes do organismo através do relaxamento do esfíncter e contrações do reto anal (DEFECAÇÃO, 2022).

717. **DEFUNTO SEM CHORO** (PERSONALIDADE/ Característica) (XVII, 1) - Indivíduo desprezado, sem proteção, sem ter quem lhe doa (P. da Costa, *Voc.*, R· 275; Viotti, *Dic.*, p. 119).

718. **DEGRINGOLAR** (ENERGIA) (lI, 8) - Cair precipitadamente de alto a baixo.

719. **DELMIRO GOUVEIA** (PERSONALIDADE) (XVII, 60) - Fundador de uma fábrica de linha na cidade da Pedra. Pela luta que empreendeu por uma indústria nacional, Delmiro é símbolo invocado em todas as campanhas nacionalistas. Sobre ele, Mário de Andrade escreveu um artigo.

720. **DEMONHO** - Sinônimo de demônio (PERSONALIDADE).

721. **DEMÔNIO** (PERSONALIDADE) - Criatura da mitologia grega, de caráter sobrenatural, intermediária entre Deus e o homem, que aconselhava os humanos. Na religião cristã, o anjo que se rebelou contra Deus e que comandou uma legião de entidades malignas, tendo todos sido lançados no inferno, tornando-se espíritos das trevas; demonho, diabo, lúcifer, satã, satanás. Gênio do mal presente nas religiões judaica e cristã. Personificação da maldade. Sinonímias: canhoto, cão, capiroto, Cariapemba, coisa Ruim. Cuisarruim, Exu, Icá. Maurai, Pé de Pato, Uamoti (DEMÔNIO, MICHAELIS ON- LINE, [*s. d.*]).

722. **DENAQUÊ** (XVII, 19) - Sinônimo de Estrela Vésper (PERSONALIDADE/Personagem).
723. **DEPENDURADOS** (ESPAÇO) (XI, 150) - Termo goiano, registrado por Virgílio de Melo Franco em *Viagens*, e designativo de encosta ou flanco de serras mais ou menos desprovidas de vegetação (Souza, *Dic.*, p. 162).
724. **DERRAME** (ESPAÇO) (I, 7) - Vocábulo de uso no sul do Brasil, com a significação de declividade de morro, lombada (Souza, *Díc.*, p. 162). Encosta.
725. **DESACORÇOADO** (PERSONALIDADE/Característica) (XI, 33) - "Nha Dita, nesse entremeio, não cansava de jugar os olhos pra todas as bandas, e inté já havia de <tar desacorçoada" (V. Silveira, *Leréias*, p. 106). Desanimado, desalentado (J. A. Oliveira e João de Deus, *Dic.*, p. 250). Descoroçoado.
726. **DESAPEAR** (ENERGIA) (XI, 86) - O mesmo que apear, descer do cavalo: "Cidadão, se desapeie / Venha logo se abancá" (L. Motta, *Cantadores*, p. 25).
727. **DESBOTADO** (PERSONALIDADE/Característica) - que perdeu a viveza da cor, dos tons originais; distinto, esmaecido, sem viço, pálido, descorado. (DESBOTADO, [*s. d.*]).
728. **DESCANTAR** (ENERGIA) - Cantar acompanhado de um instrumento.
729. **DESEMBESTAR** (ENERGIA) (VI, 50) - Disparar (R. Garcia, *Dic.*, p. 753). Não obedecer ao freio, saindo o animal na disparada (L. C. Moraes, *Voc.*, p. 86).
730. **DESEMBUCHAR** (ENERGIA) (XII, 14) - Falar,

confessar (o que se estava ocultando) (DESEMBUCHAR - DICIO, DICIONÁRIO ONLINE DE PORTUGUÊS, [s. d.]). Desabafar (J. A. Oliveira e João de Deus, *Dic.*, p. 252).

731. **DESEMPENADO** (PERSONALIDADE/Característica) (II, 64) - Forte, galhardo, destemido (A. B. Hollanda).
732. **DESGRAÇA** (ENERGIA) - Acontecimento lamentável, funesto; infortúnio, desventura. Sinônimo de disgra.
733. **DESINFELIZ** (PERSONALIDADE/Característica (IV, 58) - Infeliz (J. Ribeiro, *Curiosidades*, p. 85).
734. **DESISTIR** (ENERGIA) (XII, 33) - Defecar (L. Motta, *Cantadores*, p. 37 4).
735. **DESMERECIDO** (V, 79) - Mesmo que desbotado (PERSONALIDADE/Característica) (A. B. Hollanda).
736. **DESPERDÍCIO** (ENERGIA/Característica) (V, 91) - Extravio. Esperdício (H. Garcia, *Dic. Bras.*, p. 754). Em *Macunaíma*, tem o sentido de grande quantidade.
737. **DESPOTISMO** (MATÉRIA/Característica) (II, 6) - Enormidade (A. Amaral, *Dialeto*, p. 47); despropósito, feito insensato. Grande quantidade de alguma coisa.
738. **DESPROPÓSITO** (ENERGIA/Característica) (V, 20) - Exagero, descomedimento (R. Moraes, *Meu Dic.*; A. Amaral, *Dial.*, p. 132).
739. **DESVENTURA** - Sinônimo de desgraça (ENERGIA).
740. **DÉU-EM-DÉU** (ENERGIA/Característica) (II, 26) - "Eu andei de déu em déu/eu desci de gaio em gaio" (L. Motta, *Cantadores*, p. 18). Sem destino, sem parada.

741. **DIA DE JUDEU** (TEMPO) (X, 5) - Dia de aborrecimento, de grandes aflições.
742. **DIA DE S. NUNCA** (TEMPO) (XII, 4:3) - Nunca.
743. **DIABO** - Sinônimo de demônio (PERSONALIDADE).
744. **DIACHO** (PERSONALIDADE) (V, 14) - Um dos sinônimos de demônio. Dimunho, diale, demo, diogo, formas são figuras de linguagem usadas para tornar o termo *diabo* mais brando e menos agressivo (L. Motta, *Cantadores*, p. 374; A. Amaral, *Dial.*, p. 132).
745. **DILÚVIO** (MATÉRIA) (V, 7) - Grande quantidade de água (A. Amaral, *Dial.*, p. 129).
746. **DISGRA** (XVII, 59) - O mesmo que desgraça (ENERGIA), na expressão "estar na disgra" (J. Ribeiro, *Frases Feitas*, p. 126; Viotti, *Dic.*, p. 126). Acontecimento lamentável, funesto; infortúnio, desventura.
747. **DISPARAR** (ENERGIA) (XV, 74) - Correr desabaladamente, desembestar (R. Garcia, *Dic.*, p. 757).
748. **DISTINTIVO** (MATÉRIA) (II, 69) - Em Mário de Andrade a palavra nem sempre está usada de modo a não deixar dúvida. Tanto pode ser característica sexual, como tatuagens típicas, usadas pelas tribos como sinal, insígnia. Ver Martius e Spix (*Viagem*, Vol. III, p. 300, cf. 368). No cap. V, § 21, é claro o sentido de sexo.
749. **DONA** (PERSONALIDADE/Característica) (XI, 154) - Tratamento respeitoso que se dá a uma senhora cujo nome se ignora (P. da Costa, *Voc.*, p. 286). Arcaísmo de sentido (A. Amaral, *Dial.*, p. 33).

750. **DOR-DE-CORNO** - Sinônimo de cotovelo, Dor de (ENERGIA/Sentimento).
751. **DOURADINHA FALSA** - Sinônimo de murici (PERSONALIDADE/Planta).
752. **DOURADO** (PERSONALIDADE/Peixe) (V, 20) - Peixe de escama. Da água doce. Família dos Caracídeos, gênero *Salminus* (Ihering).
753. **DUCUCU** (IV, 4) - Sinônimo de acutipuru (PERSONALIDADE/Entidade) e murucututu.
754. **DUZENTORRÉIS** (MATÉRIA)(V, 11) - Moeda divisionária no sistema monetário vigente até 1942, valendo a quinta parte do milréis, que, por sua vez, equivalia a um milésimo do cruzeiro. Duzentos réis.
755. **DZALAURA - IEGUE** (PERSONALIDADE/Entidade) (V, 30) - Árvore mitológica dos taulipangues.
756. **EFEM** (VII, 43) - O mesmo que Efun (ENERGIA/Ritual).
757. **EFUN** (ENERGIA/Ritual) - É uma cerimônia ritualística que consiste em pintar a cabeça raspada e o corpo de um iniciado, com círculos ou pontos, e com traços tribais, feitos com giz, também conhecido como pemba, durante a iniciação. Na primeira saída do iniciado, a pintura é toda branca (EFUM, 2021).
758. **ELITÊ** (PERSONALIDADE/Personagem) (VI, 56) - A jararaca Elité. Jararaca, cobra venenosa (K. Grümgerg, "Introdução", II. Ver, também, Vol. IV, p. 42).
759. **EM RIBA** (ESPAÇO) - Em cima. (JAFFE, Noemi. *Macunaíma*. ANDRADE, Mário de, 2016, p. 12)
760. **EMBAÚBA** (PERSONALIDADE/Árvore) (V, 8) -

Nome comum a diversas espécies de cecrópias. Planta de folha larga e digitada como a da figueira, verde mais ou menos forte na face superior e, mais claro, na inferior; muito comum, especialmente a variedade que orla as praias dos rios, lagos e igarapés de toda a região amazônica (Strad.., *Rev.*, p. 441).

761. **EMBIRA** (PERSONALIDADE/Árvore) (VI, 37) - Nome comum de todas as fibras vegetais que podem servir de liame (P. da Costa, *Voc.*, p. 291). Casca de árvore de longas fibras mais ou menos resistentes, que servem para atilho (Strad., *Rev.*, p. 441).

762. **EMBIROÇU** (PERSONALIDADE/Árvore) - Árvore com 15 a 25 metros de altura, tronco de 50 a 80 centímetros de diâmetro, comum no Cerrado (JAFFE, Noemi. Macunaíma. ANDRADE, Mário de, 2016, p. 32).

763. **EMBIRUÇU** (PERSONALIDADE/Árvore) (IV, 13) - Imbirussu ou imbiriruçu são paineiras. Madeira macia e levíssima, fruto cheio de paina. Por isso, a comparação com o corpo de Naipi.

764. **EMBOLADA** (ENERGIA) (XV, 8) - Luta, desafio entre sertanejos cantando ao som da viola (P. da Costa, *Voc.*, p. 282).

765. **EMBOLÉU** (MATÉRIA/Característica) (I, 21) - Na frase "andar aos emboléus", o termo vem da gíria portuguesa *boléu*. Com as acepções de queda, trambolhão (P. da Costa, *Voc.*, p. 292).

766. **EMBRABECER** (ENERGIA) (XI, 75) - Enraivecer (L. C. Moraes, *Voc.*, p. 90).

767. **EMBROMAR** (ENERGIA) (XII, 44) - Enganar, lograr, usar de subterfúgio (P. da Costa, *Voc.*, p. 293; R. Garcia, *Dic.*, p. 759). - Demorar em executar o serviço ou em tomar uma providência; andar devagar (L. C. Moraes, *Voc.*, p. 90).
768. **EMORON-PÓDOLE** (PERSONALIDADE/Entidade) (XIV, 4) - O pai do sono. Não tem figura definida (K. Grümberg, "Introdução", II).
769. **EMPAFIOSO** (PERSONALIDADE/Característica) (XII, 83) - Vaidoso, pretensioso.
770. **EMPALAMADO** (PERSONALIDADE/Característica) (XI, 75) - Pálido, desfigurado (P. da Costa, *Voc.*, p. 294).
771. **EMPANTURRAR** - Sinônimo de empanzinar (Energia). Empanzinar-se; encher-se de comida ou fazer com que alguém fique completamente satisfeito: empanturrou-se de salgadinhos (EMPANTURRAR, [s. d.])
772. **EMPANZINAR** (ENERGIA) (XIII, 25) - Alimentar(-se) em excesso. Fazer comer ou comer excessivamente. Sinônimo de empanturrar (J. A. Oliveira e João de Deus, *Dic.*, p. 293).
773. **EMPROADO** (PERSONALIDADE/Característica) (XI, 157) - Vaidoso. Orgulhoso. Altivo (J. A. Oliveira, *Dic. Pros.*, p. 295).
774. **ENCALISTRADO** (PERSONALIDADE/Característica) - Estar zangado, envergonhado.
775. **ENCALISTRAR** (ENERGIA) (XI, 18) - Zangar-se, arreliar-se, encavacar, perder as estribeiras (P. da Costa, *Voc.*, p. 298). - Envergonhar-se, atrapalhar-se (R. Garcia, *Dic.*, p. 762; L. C. Moraes, *Voc.*, p. 91).

776. **ENCARAPITADO** (PERSONALIDADE/Característica) (VIII, 5) - Trepado, acomodado, assentado, repimpado (P. da Costa, *Voc.*, p. 299).
777. **ENCARNADO** (PERSONALIDADE/Característica) - Vermelho. (JAFFE, Noemi. *Macunaíma*. ANDRADE, Mário de, 2016, p. 15)
778. **ENCONTROS VERDES** - Sinônimo de curica (PERSONALIDADE/Pássaro).
779. **ENFARADO** (PERSONALIDADE/Característica) - Aborrecido (JAFFE, Noemi. *Macunaíma*. ANDRADE, Mário de, 2016, p.).
780. **ENFEZADO** (PERSONALIDADE/Característica) (XVII, 76) - Contrariado, aborrecido (V. Silveira, *Leréias*, p. 18).
781. **ENQUIZILAR** (ENERGIA) (I, 8) - Aborrecer, zangar, empeiticar (P. da Costa, *Voc.*, p. 307). Sentir quezila (desgosto) (JAFFE, Noemi. *Macunaíma*. ANDRADE, Mário de, 2016, p. 10).
782. **ENTRUPIGAITAR** (ENERGIA) (X, 29) - Entupigaitar. Atrapalhar, embaraçar, confundir. Calar-se (R. Garcia, *Dic.*, p. 768).
783. **ERISIPA** - Sinônimo de erisipela (ENERGIA/Processo patológico).
784. **ERISIPELA** (ENERGIA/Processo patológico) - Erisipela é um processo infeccioso da pele, que pode atingir a gordura do tecido celular, causado por uma bactéria que se propaga pelos vasos linfáticos. Sinônimos: esipra e erisipa.
785. **ERVA-CIDREIRA** (PERSONALIDADE/Planta) (VII,

53) - Erva-cidreira do Brasil ou salva-limão; *Lippia genuína* H. B. K. Labiada. *Melissa officinalis* L. Labiada, erva-cidreira da Europa (Sampaio, *Pl. do D. F.*, p. 239).
786. **ESCAFEDER** (ENERGIA) (XI, 159) - Fugir apressadamente (A. B. Hollanda).
787. **ESCANCHAR** (ENERGIA) (XI, 162) - Escanchar nos quartos. Pôr de pernas abertas sobre os quadris (B. Magalhães, *Dic.*, p. 330).
788. **ESCARAFUNCHAR** (ENERGIA) (X, 4) - Investigar com cuidado e paciência: escarafunchava o motivo da separação (ESCARAFUNCHAR - DICIO, DICIONÁRIO ONLINE DE PORTUGUÊS, [*s. d.*]). Esgravatar, esquadrinhar (J. A. Oliveira e J. de Deus, *Dic.*, p. 332).
789. **ESCARCÉU** (ENERGIA) (XI, 138) - Grande agitação (J. A. Oliveira e J. de Deus, *Dic.*, p. 332).
790. **ESCARNECER** - Sinônimo de zombar (ENERGIA).
791. **ESCONJURO** ((ENERGIA/Ritual) (VI, 29) - Exorcismo, imprecação feita uma ou mais vezes, com o fim de evitar um mal, afastar um perigo.
792. **ESCOTEIRO** (PERSONALIDADE/Característica) (III, 3) - Sem acompanhamento, sem qualquer mistura (L. Motta, *Cant.*, p. 375); A. Amaral, *Dial.*, p. 136; L. C. Moraes, *Voc.*, p. 96; M. Viotti, *Dic.*, p. 114).
793. **ESCULHAMBAR** (XII, 49) - Sinônimo de zombar (ENERGIA). Troçar, ridicularizar, debicar, debochar (P. da Costa, *Voc.*, p. 315; M. Viotti, *Dic.*, p. 144).
794. **ESGRAVATAR** - Sinônimo de escarafunchar (ENER-

GIA). Fazer uma pesquisa minuciosa sobre algo; esmiuçar: "vivia esgravatando a vida alheia" (ESGRAVATAR, [s. d.]).

795. **ESGUREJAR** (ENERGIA) (XII, 59) - Não encontrado. Existe *esgurido*, registrado por A. B. Hollanda, como esfomeado. No contexto, o verbo tem o sentido de demonstrar apetite, saborear por antecipação.

796. **ESIPRA** (XIII, 1) - Sinônimo de erisipela (ENERGIA/ Processo patológico) (R. Garcia, *Dic.*, p. 771).

797. **ESMERIL** (MATÉRIA) (VI, 37) - Óxido de ferro proveniente da decomposição das terras roxas e que tem aparência de uma areia negra (Souza, *Dic.*, p. 173).

798. **ESPÁCIO** (PERSONALIDADE) (XVI, 71) - Boi espácio. Diz-se das rezes que têm os chifres muito abertos.

799. **ESPADEIRA** - Sinônimo de muraripiranga (PERSONA-LIDADE/Planta).

800. **ESPERA** (ESPAÇO/Lugar) (XI, 4) - Lugar onde se espera a caça.

801. **ESPERTAR** (ENERGIA) (I, 4) - Despertar, avivar (*Dic.*, p. 380).

802. **ESPETAR** - Sinônimo de cutucar (ENERGIA/Ação).

803. **ESPIGÃO** (ESPAÇO) (VI, 68) - No Brasil, a palavra tem o sentido de divisor de águas, quando assinalado por uma série de montes ou morros. (Souza, *Dic.*, p. 174).

804. **ESPINHEL** - Sinônimo de grozera (MATÉRIA/ Instrumento).

805. **ESPRAIADO** (ESPAÇO) (XII, 50) - Expansão de um rio, alargamento do seu leito, quase sempre de pouca profundidade e margens arenosas (Souza, *Dic.*, p. 175).

806. **ESQUADRINHAR** - Sinônimo de escarafunchar (ENERGIA). Examinar de maneira minuciosa; analisar detalhadamente: esquadrinhou os valores da compra até encontrar uma solução para o problem (ESQUADRINHAR, [s. d.]).
807. **ESTÂNCIA** (ESPAÇO) (XVI, 79) - Termo rio-grandense do sul, que apelida o estabelecimento rural onde se cultiva a terra, principalmente, se atende à criação do gado *vacum* e cavalar (Souza, *Dic.*, p. 175).
808. **ESTATELAR** (ENERGIA) (I, 21) - Estender-se ao comprido, parar (J. A. Oliveira, *Dic.*, p. 775).
809. **ESTEIO** (MATÉRIA) - Suporte que se coloca para firmar alguma coisa.
810. **ESTORCEGAR** (ENERGIA) (III, 14) - Estortegar (J. A. Oliveira, *Dic.*, p. 361). Apertar com os dedos. Beliscar (a pele) entre os dedos (ESTORCEGAR, [s. d.])).
811. **ESTORTEGAR** - Sinônimo de estorcegar (ENERGIA). Estorcegar, estorcer. Ato de beliscar (ESTORTEGAR - DICIO, DICIONÁRIO ONLINE DE PORTUGUÊS, [s. d.]).
812. **ESTRADEIRO** (PERSONALIDADE/Característica) (IV, 7) - Escovado, velhaco (L. Motta, *Cant.*, p. 376). Parece que, M. de A. empregou a palavra no sentido em que é aplicada aos animais - acostumado nas estradas, viajeiro (Ver R. Garcia, *Dic.*, p. 775).
813. **ESTRAMBÓLICO** (PERSONALIDADE/Característica) (I, 5) - Corruptela de estrambótico. Extravagante, esquisito, afetado (P. da Costa, *Voc.*, p. 325). Repleto de

extravagância; pouco ou nada convencional; esquisito. Que tende a ser ridículo ou causar riso; estrambótico (ESTRAMBÓLICO - DICIO, DICIONÁRIO ONLINE DE PORTUGUÊS, [s. d.]).

814. **ESTRELA VÉSPER** (PERSONALIDADE/ Personagem) - Nome da índia carajá que aparece na lenda de Taina-Can, a estrela vésper. Sinônimo de Denaquê (PERSONALIDADE/Personagem) e Imaerô (PERSONALIDADE).

815. **ESTRONDO, MORRO DO** (ESPAÇO/Lugar) (XV, 58) - Fica em Natal, no Rio Grande do Norte (informação de L. Câmara Cascudo).

816. **ESTUMAR** (ENERGIA) (XV, 71) - Assanhar, açular, excitar os cães por meio de gritos e assobios apropriados, contra alguém ou contra um animal, em caçada (P. da Costa, *Voc.*, p. 326; A. Amaral, *Dial.*, p. 139).

817. **ESTUPOR** (ENERGIA) (XIV, 49) - Ataque súbito de paralisia que acontece com frequência entre os sertanejos, principalmente depois de resfriamentos (Martius e Spix, *Viagem*, Vol. II, p. 189).

818. **ESTURRO** (ENERGIA) (V, 20) - Urro de onça (A. B. Hollanda).

819. **EXU** (PERSONALIDADE/Entidade/Personagem) (VII, 3) - Divindade secundária, representante das potências contrárias ao homem. Os afro- baianos assimilam-no ao demônio (A. Ramos, *O Negro*, p. 34; M. Viotti, *Dic.*, 153). Sinônimo de demônio (PERSONALIDADE).

820. **FACHEADA** (ENERGIA) (XVI, 6) - Pescaria à luz de facho (A. B. Hollanda).
821. **FADISTA** (PERSONALIDADE/Cantor) - Pessoa que canta fado, canção popular portuguesa. Aqui, no sentido de músico (JAFFE, Noemi. *Macunaíma*. ANDRADE, Mário de, 2016, p. 66).
822. **FAMANADO** (PERSONALIDADE/Característica) (VI, 30) - Afamado por proezas e feitos ele valor (Viotti, *Dic.*, p. 156).
823. **FAMÍLIA** (PERSONALIDADE) (XVI, 11) - A família é um agrupamento humano formado por duas ou mais pessoas com ligações biológicas, ancestrais, legais ou afetivas que, geralmente, vivem na mesma casa. Pode ser formada por pessoas solteiras, casais heterossexuais ou homossexuais, entre outras constituições presentes em diferentes contextos sociais (FAMÍLIA, 2023). "Fulano tem quatro famílias; entende-se por quatro filhos" (João Ribeiro, *Curiosidades*, p. 106). - Filhos (L. C. Moraes, *Voc.*, p. 100; A. Amaral, *Dial.*, p. 47).
824. **FARINHA D'ÁGUA** (MATÉRIA/Comida) (XV, 42) - Farinha fabricada com mandioca mole ou puba. Usada quase que unicamente na Amazônia (Ch. ele Miranda, *Glossário*, p. 115).
825. **FARINHAR** (ENERGIA) (II, 55) - Fabricar farinha.
826. **FARNIENTE** (ENERGIA)(V, 32) - É mais comum a expressão *dolce far niente*. Ócio, ociosidade (J. A. Oliveira, *Dic.*, p. 39). Em *Macunaíma*, italianismo intencional.
827. **FARRANCHO** (ENERGIA) (XVI, 3) - Acompa-

nhamento, sem o sentido pejorativo de súcia (L. Motta, *Sertão*, p. 255). Bando de pessoas; acompanhar farrancho quer dizer: ir com os outros, deixar-se levar (A. Amaral, *Dial.*, p. 141).

828. **FARTÃO** (ENERGIA) (XIV, 41) - Tomar um fartão, estar repleto, estar farto. Mais comum discriminar: tomar um fartão de peixe, etc.

829. **FARTUM** (PERSONALIDADE/Característica) (VIII, 39) - Cheiro, exalação (Viotti, *Dic.*, p. 158).

830. **FASTAR** (PERSONALIDADE/Característica)(II, 64) - Recuar; Etimologia (origem da palavra fastar). Derivação de afastar. Colocar(-se) a certa distância de (pessoa, coisa concreta ou abstrata); distanciar(-se), apartar(-se) (AFASTAR - DICIO, DICIONÁRIO ONLINE DE PORTUGUÊS, [s. d.]).

831. **FAVADO** (PERSONALIDADE/Característica) (XII, 43)- Que não logrou bom êxito (A. B. Hollanda).

832. **FECHAR-SE EM COPAS** (ENERGIA) (I, 12) - Calar-se (Viotti, *Dic.*, p. 160).

833. **FEITICEIRA** (PERSONALIDADE) - Mulher que pratica a feitiçaria; que faz feitiços, macumba, rituais, magias de forma empírica, para o bem ou para o mal; macumbeira, bruxa, maga ou candomblezeira (FEITICEIRA - DICIO, DICIONÁRIO ONLINE DE PORTUGUÊS, [s. d.]).

834. **FÊMEA** (PERSONALIDADE/Característica)(VII, 42) - Feme, prostituta (L. Motta, *Cantadores*, p. 377). - Mulher de vida ainda (A. Amaral, *Dial.*, p. 142).

835. **FERRAR** (ENERGIA) (III, 14) - Pegar com firmeza.

Ferrar no sono - dormir profundamente. "A luz espertou, foi-se espichando pra cama afora e a Ogusta, que ainda não tinha *ferrado no sono*."... (V. Silveira, *Leréias*, p. 114).

836. **FERREIRO** - Sinônimo de araponga (PERSONALIDADE/Pássaro).

837. **FICUS** (PERSONALIDADE/Árvore) (XN, 18) - *Ficus*, subgênero *Urostigma* (Morácea) e *Clusía sp*. (Gutífera); no Tapajós, é *Ficus tapajozensis* Standl. Morácea (Sampaio, *Pl. Am.*, p. 8). Sinônimo: apuí.

838. **FIOFÓ** - Sinônimo de ânus (MATÉRIA).

839. **FLECHAR** (ENERGIA) (Il, 72) - Ferir com flecha. Nesta acepção, é invariável, em *Macunaíma*, a grafia com *l*, tanto para o verbo como para o substantivo (II, 18, etc.).

840. **FOCA** (PERSONALIDADE/Característica) (VII, 36) - Na gíria de jornal, o repórter novato.

841. **FOGUEIRA** - Sinônimo de caieira (MATÉRIA).

842. **FOLHIÇO** (MATÉRIA) (I, 21) - Folhas secas no chão da mata (Viotti, *Dic.*, p. 166). Coberturas de folhas sobre o chão.

843. **FORMIGA CUPIM** (PERSONALIDADE/Inseto) (X, 1) - Os cupins são impropriamente chamados formigas. São da ordem isóptera térmitas.

844. **FORMIGA ONCINHA** (PERSONALIDE/Inseto) (V, 94) - Formiga chiadeira. Designa os himenópteros (vespas) da família Mutilídeos. Quase sempre escuras, com ornamentação de cores vivas. Não são propriamente formigas, porém fêmeas de vespas cujos machos são alados (Ihering, *Dic.*). Sinônimo formiga-feiticeira.

845. **FORMIGA-DE-FOGO** (VII, 55) - Sinônimo de taioca (PERSONALIDADE/Inseto). O mesmo que lava-pés do Sul. Gênero *Solenopsis*. Suas ferroadas são muito dolorosas e tudo elas atacam (R. Ihering, *Dic.*, p. 336).
846. **FORMIGA-FEITICEIRA** - Sinônimo de formiga oncinha (PERSONALIDE/Inseto).
847. **FORMIGUEIRA** - Sinônimo de taxizeiro (PERSONALIDADE/Árvore).
848. **FRANCESA** (PERSONALIDADE/Personagem) - Disfarce do herói para marcar um encontro com o gigante. (PROENÇA, M. Ci. *Roteiro de Macunaíma*, 1974, p. 156). Fantasia de "francesa" que Macunaíma usou para ir à casa do Venceslau Pietro Pietra, o gigante Piaimã. "No outro dia Macunaíma enfia um membi na goela, a fim de disfarçar a voz ao telefone, e marca um encontro com o gigante, dizendo-se francesa. Perfuma-se com aromas indígenas, defuma-se com jurema, alfineta no peito um ramo de pinhão paraguaio, contra quebranto, coloca dois mangarás no lugar dos seios e vai à casa de Piaimã. (PROENÇA, M. Ci. *Roteiro de Macunaíma*, 1974, p. 156).
849. **FRAÜLEIN** (PERSONALIDADE/Personagem) (X, 8) - A alemãzinha de chapéu de margaridas que Macunaíma encontrou no capítulo Pauí-Pódole. Senhorita, em alemão, designação dada às governantas.
850. **FRECHAR** (ENERGIA) (II, 65) - Ir em rumo certo, caminhar sem se deter (Moraes, *Voc.*, p. 102).
851. **FRESCA** (PERSONALIDADE/Fenômeno) - Brisa que sopra no começo ou fim do dia.

852. **FRESCATA** (PERSONALIDADE/Característica) (XI, 68) - Expressão popular corrente em São Paulo. A *la frescata* - à vontade, com roupas leves e folgadas. No contexto, o sentido é de frescor, aragem.
853. **FRIAGEM** (PERSONALIDADE/Fenômeno) (lI, 2) - Nome que se dá, na Amazônia, a um curioso fenômeno meteorológico, caracterizado por uma queda brusca de temperatura, sob a influência de ventos frios dos Andes (Souza, *Dic.*, p. 88).
854. **FRIÚME** (PERSONALIDADE/Característica) (IV, 60) - Estado ou qualidade do que é ou está frio; frialdade, frieza, friúra.
855. **FROUXO** (PERSONALIDADE/Característica) (VIII, 36) Fraco, sem virilidade.
856. **FRUTA-DE-CONDE** - Sinônimo de ata (PERSONALIDADE/Fruta) e pinha.
857. **FUÇA** (MATÉRIA) (XI, 59) - Cara, venta, focinho, focinheira (P. da Costa, *Voc.*, p. 51).
858. **FULANO** (PERSONALIDADE) (VII, 1) - Palavra usada nos contos populares para indeterminar pessoas (L. Gomes). Embora de uso corrente, M. de A. a emprega pela conotação folclórica.
859. **FULO** (PERSONALIDADE/Característica) (I, 18) - Pálido (J. A. Oliveira e J. de Deus, *Dic.*, p. 42.5).
860. **FUMANDO** (ENERGIA) (VI, 64) - Estar fumando. Irado (*Dic. Pros.*, p. 426).
861. **FUNÇÃO** (ENERGIA) (III, 36) - Ato, prática, festa, festim (*Dic.*, J. A. Oliveira, *Dic.*, p. 426).

862. **FUNDÃO** (ESPAÇO/Lugar) (XII, 50) - Lugar distante, ermo (A. B. Hollanda).
863. **FUNESTO** - Sinônimo de desgraça (ENERGIA).
864. **FUNIL** (ESPAÇO/Lugar) (XII, 50) - Sinônimo de grotão e fecho, termo da potâmica da Bahia e de Goiás, que indica a ruptura de serras pelos rios, que as atravessam em gargantas apertadas, não raro por baixo das arestas vivas das rochas, que apenas deixam uma abertura à superfície, dois ou três metros de largura (Souza, *Dic*, p. 189).
865. **FURA-BOLOS** (MATÉRIA) (XV, 58) - Dedo indicador. "Até o dia em que, triunfante, enfiou no fura-bolos o rubi circundado de brilhantes (L. Motta, *Sertão Alegre*, p. 96).
866. **FURDUNÇO** (ENERGIA) (XI, 67) - Pagodeira, divertimento, brincadeira. (P. da Costa, *Voc.*, p. 783) - Barulho, desordem - brasileirismo do Nordeste (Viotti, *Dic.*, p. 171).
867. **FURO** (ESPAÇO) (I, 7) - Braço de rio que liga dois caudais, às vezes um lago a outro lago, muitas vezes um furo a outro furo, ou um afluente, pelo montante da foz, ao curso em que deságua (R. Moraes, *Meu Dic.*). Pequeno canal de um rio, quando este, tendo uma ilha, fica dividido em dois braços, um dos quais estreito, ao qual dão este nome (Ch. Miranda; Souza, *Dic.*, p. 190). Canal estreito.
868. **FUTE** (VII, 47) - Sinônimo de diabo (PERSONALIDADE). Abreviatura de cafute, que é, também, sinônimo de diabo (P. da Costa, Voc., p. 354; R. Garcia, p. 783; Viotti, p. 171).
869. **GAIOLA** (MATÉRIA) (XIII, 2) - Dição amazônica, de uso, também, no Maranhão e Piauí (rio Parnaíba),

designando os pequenos barcos a vapor, que são embarcações propelidas por um motor a vapor que aciona rodas de água montadas inicialmente a meia-nau, nas laterais (bombordo e estibordo) e depois na popa. Os barcos navegam nos rios, põem em comunicação as cidades, as vilas, os povoados e os barracões sitos à margem. Como brasileirismo, é substantivo do gênero masculino (Souza, *Dic.*, p. 191).

870. **GAJIRU** - Sinônimo de guajiru (PERSONALIDADE/FRUTA).
871. **GALGUINCHA** (PERSONALIDADE/Característica) (VII, 4) - Magricela, esfaimado (A. B. Hollanda).
872. **GALO** (ENERGIA) (XII, 9) - Cozinhar galo: remanchar no serviço, demorar em saldar um compromisso.
873. **GALOPEAR** (ENERGIA) (XI, 144) - Ou galopar (R. Garcia, *Dic.*, p. 785). Andar a galope. É uma das variações da marcha mais rápida que pode ser realizada por um cavalo ou outro equino (GALOPAR - DICIO, DICIONÁRIO ONLINE DE PORTUGUÊS, [*s. d.*]).
874. **GAMBÁ** (PERSONALIDADE/Animal) designação dada a várias espécies do gênero *Didelphis*. Marsupiais (R. v. lhering). Sinônimos: sariguê, mucura, saurê, sarigueia, timbu, cassaco, micurê.
875. **GAMBAZINHO** (XII, 28) - Sinônimo de gambá (PERSONALIDADE/Animal).
876. **GÂMBIA** (MATÉRIA) (XV, 3.5) – Perna linguagem popular.

877. **GAMELA** (MATÉRIA) (VII, 5) - Vasilha de madeira onde se põe a comida dos porcos. Mário de A.
878. **GAMELA** (PERSONALIDADE/Profissão) - Usada à palavra o sentido de prostituta, profissão.
879. **GAMELEIRO** - Sinônimo de camiranga (PERSONALIDADE/Pássaros).
880. **GANHAR OS MORORÓS** (ENERGIA) (VI, 66) - Evadir-se ou fugir (Viotti, *Dic.*, p. 176).
881. **GANJENTO** (PERSONALIDADE/Característica) (XI, 1) - Radiante, cheio de si (L. Motta, *Cant.*, p. 378). "O que tomou ganja está satisfeito por se sentir garantido." - "Oi o diabo como ficô ganjento depois que o majó tiro ele da cadeia" (A. Amaral, *Dial.*, p. 146).
882. **GANZÁ** (MATÉRIA/Instrumento) (XI, 21) - Instrumento de folha de Flandres (R. Garcia, *Dic.*, p. 787). Chocalho de folha metálica, com pedrinhas dentro, para acompanhamento musical. Rondon define o ganzá como matraca ou reco-reco (Viotti, *Dic.*, p. 176).
883. **GAPONGA** (MATÉRIA) (XI, 94) - Ou uaponga. Adminículo para pescar o tambaqui, especialmente no Baixo Amazonas e no Pará. Consiste numa vara de caniço flexível, em cuja extremidade está uma bola de pau, que, caindo na água, imita o rumor de uma fruta, atraindo, assim, o peixe que a engole sofregamente, ficando preso.
884. **GAPUIAR** (ENERGIA/PROCESSO) (XVI, 6) - Retirar de qualquer reguinho ou porção rasa, com puçá ou paneiro, o peixe que aí se acha. Esvaziar qualquer poça ou seção de rego para mais facilmente retirar o peixe. Etimologia tupi.

885. **GARAJAÚ** - Sinônimo de grajaú (MATÉRIA/Objeto).
886. **GARÇA** (PERSONALIDADE/Pássaro) (XV, 78) - *Herodias egretta* Wils. (A. Sn., p. 106). Esta é a garça real ou garça grande.
887. **GARÇONNE, À LA** (PERSONALIDADE/Característica) (XIII, 27) - Corte de cabelo feminino, posto em moda por influência do romance *La Garçonne*, de Victor Margueritte.
888. **GAROA** (PERSONALIDADE/Fenômeno) (V, 19) - Também grafado *garua*, termo geral, de origem peruana, segundo Beaurepaire Rohan, e que significa chuvisqueiro, chuva fraca e miúda, fina e persistente (Souza, *Die.*, p. 175). Para C. Figueiredo, garoa é brasileirismo sulino. "O mesmo que chuvisco, e o verbo garoar, chuviscar" (Viotti, *Dic.*, p. 177).
889. **GAROAR** - (ENERGIA) Formar-se a garoa, nevoeiro úmido. Chover levemente, cair garoa (GAROAR, [s. d.])
890. **GARRUCHA** (MATÉRIA/Instrumento) (V, 82) - Arma de fogo, espécie de pistola, porém maior (P. da Costa, *Voc.*, p. 363; A. Amaral, *Dial.*, p. 147). Pistola, arma de fogo, de cano curto ou alongado (Viotti, *Dic.*, p. 177).
891. **GARRUCHA** (PERSONALIDADE/Fruta) - Fruta da árvore garrucheira.
892. **GARRUCHEIRA,** ÁRVORE (PERSONALIDADE/Personagem) - Em *Macunaíma* é uma árvore fictícia, que fica na casa dos ingleses cujos frutos são garruchas. (PROENÇA, M. Ci. *Roteiro de Macunaíma*, 1974, p. 151).
893. **GAUDERIAR** (ENERGIA) (IV, 2) - Andar errante, de

casa em casa (L. C. Moraes, *Voc.*, p. 116). No Rio Grande do Sul, levar a vida de gaudério, de vadio, de vagabundo (JAFFE, Noemi. *Macunaíma*. ANDRADE, Mário de, 2016, p. 30).

894. **GAUDÉRIO** (PERSONALIDADE/Característica) - É o cão sem dono que anda errante e, ainda, o homem sem lar, desamparado, vagabundo.

895. **GAVIONAR** (ENERGIA) (XVI, 69) - Em sentido figurado, vagabundear (Moraes, *Voc.*, p. 116; Viotti, *Dic.*, p. 70). No contexto, voar, sair correndo.

896. **GÁZEO-SABARÁ** (PERSONALIDADE/Característica) (XI, 144) - De cor albina (Viotti, *Dic.*, p. 179). O albinismo, segundo este autor, não é cor, mas despigmentação da pele. Aplica-se à pelagem equina.

897. **GEGE** (PERSONALIDADE) (VII, 63) - Nação africana da Costa dos Escravos, cuja mitologia se fundiu com a dos Nagôs (A. Ramos, *O Negro*, p. 29). O mesmo que jeje.

898. **GEGÊ-NAGÔ** - Sinônimo de Oxalá (PERSONALIDADE/Divindade). O mesmo que jeje nagô.

899. **GENTAMA** (PERSONALIDADE/Característica) (V, 20) - Multidão, muita gente (L. C. Moraes, *Voc.*, p. 117).

900. **GENTE-DE-FORA-AÍ-VEM** - Sinônimo de pitiguari (PERSONALIDADE/Pássaro).

901. **GERACINA DA PONTA DO MANGUE** (PERSONALIDADE) - Rendeira da Ponta do Mangue, em Natal, Rio Grande do Norte (JAFFE, Noemi. *Macunaíma*. ANDRADE, Mário de, 2016, p. 405).

902. **GIGANTA** (XVI, 79) - Sinônimo do personagem do Bumba-meu-Boi (PERSONALIDADE/Personagem).
903. **GIMBRA** (MATÉRIA) (V, 11) - Mário de A. usa a palavra com o sentido de dinheiro.
904. **GOAJERU** - Sinônimo de guajiru (PERSONALIDADE/FRUTA).
905. **GOIAMU** - Sinônimo de guaiamum (PERSONALIDADE/Animal).
906. **GOLFINHO** - Sinônimo de boto (PERSONALIDADE/Animal).
907. **GONGÁ** (MATÉRIA/Objeto) - *Gongá* é um pequeno cesto com tampo.
908. **GRACHAIM** - Sinônimo de graxaim (PERSONALIDADE/Animal).
909. **GRADEIRA** (ENERGIA/Processo) (XI, 94) - M. de A. usou a palavra como um processo de pesca.
910. **GRAJAÚ** (MATÉRIA/Objeto) (VI, 37) - Ou *garajaú*. Cesto feito de cipós entrelaçados (L. Motta, *Cant.*, p. 378). Espécie de cesto no qual os roceiros conduzem galinhas e outras aves ao mercado (JAFFE, Noemi. *Macunaíma*. ANDRADE, Mário de, 2016, p. 56).
911. **GRANADILHA** - Sinônimo de maracujá de caiena (PERSONALIDADE/Fruta).
912. **GRAVATÁ** - Sinônimo de craguatá (PERSONALIDADE/Planta).
913. **GRAVIOLA** (PERSONALIDADE/FRUTA) (V, 30) - Nome dado, no Amazonas, à mesma fruta que, no Pará, é jaca. *Anona muricata* L. Anonácea (Sampaio, **Pl.**

Am., p. 130). É uma fruta "produto da árvore Dzalaúra-Iegue (PERSONALIDADE) que também dá as frutas de cajú, cajá, cajá manga, abacaxi, abacate, jabuticaba, sapoti, pupunha, pitanga e guajiru."

914. **GRAXAIM** (PERSONALIDADE/Animal) (XVI, 42) - Ou grachaim ou guarachaim. *Canis brasiliensis*, muito semelhante à raposa do campo e ao cachorro do mato (R. v. Ihering).

915. **GRELO** (PERSONALIDADE/Planta) - primeira folha que sai da semente; broto. (JAFFE, Noemi. *Macunaíma*. ANDRADE, Mário de, 2016, p. 17)

916. **GRILO** (PERSONALIDADE/Personagem) (XI, 59) - Guarda-civil, em São Paulo (Viotti, *Dic.*, p. 183).

917. **GRIS-GRIS** (MATÉRIA/Objeto) (VI, 37) - Objetos materiais quaisquer, árvores, montes, o mar, fragmentos de madeira, seixos, conchas, etc., *feitos* e objetos de culto (A. Ramos, *O Negro*, p. 28).

918. **GROSSEIRA** (ENERGIA/Processo) (XIII, 1) - Coceira, nome popular (Oliveira, *Expressões*, p. 190). - Ligeira erupção cutânea (A. Amaral, *Dial.*, p. 148).

919. **GROTA** (Ep., 1) - Sinônimo de biboca (ESPAÇO). Depressão entre duas pejuenas colinas, nos terrenos florestais acidentados (Ch. Miranda).

920. **GROTÃO** (ESPAÇO/Característica) (V, 20) - Aumentativo de grota. A. Taunay define: "Depressão profunda entre montanhas de lombadas muito alcantiladas" (Souza, *Dic.*, p. 203). Em *Macunaíma* é metáfora de túnel, galeria subterrânea, etc.

921. **GROZERA** (MATÉRIA/Instrumento) (XI, 94) - Instrumento de pesca usado em certos rios brasileiros. Sinônimo de espinhel.
922. **GRUGUNZAR** (ENERGIA)(XII, 52) - Meditar, parafusar, pensar, refletir, matutar (A. B. Hollanda). Empregar muito esforço para decifrar alguma (GRUGUNZAR, [s. d.]).
923. **GRUMATÁ** - Ou grumatã. Sinônimo de curumbatá (PERSONALIDADE/Peixe).
924. **GRUMIXAMA** (PERSONALIDADE/Árvore) (XVI, 69) - Árvore da família das Mirtáceas (A. Amaral, *Dial.*, p. 148).
925. **GRUNHA** (ESPAÇO) (V, 2) - Concavidade nas serras, às vezes, espaçosas (B. Rodrigues, *Porandula*, p. 17).
926. **GRUPIARA** - Sinônimo de gupiara (ESPAÇO/Lugar).
927. **GUABIJÚ** (PERSONALIDADE/Árvore/Fruta) (VIII, 1) - *Myrcianthes pungens* é uma árvore de espécie nativa do Brasil, ocorrendo nos domínios fitogeográficos do Cerrado e da Mata Atlântica. Esta espécie é conhecida popularmente como guabijú, guabiroba-açú, guabijueiro, guabira-guaçú, ibariú ou ibaviú. Ela produz frutos pequenos de coloração púrpura ou roxo-avermelhada, os quais são apreciados pelo homem, pelas aves silvestres e pela fauna em geral (*MYRCIANTHES PUNGENS*, 2023).
928. **GUABIJUEIRO** - Sinônimo de guabijú (PERSONALIDADE/Árvore/Fruta).
929. **GUABIRA-AÇÚ** - Sinônimo de guabijú (PERSONALIDADE/Árvore/Fruta).

930. **GUABIROBA-AÇÚ** - Sinônimo de guabijú (PERSONALIDADE/Árvore/Fruta).
931. **GUACÁ** (PERSONALIDADE/Planta) (XVI, 69) - Sapotácea. *Lucuma rivicoa*. Etimologia (origem da palavra guacá). Do tupi uaká.
932. **GUACHE** - Sinônimo de guaxe (PERSONALIDADE/Pássaro).
933. **GUAÇU** (PERSONALIDADE/Característica) (IV, 25) - Elemento de composição guarani. Quer dizer grande. Usado como sufixo. O mesmo que *açu*.
934. **GUAIAMUM** (PERSONALIDADE/Animal) (I, 4) - Crustáceo marinho. Decápodo, gênero *Cardisoma*. Também chamado de goiamu (R. v. Ihering). Espécie de caranguejo do litoral brasileiro.
935. **GUAIMBÉ** (PERSONALIDADE/Planta) (XVI, 69) - Em alguns Estados é chamado banana-imbé. Planta parasita que nasce no alto das árvores de grande porte e de lá lança as raízes para o solo (L.C. Moraes, *Voc*., p. 120).
936. **GUAINUMBI** (PERSONALIDADE/Pássaro) (Ep., 6) - Denominação indígena do beija-flor. Parece que esse nome, em parte, foi adotado pela população brasileira, ao contrário do aumentativo (Ihering). Quando morre um índio, seu coração vira beija-flor e vai ter com Mansken (Amorim, *Lendas*, p. 49). Também *guanumbi*.
937. **GUAIRÔ** (PERSONALIDADE/Árvore) (VIII, 5) - Palmácea, também chamada coqueiro-amargoso (*Coccos olerácea*).
938. **GUAJIRU** (PERSONALIDADE/FRUTA) (V,

30) - *Goajeru, gajiru, guajuru.* Arbusto. Rosácea de fruto comestível (A. Pinto, *Dc. Bot.*) (V, 30). Fruto de uma palmeira largamente cultivada, muito oleosa e nutriente, que se come cozido. No Uaupés, onde se encontra em grande quantidade, fazem dela também uma bebida fermentada (Strad., *Rev.*, p. 619). É uma fruta produto da árvore Dzalaúra-Iegue (PERSONALIDADE) que também dá as frutas de cajú, cajá, cajá manga, abacate, graviola, sapoti, pitanga e abacaxi.

939. **GUAJU-GUAJU** - Sinônimo de correição (PERSONALIDADE/Inseto). O mesmo que formiga correição.
940. **GUAJURU** - Sinônimo de guajiru (PERSONALIDADE/FRUTA).
941. **GUAMBA** - Sinônimo de guaruba (PERSONALIDADE/Planta).
942. **GUAMIXINGA** - Sinônimo de guaruba (PERSONALIDADE/Planta).
943. **GUAMPA** - Sinônimo de guampo em todos os seus sentidos de (MATÉRIA).
944. **GUAMPAÇO** (ENERGIA) (VII, 55) - Dar um golpe com chifre. De guampo ou guampa. Dar uma chifrada.
945. **GUAMPO** (MATÉRIA) - Ou guampa. É o termo usado para se referir ao chifre bovino, ovino ou de veado.
946. **GUAMPO** (MATÉRIA/Objeto) - Ou guampa. Usado para se referir ao chifre usado como um recipiente ou copo. Além do uso como copo, pode servir de cantil, bastando para isso ser fechado na outra extremidade, sendo usado para transportar água ou aguardente (GUAMPA, 2023).

947. **GUANUMBI** (Ep., 6) - Sinônimo de guainumbi (PERSONALIDADE/Animal).
948. **GUAPEVA** - Um dos sinônimos de abieiro (PERSONALIDADE/Árvore).
949. **GUAPIARA** - Sinônimo de Gupiara (ESPAÇO/Lugar).
950. **GUARACHAIM** - Sinônimo de Graxaim (PERSONALIDADE/Animal).
951. **GUARANÁ** (PERSONALIDADE/Fruta) - O fruto é pilado e preparado. É usado como estimulante (Hoene, p. 186). Do fruto é feito refrigerante, calmante, adstringente e subtônico; é, também, reputado como antifebril (*Id.*, p. 113).
952. **GUARANÁ** (PERSONALIDADE/Árvore) (III, 37) - *Paulinia eupana*. Sapindácea, cujo planta vivaz, trepadeira em forma de cipó.
953. **GUARIBA** (V, 8) - Sinônimo de Bugio (PERSONALIDADE/Animal). Macacos do gênero *Alouatta* (Ihering).
954. **GUARIMÃ** - Sinônimo de guarumã (PERSONALIDADE/Planta).
955. **GUARUBA** (PERSONALIDADE/Árvore) (XII, 40) - Guamixinga. *Galipea jasmini flora* St. Hil. Rutácea também chamada três-folhas-do-mato, guamba, angustura ou quaruba (Sampaio, *Pl. DF*, p. 237). Árvore da amazônia cuja madeira leve, frágil para sol e chuva, é muito utilizada para repartir a casa em cômodos
956. **GUARUMÃ** - Sinônimo de arumã (PERSONALIDADE/Planta).
957. **GUARUMÃ** Sinônimo de arumã (PERSONALIDADE/Planta).

958. **GUARUMÁ-MEMBECA** (I, 7) - Espécie de guarumã (PERSONALIDADE/Planta).
959. **GUASCA** (MATÉRIA/Instrumento) - Tipo de chicote de couro cru.
960. **GUASCAR** (ENERGIA) - Empregado no sentido de fustigar, chicotear. Em A. B. Hollanda, *guasquear*. Bater com guasca, isto é, chicote de couro cru (Jaffe, Noemi, *Mac.*, M. de Andrade, 2016, p. 24).
961. **GUATAPARÁ** - Sinônimo de mateiro (PERSONALIDADE/Animal).
962. **GUAXE** (PERSONALIDADE/Pássaro) (II, 24) - Ou guache. Japuíra, jocongo, João-congo, João-conguinho. Pássaro da família dos Icterídeos. *Cassicus haemorrhous*. Preto, com dorso inferior escarlate e bico amarelo. Fabrica ninhos pendurados nas árvores. Vive em bandos (Ihering, *Dic.*, p. 368). Ave comum na América do Sul, de plumagem negra, base de cauda vermelha e bico amarelo-esverdeado. Faz ninhos em forma de bolsa pendurada nos ramos das árvores altas.
963. **GUÊ** (MATÉRIA) (XI, 94) - Na Bahia, pequeno anzol feito de alfinetes.
964. **GUENGUÊ** (PERSONALIDADE) (VII, 40) - M. de A. usa a palavra num canto de macumba (*Pai guenguê*), o que parece indicar tratar-se de palavra africana, possivelmente nome próprio.
965. **GUIQUÉM** (PERSONALIDADE/Inseto) (XVI, 59) - Uma das numerosas espécies de formiga, referidas por M. de A.

966. **GUIRÁ** (PERSONALIDADE/Pássaro) (XI, 21) - Uirá. Ave, pássaro. Nome genérico (Strad., *Rev.*, p. 702).
967. **GUIRA-JUBA** - Sinônimo de periquitão (PERSONALIDADE/Pássaro).
968. **GUNGÁ** (ENERGIA/Processo) (XI, 94) - O termo foi usado para designar um processo de pesca.
969. **GUPIARA** (ESPAÇO/Lugar) (VI, 68) - É o espaço de terreno entre os montes e tabuleiros, onde o campo em geral cresce muito, devido à umidade (B. Rodr., *Parand.*, p. 17). – "Nos montes brumosos, quando os vales e as gupiaras se cobrem com aquela névoa branca e floculosa"... (*Id., ibd.*). Sinônimos: Guapiara e Grupiara.
970. **GURI** (PERSONALIDADE/Criança) (III, 32) - Criança, menino (R. Moraes, *Meu Dic.*, L. C. Moraes, *Voc.*, p. 123).
971. **GURIJUBA** (PERSONALIDADE/Peixe) (XVI, 24) - Bagre marinho, do gênero *Tachisurus*, encontrado em toda a costa do Brasil (Ihering).
972. **GUSPIR** (ENERGIA) (I, 4) - Cuspir (A. Amaral, *Dial*, p. 29).
973. **HAMBURGO** (PERSONALIDADE/Instituição) (XIII, 10) - Antiga companhia alemã de navegação.
974. **HAPLOGIA** (ENERGIA) - Neologismo, possível referência à haplologia; contração ou redução de elementos similares de um vocábulo, por exemplo, na palavra bondoso, composta a partir de *bondadoso*, forma de bondade + *oso* (JAFFE, Noemi. *Macunaíma*. ANDRADE, Mário de, 2016, p. 99).
975. **HÉRCULES FLORENCE** (PERSONALIDADE) (XV, 63) - Secretário da Comissão Langsdorf. A referência

feita por M. de A. a seus estudos sobre fotografia encontra apoio em Afonso Taunay, no prefácio à *Viagem do Tietê ao Amazonas*.

976. **HÉTICO** (PERSONALIDADE/Característica) (XVI, 1) - Tísico, magro e fraco em excesso (A. Amaral, *Dial.*, p. 152).

977. **HIPUPIARA** - Sinônimo de Uiara (PERSONALIDADE/Personagem).

978. **IANDU** (PERSONALIDADE/Entidade) - A caranguejeira entra nas lendas dos caxinauás como detentora e senhora do frio.

979. **IANDU** (PERSONALIDADE/Inseto) (IV, 42) - Ou *nhandu*. Aranha, em tupi. Nhanduti, em guarani, é coletivo de aranha e, também a teia, o aranhol. (Strad., *Rev.*, p. 452).

980. **IAPI PIRANGA** - Sinônimo de japim-vermelhor (PERSONALIDADE/Ave).

981. **IARA** (PERSONALIDADE/Entidade) (V, 25) - Tipo de mãe-d'água indígena. Mulher bela, voz fascinante, vivendo nos rios e lagos. *Uiara*, do tupi (M. Viotti, *Dic.*, p. 189).

982. **IARAKI** - Sinônimo de jaraqui (PERSONALIDADE/Peixe)

983. **IARAPÉ** - Sinônimo de igarapé (PERSONALIDADE/Rio).

984. **IATUBA** (VI, 30) - Sinônimo de itaúba (PERSONALIDADE/Planta).

985. **IAUARA** - Sinônimo de jaguara (PERSONALIDADE/Animal).

986. **IBARIÚ** - Sinônimo de guabijú (PERSONALIDADE/Árvore/Fruta).

987. IBAVIÚ - Sinônimo de guabijú (PERSONALIDADE/Árvore/Fruta).

988. ICÁ (PERSONALIDADE/Entidade) (VII, 45) - Sinônimo de demônio (PERSONALIDADE). O demônio da mitologia caxinauá, "senhor do frio, do sol e da noite." Há várias lendas em que o "Grande Diabo" aparece (C. Abreu, *Língua*, p. 443).

989. IÇÁ (PERSONALIDADE/Inseto) (VI, 25) - Fêmea da formiga saúva; o macho é chamado *sabitu*. Levantam vôo nupcial de outubro a dezembro. Ou *Isá* - a fêmea de uma casta de saúva, no Solimões (Strad., *Rev.*, p. 476).

990. ICAMIABA (PERSONALIDADE/Entidade) (III, 35) - ou iacamiabas (do tupi + kama + îaba, significando "peito partido") é a designação genérica dada a uma lenda de indígenas que teriam formado uma nação de mulheres guerreiras. Compunham uma sociedade matriarcal, caracterizada por mulheres guerreiras sem homens. O termo designaria também um monte nas cercanias do rio *Conuris* (no atual território do Equador). Esta lenda teria dado origem, no século XVI, ao mito da presença das lendárias Amazonas na região Norte do Brasil. Sinônimo de amazona (Viotti, *Dic.*, p. 189).

991. IEMANJÁ (PERSONALIDADE/Entidade) (VII, 7) - Ou Yemanjá. É a mãe d'água dos iorubanos, ou o próprio mar divinizado como o calunga dos angolenses (A. Ramos, *O Negro*, p. 36). Deusa das águas no culto gegê - iorubano, sereia (Viotti, *Dic.*, p. 189).

992. IGAÇABA (MATÉRIA) (III, 35) - Vaso de barro, pote

para água, urna funerária. Etim. tupi (Ch. Miranda); *Iasáná-Yataria*. Grande vaso para água, geralmente em forma de ânfora e algumas vezes ornado de desenhos elegantíssimos (Strad., *Rev.*, p. 716). Urna funerária indígena (JAFFE, Noemi. *Macunaíma*. ANDRADE, Mário de, 2016, p. 28).

993. **IGAPÓ** (ESPAÇO/Lugar) (III, 1) - Termo amazônico designando a floresta inundada por ocasião das enchentes, a mata que beira os cursos d'água. Verdadeiro alagadiço ou baixada marginal onde se represa e espalha o excedente das águas dos rios (Souza, *Dic.*, p. 210). Lugares baixos ao longo dos rios e no interior das terras à margem dos lagos, florestas inundadas ou sujeitas a sê-lo periodicamente (Strad., *Rev.*, p. 715). Pântano dentro da mata.

994. **IGARA** - Sinônimo de canoa (MATÉRIA/Meio de transporte fluvial).

995. **IGARAPÉ** (PERSONALIDADE/Rio) (IV, 58) - Etimologicamente significa trilha de canoa. De *igara* (canoa) e *apé* (caminho). Termo da Amazônia que nomeia os rios pequenos ou riachos somente navegados pelas canoas: igara, igaritim, igarité, ubá, montaria. (Souza, *Dic.*, p. 211). Pequeno rio, riacho, arroio. Do tupi: *igarapé* ou *iarapé* (Ch. Miranda).

996. **IGARITÉ** (XIV, 18) - Sinônimo de canoa (MATÉRIA/Meio de transporte fluvial). Canoa grande, maior que a montaria e menor que a galcota (R. Moraes, *Meu Dic.*). A palavra significa – "verdadeira dona das águas. Contração de *y* - água, *iára* - dona, *etê* - verdadeira. - Embarcação muito maior do que a igara, com proporções de receber duas

toldas e de exigir vela e remos de voga" (Stradelli, *Rev.*, p. 716).

997. **IGARITIM** - Sinônimo de igarité (MATÉRIA).
998. **IPUPIARA** - (PERSONALIDADE/Entidade). O Ipupiara, também chamado de homem-marinho, é uma espécie de monstro marinho que fazia parte da mitologia dos povos tupis que habitavam o litoral do Brasil no século XVI. Segundo a crença popular, ele atacava as pessoas e comia partes de seus corpos. Segundo relatos do Brasil Colônia, um Ipupiara teria sido encontrado e morto na capitania de São Vicente, no ano de 1564.[1] O historiador e cronista português Pero de Magalhães Gandavo teria descrito a criatura como tendo "quinze palmos de comprido e semeado de cabelos pelo corpo, e no focinho tinha umas sedas muito grandes como bigodes. Os índios da terra lhe chamam em sua língua Hipupiara, que quer dizer demônio d'água".[2] Wikipédia
999. **ILAGUE** (PERSONALIDADE/Personagem) (X, 32) - *Ilag*, formiga tocandira entre os taulipangues (K. Grümberg, Saga 20, 4, 2.0 vol., p. 61).
1000. **ILHA DE ITAMARACÁ** (ESPAÇO) - Ilha do Estado de Pernambuco, Brasil.
1001. **IMAERÔ** (XVII, 14) - Nome da índia carajá que aparece na lenda de Taina-Can, sinônimo de estrela vésper (PERSONALIDADE).
1002. **IMBIRIRUÇU** - Sinônimo de embiruçu (PERSONALIDADE/Árvore).

1003. IMBIRUSSU - Sinônimo de embiruçu (PERSONA-LIDADE/Árvore).

1004. IMPINIMADO (PERSONALIDADE/Característica) (VI, 40) - De *pinima* ou *pinimba,* que é implicância, má vontade. Linguagem popular carioca.

1005. IMUNDÍCIE (PERSONALIDADE/Característica) (VI, 68) - grande quantidade.

1006. INAIÁ - Sinônimo de inajá (PERSONALIDADE/Árvore).

1007. INAJÁ (PERSONALIDADE/Árvore) (V, 19) - Também anaiá e inaiá. *Maximiliana regia* Mart. Palmeira (Sampaio, *Pl. Am.*, p. 32); *Attalea compta*. Casta de palmeira de lugares úmidos (*Strad., Rev.*, p. 471).

1008. INAMBU-GUAÇU (PERSONALIDADE/Ave) (XVI, 19) - OU inhambuguaçu (*Crypturellus obsoletus*). É um tinamídeo florestal que habita a floresta atlântica no Brasil, em praticamente todos os níveis de altitude, sendo sua presença mais marcante acima dos 400 metros. Na América do Sul ocorrem algumas subespécies. Ocorre nos estados brasileiros da Bahia (extremo sul) ao Rio Grande do Sul. Também chamado de inhambu-açu (inhambuguaçu) (*Crypturellus obsoletus*), WIKIAVES. A ENCICLOPÉDIA DAS AVES DO BRASIL, [s. d.]).

1009. ÍNDIO ANTÔNIO (PERSONALIDADE/Personagem) (X, 1) - Índio célebre pela religião que fundou nos sertões baianos. Ver *caraimonhaga*.

1010. INFERNIZADO (PERSONALIDADE/Característica) (III, 12) - Diz-se de pessoa que está irada, aborrecida, enfadada (L. C. Moraes, *Voc.*, p. 194).

1011. **INFORTÚNIO** - Sinônimo de desgraça (ENERGIA).

1012. **INGAZEIRA** (PERSONALIDADE/Leguminosa) (V, 8) - Leguminosa da família das mimosáceas, e de que existem inúmeras espécies, todas do gênero Ingá (R. Garcia, *Dic.*, p. 812). - No Tapajoz, *Inga capucho* e Stand., leguminosa (*I capitata*, segundo Ducke), conforme registra Sampaio (*Pl. Am.*, p. 33). – O ingá é um fruto "em forma de legume, que contém favas de número e tamanho variáveis, envolvidas em uma massa que é a parte comestível, em algumas variedades, deliciosamente açucarada e perfumada" (Strad., *Rev.*, p. 472).

1013. **INHACA** - Sinônimo de aca (ENERGIA/Processo).

1014. **INHAMBU-AÇU** - Sinônimo de inambu-guaçu (PERSONALIDADE/Ave).

1015. **INHAME** (PERSONALIDADE/Planta) (XVI, 69) - Designação de plantas semelhantes à taíva e à própria taioba (A. Amaral, *Dial.*, p. 156). Arácea.

1016. **INHAPA** ((MATÉRIA/Objeto) XII, 39) - Objeto dado de crescença ou de sobra, a mais (L. C. Moraes, *Voc.*, p. 126).

1017. **INQUIZILAR** (ENERGIA) (XI, 7) - Encolerizar, aborrecer (A. Amaral, *Dial.*, p. 156).

1018. **IORUBANO** (PERSONALIDADE) - Os iorubanos ou nagôs (em iorubá: Yorùbá) constituem um dos maiores grupos étnico-linguísticos da África Ocidental, com mais de 30 milhões de pessoas em toda a região (IORUBÁS, 2023).

1019. **IPADU** (PERSONALIDADE/Plantas medicinais) (XIII, 25) - É o *Erythroxilon coca*, cujas folhas, torradas e pulverizadas com cinza de grelos de embaúba ou farinha d'água, se conservam na boca, para prevenir a fome, anestesiando os músculos do estômago (B. Rodrigues, *Porand.*, p. 101).

1020. **IPÊ** (PERSONALIDADE/Planta) (IV, 14) - *Macrolobium spp., Eperna e Crudya spp.* - Leguminosa. - Em Breves, *Macrolobíum brevense* D. (Sampaio, *Pl. Am.*, p. 33).

1021. **IPEIGARA** (IV, 18) - O mesmo que igara (MATÉRIA).

1022. **IPOEIRA** - Sinônimo de ipueira (ESPAÇO/Lugar).

1023. **IPU** (PERSONALIDADE/Fenômeno) (XVI, 30) - Olho d'água, a nascente d'água (M. Viotti, *Dic.*, p. 194).

1024. **IPUEIRA** (ESPAÇO/Lugar) (XV, 6) - Sinônimos: *ipuera, ypoeira, ypueira, ipoeira*. Palavra típica formada de *ipu* (banhado) lagoa e *cera* (que foi, lugar onde houve água). Assim se chama, no Nordeste principalmente, aos lagoeiros formados pelo transbordamento dos rios nos baixos marginais, onde as águas se conservam durante alguns meses e são geralmente piscosas (Sousa, *Dic.*, p. 215).

1025. **IPUERA** - Sinônimo de ipueira (ESPAÇO/Lugar).

1026. **IRIQUI** (PERSONALIDADE/Personagem) (II, 1) - Em *Macunaíma* é a segunda esposa de Jiguê. Na lenda caxinauá do irmão enganado pelo irmão, o solteiro é Barô, o casado, Macari, e a esposa infiel deste é Iriqui. (C. de Abreu, *Língua*, p. 330). M. de A. aproveita a lenda no cap. XIII, embora, aí, o nome da cunhada de Macunaíma seja Suzi.

1027. **IRMÃS LOURO VIEIRA** (PERSONALIDADE/Personagem) - Exímias fabricantes de doces artísticos em forma de flores, animais, etc.

1028. **IROCO** (PERSONALIDADE/Árvore) (VII, 36) - Na fitolatria fetichista é a gameleira, *Ficus, sp* (A. Ramos, *O*

Negro, p. 38). No Brasil, é associado à árvore conhecida como gameleira, enquanto que, na África, é associado à árvore *Milicia excelsa*.

1029. **IROCO** (PERSONALIDADE/Entidade) - Ou Irocô é um orixá do candomblé Queto. Corresponde ao *vodum* Locô no candomblé jeje e ao inquice Tempo no candomblé banto (IROCO, 2022).

1030. **ISÁ** - Sinônimo de içá (PERSONALIDADE/Inseto). Chamada de isá a fêmea de uma casta de saúva, no Solimões (Strad., *Rev.*, p. 476).

1031. **ISCA** (MATÉRIA) (II, 2) - Neste parágrafo, a palavra tem o sentido portugues de tira, pedaço de carne.

1032. **ITA** (MATÉRIA) (XVII, 64) - Pedra, ferro (Strad., *Rev.* p. 476).

1033. **ITACOLUMITO** - Sinônimo de itaculumito (MATÉRIA).

1034. **ITACULUMITO** (MATÉRIA) (VI, 37) - Termo usado pelos geólogos para designar um quartzito do Brasil, de cor clara, constituído por pequenos e finos grãos de quartzo e de ferro micáceo, talco e clorito (Sousa, *Dic.*, p. 816). Quartzito xistoso com folhas de mica (JAFFE, Noemi. *Macunaíma*. ANDRADE, Mário de, 2016, p. 56).

1035. **ITAMARÁCÁ** (ESPAÇO) - Ilha do Estado de Pernambuco, Brasil.

1036. **ITAMOTINGA** (ESPAÇO) - Povoado baiano, às margens do rio São Francisco, cujo nome significa pedra branca (JAFFE, Noemi. *Macunaíma*. ANDRADE, Mário de, 2016, p. 56).

1037. ITAPUÁ (XI, 94) - Ou Itapuã. Sinônimo de arpão (MATÉRIA) (Strad., *Rev.*, p. 479).

1038. ITAÚBA (PERSONALIDADE/Árvore) (VI, 30) - Árvore de família das Lauráceas, do mesmo grupo da imbuia e do louro (Hoene). *Sílvia Itauba* Pax. e *Silcia Duckei* A. Samp. - É nome, também, da seringueira itaúba ou seringa vermelha (*H. guyanensis* e *H. lutea*). Euforbiácea. - *Nectandra Rodiei* é, também, itaúba, segundo Record. (Sampaio, *Pl. Am.*, p. 33).

1039. IUKIÁ - Sinônimo de juquiaí (MATÉRIA/Instrumento).

1040. JABÁ (MATÉRIA/Comida) - É uma carne salgada e seca ao sol com o objetivo de mantê-la própria ao consumo por mais tempo.

1041. JABURU (PERSONALIDADE/Ave) - O termo "jaburu" provém do tupi *iambyrú* e significa "que tem pescoço inchado". O tuiuiú ou jaburu é uma ave pernalta, tem pescoço nu e preto e, na parte inferior, o papo também nu mas vermelho. A plumagem do corpo é branca e a das pernas é preta, é considerado a ave-símbolo do Pantanal (JABURU, 2022).

1042. JABUTI (PERSONALIDADE/Animal) (III, 3.5) - O jabuti é símbolo de um elan bororo. *Paiwoe* (Colbacchini e Albiseti, p. 34) Réptil. Quelônio. *Testudo tabulata*. No folclore indígena e dos negros é figura preeminente. A fêmea se chama jabota (lhering, *Dic.*, p. 411). Sinônimo de Aperema. *Nicoria punctulata*. Quelônio.

1043. JABUTICABA (PERSONALIDADE/FRUTA): No contexto de *Macunaíma* é uma fruta produto da árvore

Dzalaúra-Iegue (PERSONALIDADE) que também dá as frutas de cajú, cajá, cajá manga, abacate, graviola, sapoti, pupunha, pitanga e guajiru."

1044. **JACA** (PERSONALIDADE/Fruta) - No Pará, a graviola se chama jaca.

1045. **JAÇANÃ** - Sinônimo de piaçoca (PERSONALIDADE/Ave).

1046. **JACAPÊ** - Sinônimo de capim cheiroso (PERSONALIDADE/Plantas).

1047. **JACARANDÁ** (PERSONALIDADE/Planta) (VI, 30) - *Nissolia legalis* (Velloso, Flora Fluminense, p. 279); *Machaemine legale*, leguminosa (Sampaio, *Bol. do Museu Nacional, Glossário*, p. 245).

1048. **JACARÉ** (PERSONALIDADE/Animal) (V, 8) - Família Crocodilídeos, gênero *Caiman* e *jacaretinga*. Existem várias espécies e vários nomes populares para as mesmas.

1049. **JACARÉ URURAU** (V, 8) - Ver ururau (PERSONALIDADE/Animal).

1050. **JACARÉ- AÇU** (PERSONALIDADE/Animal) (V, 8) - Jacareaçu. Nome dado ao *Caiman niger* ou a exemplares muito grandes de outras espécies (Ihering).

1051. **JACARETINGA** (PERSONALIDADE/Animal) (V, 8) - *Caiman sclerops*, jacaré pequeno, denominado tinga por ter o peito branco (Ihering, *Dic.*, p. 420 e Stradelli, *Rev.*, p. 448).

1052. **JACAREÚNA** (PERSONALIDADE/Animal) (V, 8) - Jacaré preto (Strad., *Rev.*, p. 448).

1053. **JACAREZADA** (MATÉRIA/Comida) (VI, 30) - Prato regional feito com canela de jacaré.

1054. JACITARA (PERSONALIDADE/Árvore) (II, 55) - Iacitara. *Desmoneus spp.* Palmeira (Sampaio, *Pl. Am.*, p. 34). *Euterpe sarmentosa,* o mesmo que titara, segundo J. Almeida Pinto (*Dic. Bot.*). - Várias espécies de *Desmoneus*, casta de palmeiras de caule sarmentoso, mais ou menos espinhoso segundo as variedades, e que têm o porte de um cipó (Strad., *Rev.*, p. 448).

1055. JACIURUÁ (ESPAÇO/Lagoa) (VI, 38) - Lagoa. O nome significa espelho da lua. A lenda coloca em suas margens a tribo das mulheres sozinhas, amazonas (B. Rodrigues, *Muiraquitã*). Lagoa Espelho da Lua, citada no terceiro capítulo de *Macunaíma*. Segundo João Barbosa Rodrigues, é o lugar de origem das muiraquitãs: "Dizem que outrora no lago Yacyuaruá reuniam-se as Amazonas em certa época do ano, em determinada fase da lua (JAFFE, Noemi. *Macunaíma*. ANDRADE, Mário de, 2016, p. 56).

1056. JACU (PERSONALIDADE/Ave) (V, 32) - Os jacus, as jacutingas, os aracuãs e os mutuns pertencem à mesma família, a *Gracidae*. A principal diferença entre eles está, portanto, nos tons da plumagem, tamanho e área de ocorrência. "Os jacus, mutuns, arancuans e cujubins são os mais importantes representantes dos galiformes.» Com o nome de jacu são conhecidas várias espécies do gênero *Penelope* (E. Sn., p. 52).

1057. JACUMÃ (MATÉRIA) (VIII, 31) - Leme, timão (R. Garcia, *Dic.*, p. 821). Remo de canoa indígena (JAFFE, Noemi. *Macunaíma*. ANDRADE, Mário de, 2016, p. 78)

1058. JACURUTU (PERSONALIDADE/Ave) (III, 34) - *Bubo*

magelanicus Gm (E. Sn., p. 144). O mesmo que Coruja e murucutu, para uns, espécie diversa para outros. Em todo caso, uma coruja (Ihering, *Dic.*, p. 423).

1059. **JACUTINGA** (PERSONALIDADE/Ave) (V, 54) - Cujubim, cajubi. Abrange várias espécies de cracídeos. *Cumana jacutinga* e *Cumana Nattereri*, principalmente (Ihering).

1060. **JAGUARA** (PERSONALIDADE/Animal) (VI, 50) - *Iauara*. - Cão ordinário (L. C. Moraes, *Voc.*, p. 128). Cachorro (Strad., *Rev.*, p. 462).

1061. **JAGUATACI** (PERSONALIDADE/Inseto) (XVI, 59) - No contexto, uma formiga.

1062. **JAGUATIRICA** (PERSONALIDADE/Animal) (XVI, 42) - *Felix pardalis Chibigouazou*. Pequeno felídeo que ocorre em todo o Brasil, vive nas matas e banhados, nada bem e trepa em árvores (Ihering, *Dic.*, p. 426). - Gato do mato, grande. Ubaracajá. Maracajá.

1063. **JAMACHI** (MATÉRIA/Objeto) (XIII, 18) - Cesto comprido e achatado de um lado, que serve para carregar às costas qualquer coisa. A parte chata fica encostada às costas de quem o leva e uma tira de embira o pendura à testa ou, duas tiras, uma de cada lado, aos ombros. É o veículo mais usado para o transporte da mandioca a roça para o poço e deste para a casa do forno (Ch. Miranda).

1064. **JAMAXI** (MATÉRIA) Cesto longo de três lados, geralmente de trançado hexagonal, que alguns indígenas brasileiros carregam nos ombros ou prendem na testa por uma alça (JAFFE, Noemi. *Macunaíma*. ANDRADE, Mário de, 2016, p. 137).

1065. **JAMUNDÁ** - Sinônimo de Nhamundá (ESPAÇO/Rio).

1066. **JANANAÍRA** (PERSONALIDADE/Entidade) (VIII, 31) - Figura mitológica da região amazônica. É um personagem folclórico da região do Rio Tocantins que costuma vagar pelo mato em matilha com os cães. (JAFFE, Noemi. *Macunaíma*. ANDRADE, Mário de, 2016, p. 67).

1067. **JANDAIA** (PERSONALIDADE/Pássaro) (III, 6) - Periquito da família psitacídea. *Conurus jandaia*. Espécie característica do Nordeste (Ihering).

1068. **JANDIÁ** - Sinônimo de jundiá (PERSONALIDADE/Peixe).

1069. **JANGADA** ((MATÉRIA) VIII, 19) - Espécie de balsa para transporte e, particularmente, pescaria fluvial e marítima, feita de paus roliços de madeira rija, formando, assim, um lastro que varia em largura e comprimento, e sobre o qual assenta um banco de cujo centro parte o mastro da vela, de forma triangular (P. Costa, *Voc.*, p. 400).

1070. **JANTA** (MATÉRIA/Comida) (VI, 67) - Jantar. Também popular em Portugal (L. Gomes, *Contos*, p. 234; A. Amaral, *Dial.*, p. 160.).

1071. **JAÓ** (PERSONALIDADE/Ave) (V, 32) - Família dos tinamídeos, do mesmo grupo dos inambus. *Chrypturus noctivagus* (Ihering, *Dic.*, p. 428). Sinônimos: juó e zabelê.

1072. **JAPECANGA** (PERSONALIDADE/Planta) (XIV, 59) - Trepadeira da família das Liliáceas *Smilax japicanga* Griseb (R. Garcia, *Dic.*, p. 825).

1073. JAPIM (PERSONALIDADE/Ave) (IV, 55) - Japi. *Cassicus*. O mais comum no Amazonas é o preto, com os encontros, as costas e o urupígio amarelos e este é que se chama corretamente japim, sem adjetivos. A outra espécie - *iapi piranga* (japim vermelho), *Cassicus haamorrhous*, com os encontros, dorso e uropígio vermelho-sangue, é muito mais rara. Muito sociável, o japim vive em colônias, pendurando os ninhos, em forma de longas bolsas arredondadas, aos galhos das árvores mais altas da floresta, preferindo, ainda, as que têm casa de caba, o que lhe garante boa defesa. Má carne, é pouco molestado pelo homem. Por causa disso, o amarelo, aqui no Brasil, não trepida em fazer seu ninho perto das casas e, mesmo, dentro delas. É suficiente, para isso, que encontre uma árvore que apresente a apropriada distribuição de galhos, porque, na hipótese, dispensa as cabas (Strad., *Rev.*, p. 454). Sinônimo de chechéu ou xexéu.

1074. JAPIM-VERMELHO - Outra espécie de japim (PERSONALIDADE/Ave). O *iapi piranga* (japim vermelho), *Cassicus haamorrhous*, é uma ave mais rara que apresenta os entornos, dorso e uropígio da cor vermelho-sangue.

1075. JAPUÍRA - Sinônimo de guaxe (PERSONALIDADE/ Pássaro).

1076. JAQUITÁGUA (PERSONALIDADE/Inseto) (VIII, 6) - Uma formiga, segundo M. de A. Não encontramos o vocábulo. Existe, entretanto, a formiga jequitaia e jiquitaia.

1077. JARÁ (MATÉRIA/Comida) (II, 2) - Charque, carne

salgada do Sul (Ch. de Miranda). Notar que, nas sucessivas edições de *Macunaíma*, persiste a grafia *jobá*.

1078. **JARAMACARU** - Sinônimos: cardeiro (PERSONALIDADE/Plantas medicinais).

1079. **JARAQUI** (PERSONALIDADE/Peixe) (XVI, 13) - *Jerequi*. Peixe da família Characídeos, gênero *Prochilodus* (Ihering). *Iaraki*. Casta de peixe de escama, muito espinhento, que aparece em grandes cardumes, procurando as cabeceiras dos rios, no tempo da desova, nos últimos dias da vasante, anunciando a enchente (Strad., *Rev.*, p. 468).

1080. **JARARACA** (PERSONALIDADE/Animal) (VI, 56) - Serpente do gênero *Bothrops*. Serpente venenosa que provoca muitos acidentes por mordedura (Ihering, *Dic.*, p. 434).

1081. **JARINA** (PERSONALIDADE/Planta) (IV, 15) - Yarina ou marfim vegetal. *Phytelephas macrocarpa* R. e Pavon e *P. Microcarpa* R. e P. - Palmeira (Sampaio, *Pl. Am.*, p. 68).

1082. **JATUARANA** (PERSONALIDADE/Peixe) (II, 3) - Peixe escamoso da Amazônia, afim do corumbatá (Ihering). O jatuarana ou matrinxã é encontrado em Bacias Amazônicas e Araguaia-Tocantins.

1083. **JAUARI** - Sinônimo de javari (PERSONALIDADE/Árvore).

1084. **JAVARI** (PERSONALIDADE/Árvore) (I, 7) - *Jauari*. *Astrocarpum jauary* Mart. Palmeira (Sampaio, *Pl. Am.*, p. 35) - Palmeira de espique espinhoso, que cresce à margem dos rios e lagos, preferindo os igapós e margens baixas (Strad., *Rev.*, p. 463). Espécie de palmeira.

1085. JAVEVÓ (PERSONALIDADE/Característica) (VII, 4) - Desengraçado, insulso, corrido (A. Amaral, *Dial.*, p. 161). - Desapontado (Viotti, *Dic.*, p. 198). Palavra que tem origem no linguajar infantil e quer dizer grande, demasiado alto. João Ribeiro (*Língua*, p. 104) faz um estudo interessante sobre a origem do vocábulo.

1086. JECA (PERSONALIDADE) - Homem do campo; jeca-tatu; caipira (JAFFE, Noemi. *Macunaíma*. ANDRADE, Mário de, 2016, p. 70).

1087. JECA-TATU - Sinônimo de Jeca (PERSONALIDADE).

1088. JEJU (PERSONALIDADE/Peixe) (II, 3) - Peixe da família dos Characídeos, espécie *Hoplerythrinus unitaeniatus*. Muito parecido com a traíra. (Ihering).

1089. JENIPAPO (PERSONALIDADE/Árvore) (II, 1) - lcnipauaya. - *Genipa brasilienses*. A árvore cresce de preferência nas terras firmes, adquirindo grande altura e desenvolvimento (Strad., *Rev.* p. 468).

1090. JEQUITAIA (VIII, 6) - Sinônimo de jaquitágua (PERSONALIDADE/Inseto). Pequena formiga de dolorosa picada. A malagueta reduzida a pó e seca (Ch. Miranda).

1091. JEREQUI - Sinônimo de jaraqui (PERSONALIDADE/Peixe).

1092. JERERÊ (MATÉRIA/Instrumento) (XI, 94) - Aparelho para pescar pequenos peixes, o mesmo que landua (L. Motta, *Cant.*, p. 379). - Espécie de rede-fole para pescar camarões. Tem a rede a forma de um saco, preso a um semicírculo de madeira, com uma travessa diametral e é munida de um cabo de madeira no meio do arco (P. da Costa, *Voc.*, p. 37; L. Motta, *Sertão*, p. 259).

1093. JERIMUM (MATÉRIA/Comida) (XVI, .22) - Abóbora, no Nordeste. Curcubitácea comestível. Abóbora, fruto da aboboreira, ou jerimunzeiro, de polpa alaranjada, sendo largamente utilizado em variados pratos culinários, doces ou salgados (JERIMUM - DICIO, DICIONÁRIO ONLINE DE PORTUGUÊS, [*s. d.*]).

1094. JERIMUNZEIRO (PERSONALIDADE/Árvore) - Árvore que dá o fruto jerimum. Ou aboboreira.

1095. JERU - Sinônimo de curica (PERSONALIDADE/ Pássaros brasileiros).

1096. JIGUÊ (PERSONALIDADE/Personagem) (I, 4) - Ou Jigué. O irmão de Macunaíma. Em taulipangue, a palavra significa pulga da areia, bicho de pé, o *Tunga penetram* (K. Grüberg. Introdução, II).

1097. JIQUI (MATÉRIA/Instrumento) (XI, 94) - Cofo ou espécie de cesto de pescar, ablongo, de boca larga e afunilada para o fundo, feito de varas finas e flexíveis ou de uma espécie de ripas tiradas do talo das palmas do coqueiro dendezeiro, ou outra qualquer palmeira (P. da Costa, *Voc.*, p. 147).

1098. JIQUITAIA (VIII, 6) - Sinônimo de jaquitágua (PERSO-NALIDADE/Inseto).

1099. JIRAU (MATÉRIA) - Cama de varas. Estrado de varas ou tábuas, colocado sobre esteios, ou na parte superior de uma parede (A. Amaral, *Dial.*, p. 161)."Estrado alto nas casas, que forma uma espécie de andar geralmente feito de espiques de palmeiras, inteiros ou rachados" (B. Rodrigues,

Porand., p. 99). Construção que, a meia altura, cobre parte de uma área. Espécie de grade de varas, sobre esteios fixados no chão, que serve de cama nas casas pobres e também de grelha para expor ao sol quaisquer objetos.

1100. JOÃO DE PAU (MATÉRIA) (XV, 6) - Remo de mão, amarrado na popa de uma montaria, quando tripulado por um só pescador, que rema na proa, pronto para arpoar. Faz as vezes da quilha ausente. Muito usado no Baixo Amazonas (Ch. Miranda). Remo de mão amarrado na popa da canoa, quando tripulada por uma só pessoa que rema na proa. Muito usado no baixo Amazonas (JAFFE, Noemi. *Macunaíma*. ANDRADE, Mário de, 2016, p. 156).

1101. JOÃO-CONGO - Sinônimo de guaxe (PERSONALIDADE/Pássaro). E corruptela de jocongo.

1102. JOÃO-CONGUINHO - Sinônimo de guaxe (PERSONALIDADE/Pássaro). E corruptela de jocongo.

1103. JOAQUINA LEITÃO (PERSONALIDADE/Personagem) - Foi rendeira célebre da praia de Bugalhau, Maragogi, Estado de Alagoas. Apelido: Quinquina Cacunda.

1104. JOCONGO - Sinônimo de guaxe (PERSONALIDADE/Pássaro).

1105. JOGO DE BICHO (MATÉRIA) (XII, 51) - Espécie de loteria que, anexa à outra, joga sobre os algarismos finais dos números premiados (R. Garcia, *Dic.*, p. 830). Jogo do bicho, porque cada quatro dezenas (de 01 a 100) correspondem a um dos 25 bichos dessa loteria.

1106. JONGO (ENERGIA/Dança) (VII, 45) - Dança de roda dos escravos africanos, executada ao redor de instrumentos musicais e que ainda persiste em regiões de Minas, São Paulo, Espírito Santo e Rio de Janeiro.

1107. JOSÉ PREQUETÉ (PERSONALIDADE/Personagem) (XII, 40) - Personagem de parlenda infantil: "Zé Prequeté, tira o bicho do pé pra comer com café". Ou Zé Prequeté.

1108. JUCURUTU - Sinônimo de murucututu (PERSONALIDADE/Pássaro).

1109. JUCURUTU - Sinônimo de murucututu (PERSONALIDADE/Personagem).

1110. JUMACARU - Sinônimos: cardeiro (PERSONALIDADE/Plantas medicinais).

1111. JUNDIÁ (PERSONALIDADE/Peixe) (XVI, 23) - Também chamado de jandiá. Peixe de couro da família dos Pimelodídeos, havendo várias espécies (Ihering).

1112. JUÓ - Sinônimo de Jaó (PERSONALIDADE/Ave).

1113. JUQUIAÍ (MATÉRIA/Instrumento) (XI, 94) - *lukiá*. Cesta tecida de talas ou cipó, de forma alongada, e aberta em ambas as extremidades, em forma de funil, por onde o peixe entra com algum esforço. É uma armadilha usada, mais especialmente nos igarapós (Strad. *Rev.*, p. 486).

1114. JUQUIRA - Sinônimo dos vários sentidos de capoeira (PERSONALIDADE/Vegetação) e (ESPAÇO).

1115. JUREMA (PERSONALIDADE/Árvore) (VI, 28) - De sua odorante folhagem faziam os índios um néctar, com o qual, diziam eles, se encantavam e se transportavam às regiões cerúleas (P. da Costa, *Voc.*, p. 111). - Do tupi: *yu-r-ema*. Árvore leguminosa mimosácea. *Acacia jurema*.

1116. JURU - Sinônimo de curica (PERSONALIDADE/ Pássaro).

1117. JURUAÇU - Sinônimo de curica (PERSONALIDADE/ Pássaro).

1118. JURUCUTU (XV, 22) - Denominação amazônica do grande macho orelhudo. *Bubo magellanicus* (Ihering). Sinônimo de murucututu (PERSONALIDADE/Pássaro).

1119. JURUPARI (MATÉRIA/Instrumento musical) (V, 20) - Instrumento musical (longa trompa) dos índios do alto Amazonas (Viotti, *Dic.*, p. 100). Nome do próprio Deus que ensinou aos índios o uso dos instrumentos.

1120. JURUPIXUNA - Sinônimo de macaco de cheiro (PERSONALIDADE/Animal).

1121. JURURU (PERSONALIDADE/Característica) (XVI, 74) - Triste, mal- humorado, pensativo, doente (L. Gomes, *Contos*, p. 234; A. Amaral, *Dial.*, p. 162; L. C. Moraes, *Voc.*, p. 130).

1122. JUTAÍ (PERSONALIDADE/Planta) (V, 66) - Segundo Ducke, (Arch. *lar. Bot.*, IV, p. 338) é nome das espécies de himenáceas, sendo que, no Tocantins, é *Dialium divaricatum*. Leguminosa (Sampaio, *Pl. Am.*, p. 36).

1123. KURITZAKÁ - Sinônimo de curica (PERSONALIDADE/Pássaro).

1124. LACRAIA (PERSONALIDADE/Inseto) (IV, 60) - Lacrau pequeno. O mesmo que centopeia.

1125. LAGARTA-ROSADA (PERSONALIDADE/Praga) - Uma das várias pragas que atacam o algodoeiro no Brasil.

(JAFFE, Noemi. *Macunaíma*. ANDRADE, Mário de, 2016, p. 54).

1126. LAGARTEAR (ENERGIA) (VIII, 60) - Aquecer-se ao sol, com alusão ao lagarto que tem esse hábito (L. Moraes, *Voc.*, p. 133).

1127. LAGARTIXA SELESELEG (PERSONALIDADE/ Personagem) - Que acompanha Maanape e o ajuda, transformado-se em ponte para que atravesse um rio, também lhe ensina que por cima da entrada da casa do gigante Piamã há uma droga para matar gente.

1128. LAGARTO - Sinônimo de teju (PERSONALIDADE/ Animal).

1129. LAGOA ESPELHO DA LUA (ESPAÇO/Lagoa) - Lagoa Espelho da Lua que em Macunaíma é um local onde reside a tribo das mulheres sozinhas, próximo ao Rio Nhamundá (PROENÇA, M. Ci. *Roteiro de Macunaíma*, 1974, p. 134).

1130. LAGOÃO (ESPAÇO/Lagoa) (XVII, 46) - Registrado por Callage com a significação de lagoa grande e funda, que se forma no curso dos arroios e sangas. Em *Macunaíma*, o lagoão foi formado pelos "repiquetes do tempo das águas".

1131. LAMBISGOIA (PERSONALIDADE/Característica) (XI, 56) - Delambida, intrometida (L. Gomes, *Contos*, p. 234).

1132. LAMEDO (ESPAÇO) (XV, 70) - Lamaçal, lameiro.

1133. LAMPARINA (MATÉRIA) (XIII, 18) - Não encontrado. Usado na acepção de faca.

1134. LANÇAR (ENERGIA) (XV, 58) - Vomitar.

1135. **LANDUA** - Sinônimo de jererê (MATÉRIA/Instrumento).

1136. **LAPINHA** (MATÉRIA/Objeto) (VI, 37) - Na linguagem regional nordestina é presépio ou nicho que se arma para a festa de Natal. Tal significado, embora a estranheza, sabe no contexto... e no grajaú do gigante, onde se encontravam, de mistura com pedras e metais raros, colunas gregas, deuses egípcios e budas javanezes.

1137. **LAPO** (PERSONALIDADE/Característica) (VII, 55) - Pedaço, bocado, fragmento de qualquer coisa (A. Amaral, *Dial.*, p. 415). Também, lanho, corte de faca (A. Amaral, *Dial.*, p. 63), que é o sentido da palavra, em III, 4: "O herói (...) recebera já (...) um lapo fundo de tixara no rabo".

1138. **LAVA-PÉS** (X, 32) - Sinônimo de taioca (PERSONALIDADE/Inseto).

1139. **LEGORNE** (PERSONALIDADE/Ave) - Raça de galinha de penas e ovos brancos, originária de Livorno. Muito utilizada na produção de ovos (JAFFE, Noemi. *Macunaíma*. ANDRADE, Mário de, 2016, p. 156).

1140. **LERDEAR** (ENERGIA)(XII, 9) - Andar devagar, com preguiça (L. C. Moraes, *Voc.*, p. 136).

1141. **LETREIROS** (MATÉRIA)(XI, 102) - Assim se designam, no Nordeste e centro do Brasil, as figurações rupestres, gravuras e pinturas na superfície dos rochedos e paredes de cavernas (Souza, *Dic.*, p. 235).

1142. **LEVIANO** (PERSONALIDADE/Característica) (IV, 49) - Ou liviano. Leve, de pouco peso (A. Amaral, *Dial.*, p. 136; Viotti, *Dic.*, p. 211).

1143. **LIBRINAR** (PERSONALIDADE/Fenômeno) (XI,

69) - De librina, neblina. (L. C. Moraes, *Voc.*, p. 380; Viotti, p. 211).

1144. LIMÃO DE CAIENA (PERSONALIDADE/Fruta) (II, 1) - É a designação regional para alguma variedade de limão.

1145. LIMPO (ESPAÇO) (XI, 21) - Trecho de terreno naturalmente desprovido de vegetação (Souza, *Dic.*, p. 237; R. Garcia, *Dic.*, p. 842).

1146. LIM-PIM-GUA-PÁ, LÍNGUA DO (PERSONALIDADE) (XI,90) - Linguagem infantil que consiste em acrescentar a cada sílaba das palavras outra com a consoante *p* e *a* mesma vogal da primeira sílaba; ex.: Co-bra = co-pó-bra-pá. João Ribeiro, em Frases Feitas, a registra como "língua do pê".

1147. LOBISOMEM (PERSONALIDADE) (XV, 85) - É crença, entre os ignorantes, que certos indivíduos, com dom de encantamento, nas noites de sexta-feira se transformam em grande cão e saem a farejar pelas estradas próximas às casas, latindo e brigando com outros cães" (L. C. Moraes, *Voc.*, p.137).

1148. LONTRA (PERSONALIDADE/Animal) (XVI, 42) - Carnívoro da família Mustelídeos, espécie *Luttra paranensis*. Vem à terra para comer e dormir, passando o resto do tempo nos rios onde pesca e apanha aves aquáticas" (Ihering).

1149. LOROTA (PERSONALIDADE/Característica) (XVI, 37) - Artimanha, fanfarronada, potoca (P. da Costa, *Voc.*, p. 422; R. Garcia, *Dic.*, p. 844; Moraes, *Voc.*, p. 138).

1150. LOURO VIEIRA, IRMÃS (PERSONALIDADE/Personagem) (III, 34) - Donas de uma farmácia, em óbidos, no tempo em que M. de A. esteve na cidade. Até 1955 residiam em Belém do Pará. Extraordinárias artífices de doces em forma de flores e frutos. As irmãs Louro Vieira são doceiras que fazem doces em forma de flores e frutos.

1151. LÚCIFER-Sinônimo de demônio (PERSONALIDADE).

1152. MAANAPE (PERSONALIDADE/Personagem) (I, 4) - *Ma'na'pe* quer dizer semente de abóbora (K. Grumberg, Introdução, 11). É o nome do irmão mais velho de Macunaíma.

1153. MACACARECUIA - Sinônimo de abricó-de-macaco (PERSONALIDADE/Árvore).

1154. MACACAUBA - Sinônimo de mucajá (PERSONALIDADE/Árvore).

1155. MACACO (PERSONALIDADE/Animal) (V, 22) - Palavra de origem asiática. No Brasil, designa, de modo mais restrito, a família dos Cebídeos, e não a família Hapalídeos, dos saguis (Ihering).

1156. MACACO DE CHEIRO (PERSONALIDADE/Animal) (V, 8) - O jurupixuna ou boca-preta. Caracterizado pela mancha preta ao redor da boca. *Saemiris sciurus* (Ihering).

1157. MACACO URRADOR - Sinônimo de bugio (PERSONALIDADE/Animal).

1158. MACACO-PREGO (PERSONALIDADE/Animal) (V, 8) - São as espécies amazônicas do gênero *Cebus*. Vivem em bandos, domesticando-se facilmente (Ihering, *Dic.*, p. 476).

1159. MACAÍBA - Sinônimo de mucajá (PERSONALIDADE/Árvore).

1160. **MACAIBEIRA** - Sinônimo de mucajá (PERSONALIDADE/Árvore).

1161. **MACAJÁ** - Sinônimo de mucajá (PERSONALIDADE/Árvore).

1162. **MACAJUBA** - Sinônimo de mucajá (PERSONALIDADE/Árvore).

1163. **MACAMBÚZIO** (PERSONALIDADE/Característica) (XII, 6) - Tristonho, pensativo, melancólico, arredio,

1164. **MACANUDO** (PERSONALIDADE/Característica) (VII, 46) - Bonito, bom, de bela presença (Viotti, *Dic.*, p. 215). Sinônimo de macota (L. C. Moraes, *Voc.*, p. 139)

1165. **MACARÉU** (PERSONALIDADE/Fenômeno) - O macaréu é o choque das águas de um rio caudaloso com as ondas durante o início da maré enchente. É melhor percebido quando da mudança das fases da lua, ou seja, desde dois dias antes até três dias após, particularmente nos equinócios em cada hemisfério, e com maior intensidade quando das ocorrências de maré viva (sizígia), nas luas cheia e nova (MACARÉU, 2022).

1166. **MAÇAROCA** (MATÉRIA) (II, 1) - Maço de cabelos da cauda das rezes (L. Motta, *Cant.*, p. 380). Em *Macunaíma*, é cabelo de gente, sentido corrente na linguagem popular do Centro-Oeste. - Cabelo embaraçado na cola e nas crinas dos equinos e na cola dos vacuns, por falta de trato (Viotti, *Dic.*, p. 215; R. Garcia, *Dic.*, p. 846).

1167. **MACAÚBA** - Sinônimo de mucajá (PERSONALIDADE/Árvore).

1168. MACAÚVA - Sinônimo de mucajá (PERSONALIDADE/Árvore).

1169. MACAXEIRA - Sinônimo de mandioca (PERSONALIDADE/Planta). A mandioca doce, não venenosa; aipim, no Sul. No Pará, conhecem-se duas qualidade de macaxeira: a branca e a de gentio, cuja casca é roxa (Ch. Miranda).

1170. MACERÁ (MATÉRIA) (XI, 94) - Armadilha para peixe. Consta de um tronco oco, fechado em uma das extremidades por uma tampa e na outra por uma espécie de funil de talas, que permite ao peixe entrar, mas lhe veda a saída (Strad., *Rev.*, p. 508).

1171. MACIOTA (PERSONALIDADE/Característica) (XI, 18 - Na maciota. Devagar, jeitosamente, de maneira insinuante (Viotti, *Dic.*, p. 216).

1172. MACORORÓ - Sinônimo de mocororó (MATÉRIA/Bebida).

1173. MACOTA (III, 12) - Sinônimo de macanudo (PERSONALIDADE/Característica). Grande, forte, excelente, importante. - "Seu coroné Tinoco é macota aqui na terra" (A. Amaral, *Dial.*, p. 165; V. Silveira, *Leréias*, p. 146). Superior e poderoso (JAFFE, Noemi. *Macunaíma*. ANDRADE, Mário de, 2016, p. 26).

1174. MACUCO (PERSONALIDADE/Ave) (V, 32) - Nome que compreende cinco espécies da família Tinamídeos, gênero *Tinamus* (Ihering).

1175. MACUMBA (ENERGIA/Ritual) (VII) - Registrada por A. Taunay, a palavra designa um rito espiritualista, misto de catolicismo, fetichismo africano e superstições tupis, que, no Rio de Janeiro e em São Paulo, conta adeptos assaz numerosos. Na página 83 de *Novos Estudos Afro-Brasileiros*, Câmara Cascudo diz que o nome Macumba substituiu o Candomblé, e acrescenta: "Há poucos anos não corria este vocábulo. Nina e Manuel Quirino não falam nele e Jacques Raymundo não o recolheu. Entretanto, é vulgarizadíssimo, e a região de sua influência é vasta e segura.» (Souza, *Dic.*, p. 242).

1176. **MACUMBA** (ESPAÇO) - Local onde se reúnem macumbeiros, feiticeiros ou pessoas dadas ao espiritismo baixo (Viotti, *Dic.*, p. 216).

1177. **MACUMBA** (MATÉRIA/Instrumento) - Macumba (do quimbundo: *ma'kôba*) é um instrumento de percussão de origem africana, semelhante ao instrumento reco-reco (**MACUMBA**, 2022).

1178. **MACUMBEIRA** - Sinônimo de feiticeira (PERSONALIDADE).

1179. **MACUNAÍMA** (PERSONALIDADE/ Personagem) - Herói da obra de Mário de Andrade, não tem pai, nasce, como os verdadeiros heróis, de mãe virgem. Nasce preto retinto, é da tribo tapanhuma, que significa "negro". Seus irmãos são Maanape e Jiguê, nomes colhidos em Koch Grumberg. (PROENÇA, M. Ci. *Roteiro de Macunaíma*, 1974, p. 128). O nome contém como parte essencial a palavra *maku*, o mau, e o sufixo aumentativo *ima*, grande. Assim, significaria "O Grande Mau" (K. Grümberg, Introdução, II). Tipo mitológico, ameríndio, de costumes amorais (Viotti, *Dic.*, p. 216).

1180. MACURU (MATÉRIA/Objeto) (I, 5) - Berço de índio, berço indígena. Formado por duas rodelas de cipó unidas por cordéis cobertos de algodão, formando como que um cesto. Suspenso de um caibro da casa por uma corda, fica distante da terra o necessário para que a criança metida nele possa tocar os pés no chão, e, assim, pelo movimento das pernas, embalar-se por si (B. Rodrigues, *Porand.* p. 287).

1181. MADALENA (PERSONALIDADE/Personagem) (XI, 31) - Mulher mundana (P. da Costa, *Voc.*, p. 434).

1182. MÃE D'ÁGUA (PERSONALIDADE/Personagem) (V, 20) - Sereia dos rios e dos lagos, a Iara das lendas amazônicas (P. da Costa, Voe., p. 433). - Ente fantástico, supersitição aborrígene (A. Amaral *Dial.*, p. 166). - Mito de origem europeia, que encontra símile nos ameríndios e africanos, orlando sincretismos. Corresponde à Iara dos índios e à Iemanjá dos negros, além de outros (A. Ramos, *O Negro*, p. 36).

1183. MÃE DE DEUS (PERSONALIDADE/Personagem) (X, 1) - Companheira do índio Antônio, famoso pelo movimento religioso no sertão da Bahia, em certa época (Ver *Caraimonhaga*).

1184. MÃE DE SANTO (PERSONALIDADE/Entidade) (VII, 4) - Feiticeira (Viotti, *Dic.*, p. 217). Macumbeira. O mesmo que mãe de terreiro.

1185. MÃE DE TERREIRO (PERSONALIDADE) (VII, 43) - Pessoa iniciada, que superintende o ritual de fazer filhas-de-santo, ou, seja, iniciar novas criaturas no ritual do candomblé (A. Ramos, *O Negro*, p. 49).

1186. **MAFUMEIRA** - Sinônimo de samaúma (PERSONA-LIDADE/Árvore).
1187. **MAGINAR** (ENERGIA) (II, 21) - Imaginar. Forma usada na poesia e encontrada nos clássicos (L. Gomes, *Contos*, p. 235).
1188. **MAGOTE** - Sinônimo de maromba (MATÉRIA).
1189. **MAISSÓ** (XIII, 22) - Sinônimo de clitóris (MATÉRIA/Órgãos). *Membrum muliebre.* Língua miranda-carapana. - Tapuia. - Mahussó (Martins, *Glossário*, p. 278).
1190. **MAITACA** (PERSONALIDADE/Ave) (XV, 12) - Psitacídeo. Ave verde, garganta e peito anterior azuis (A. Sn., p. 163).
1191. **MAKIRA** - Sinônimo de maqueira (MATÉRIA/Instrumento).
1192. **MAKUNAÍMA** (PERSONALIDADE/Entidade) - Entidade divina [...]. Criador dos animais, vegetais e humanos [...]. Com o passar do tempo [...] Macunaíma foi-se tornando herói [...]. Tornou-se um misto de astúcia, maldade instintiva e natural, de alegria zombeteira e feliz. É o herói das histórias populares contadas nos acampamentos e aldeias indígenas, fazendo rir e pensar, e um pouco despido dos atributos do Deus.
1193. **MALABAR** (PERSONALIDADE/Animal) (XVI, 71) - Gado bovino resultante do cruzamento de touros zebus e vacas da terra. No parágrafo em causa, o boi Malabar vem do Piauí, alusão à variante do refrão do Bumba-meu-Boi, transcrito em *Macunaíma*: "O meu boi morreu, que será de mim?/ Manda buscar outro,/ maninha,/ lá no Piauí."

1194. MALANDRO (PERSONALIDADE/Característica) (VIII, 30) - Velhaco (J. A. Oliveira e J. de Deus. *Dic.*, p. 570).

1195. MALEVO (PERSONALIDADE/Característica) (V, 27) - Malévolo, mal intencionado, mau, bandido, malfeitor (L. C. Moraes, *Voc.*, p. 40).

1196. MALICIAR (ENERGIA) (VI, 17) - Empregado no sentido de desconfiar, maldar: "O herói não maliciava nada".

1197. MALINCONIA (ENERGIA/Sentimento) (XIV, 49) - Melancolia (Viotti, *Dic.*, p. 219).

1198. MALOCA (ESPAÇO/Aldeia) (I, 4) - Aldeamento de índios (Ch. Miranda). É o termo geral da Amazônia que, segundo Beaurepaire-Rohan, vem do araucânio, ao passo que Theodoro Sampaio, tão sábio nessas províncias, o deriva do tupi, como corruptela de *mâr-oca* - a casa de guerra. Significa aldeia, ranchada de índios selvagens ou mansos (Souza, *Dic.*, p. 244/5).

1199. MAMONA (PERSONALIDADE/Planta) (XIV, 48) - A mamona (*Ricinus communis* L.), pertence à família *Euphorbiaceae*, que engloba vasto número de tipos de plantas nativas da região tropical. É uma planta de hábito arbustivo, com diversas colorações de caule, folhas e racemos (cachos), podendo ou não possuir cera no caule e pecíolo (MAMONA, 2021).. Sinônimo de baga, rícino, carrapateira ou *palma-Christi* (Sampaio, *Bol. do Museu Nacional*, Glossário, p. 255).

1200. MAMORANA (PERSONALIDADE/Árvore) (II, 8) - *Bombax rigidifolium* Ducke e *Bombax acquaticum* (Aubl) Schm; *Pachira acquatica* Aubl. - Bombacácea. Ou *Pachira* *insignis* Lav., segundo P. Le Cointe (Sampaio, *Pl. Am.*, p. 39). Árvore originária da Amazônia muito empregada na arborização de ruas. O fruto possui grande semente de sabor semelhante ao do cacau ou cacau-selvagem.

1201. **MANADEIRO** (ESPAÇO/Nascente de rio) (VI, 68) - Ou manadeira. Manancial, nascente.
1202. **MANAIARA** - Um dos sinônimos de acapú nos variados sentidos (MATÉRIA/Insumo), (PERSONALIDADE/Árvore), e (PERSONALIDADE/Planta medicinal). No estado do Pará é assim chamada a árvore, que tem propriedades medicinais, sendo suas folhas, casca e frutos usados no tratamento de febres e feridas, malária e úlceras.
1203. **MANANCIAL** - Sinônimo de manadeiro (ESPAÇO/Rio).
1204. **MANDA-CHUVA** - Sinônimo de pajé (PERSONALIDADE).
1205. **MANDACARU** (II, 72) - Sinônimos: cardeiro (PERSONALIDADE/Plantas medicinais), jaramacaru ou jumacaru. - *Cereus Hildemanianus* K. Sch. (*Sampaio, Bol. Mus. Nac.*, "Gloss.", p. 355).
1206. **MANDAGUARI** (PERSONALIDADE/Inseto) (XJ, 94) - Abelha social indígena. Gênero *Trigona*.
1207. **MANDI** (PERSONALIDADE/Peixe) (XVI, 24) - Nome genérico que abrange a maior parte das espécie pequenas e médias da família Pimelodídeos. Peixe do rio Uruguai e seus afluentes. *Pimelodella lateristriga* M. (L. C. Moraes, *Voc.*, p. 142).
1208. **MANDINGA** (ENERGIA/Ritual) (XIII, 20) - Feitiçaria.

"Foi ele que botô mandinga na sua casa" (A. Amaral, *Dial.*, p. 167). Ato ou efeito de mandingar; feitiço, feitiçaria.

1209. MANDIOCA (PERSONALIDADE/Planta) (I, 7) - *Manihot utilissima*. A raíz, maniva. O mesmo que macaxeira, aipim e maniva. Originária da América do Sul, a mandioca (*Manihot esculenta Crantz*) constitui um dos principais alimentos energéticos para mais de 700 milhões de pessoas, principalmente nos países em desenvolvimento. Mais de 100 países produzem mandioca, sendo que o Brasil participa com 10% da produção mundial (é o segundo maior produtor do mundo).

1210. MANDU-SARARÁ (MATÉRIA/Música) (VIII, 24) Estribilho de origem tupi, colhido por Couto Magalhães (*O Selvagem*). É o título e o refrão de uma cantiga de origem tupi, recolhida por Couto Magalhães (O Selvagem).

1211. MANDUCAR (ENERGIA) (VIII, 24) - Comer, mastigar: "Manducar leitão assado, picadinho (...) e outros petiscos da terra" (Monteiro Lobato).

1212. MANEIRO (PERSONALIDADE/Característica)(VIII, 39) - Leve, ágil.

1213. MANGA-JASMIM (VI, 50) - Sinônimo de Sancha (PERSONALIDADE/Personagem), *Dona Sancha*.

1214. MANGARÁ (PERSONALIDADE/Árvore) (VI, 28) - Ponta terminal da inflorescência da bananeira, constituída pelas brácteas que cobrem as pequenas pencas de flores abotoadas (R. Garcia, *Voc.*, p. 447).

1215. MANGARITO (PERSONALIDADE/Planta) (XVI,

69) - Nome aplicado a várias plantas aráceas. O de Mato Grosso dá um bulbo comestível.

1216. MANGUE (ESPAÇO/Lugar) (V, 14) - Este termo denomina, na costa do Brasil, lugares lamacentos, não só no litoral, mas também nas margens dos estuários dos rios, onde vegetam bosques ele essências chamadas genericamente mangue (Souza, *Dic.*, p. 251). No capítulo 7, Mangue é o bairro carioca, outrora famoso per concentrar a prostituição.

1217. MANI (PERSONALIDADE/Personagem) (V, 19) - Índia de pele branca, de cujo corpo nasceu a mandioca (Lenda colhida por C. Magalhães, *O Selvagem*). Conta a lenda ter a mandioca nascido do corpo de Mani, moça índia morta de amores infelizes, daí o nome significando "casa de Mani" pois *oca* é casa (Strad., *Voc.*, p. 512).

1218. MANIPUEIRA - Sinônimo de tucupi (MATÉRIA/Alimento).

1219. MANIVA (XVI, 54) - Sinônimo de mandioca (MATÉRIA/Alimento), caule. Manihot *utilissima* Pohl. Euforbiácea (Sampaio, *Pl. Am.*, p. 40). O caule da mandioca, a planta da mandioca (R. Garcia, *Dic.*, p. 858).

1220. MANIVEIRA (MATÉRIA/Bebida) (XVI, 53) - Suco leitoso da mandioca ralada, obtido por pressão e que fornece condimentos muito apreciados (R. Garcia, *Dic.*, p. 857).

1221. MANU BANDEIRA (PERSONALIDADE) (VII, 69) - O poeta Manuel Bandeira. Manu é o tratamento que Mário lhe dá na longa correspondência que com ele manteve através de longos anos, inclusive tratando de *Macunaíma*.

1222. MANUARI (PERSONALIDADE) (V, 27) - Espírito do mal, entre os taulipangues.

1223. MANUEL DA LAPA (XVI, 82) - Sinônimo de Manuel do Açu (PERSONALIDADE/Personagem).

1224. MANUEL DO AÇU (PERSONALIDADE/Personagem) (XVI, 83) - Personagem do Bumba-meu-Boi. Também há Manoel da Lapa, como vem no § 82 do mesmo capítulo. Gustavo Barroso (*Ao Som da Viola*, p. 267) registra um Mané Gostoso.

1225. MAPARÁ (PERSONALIDADE/Peixe) (II, 70) - Peixe de couro, único representante em nossa fauna da família Hypophtalmídeos, tipo de caracteres inconfundíveis. *Hypophtalmus edentatus* (Ihering). Espécie de peixe da Amazônia. Atualmente, sua pesca atrai milhares de pessoas para a região das ilhas do baixo Tocantins, no Pará. (Jaffe, Noemi, *Mac.*, Mário de Andrade, 2016, p. 20)

1226. MAPINGUARI (PERSONALIDADE/Personagem) (XV, 22) - O mais popular dos monstros da Amazônia. Homem agigantado, vulnerável apenas no umbigo. Mata e come pessoas que encontra na mata (C. Cascudo, *Geografia*, p. 257).

1227. MAQUEIRA (MATÉRIA/Instrumento) (VI, 4) - Rede de dormir fabricada com uma fibra de nossa flora (C h. Miranda). Sinônimo: *Makira*.

1228. MAQUIRA (MATÉRIA/Instrumento (XI, 21) - Rede de dormir tecida ao tear. No Rio Negro são feitas de miriti, de tucum e de carauá, sendo as duas últimas mais finas e duradouras (Strad., *Rev.*, p. 510). São feitas de filamento do tucum, usado por indígenas no Peru para fazer a rede de dormir. (JAFFE, Noemi. *Macunaíma*. ANDRADE, Mário de, 2016, p.109)

1229. MARACAJÁ - Sinônimo de jaguatirica (PERSONALIDADE/Animal).

1230. MARACANÃ - Sinônimo de periquitão (PERSONALIDADE/Pássaro).

1231. MARACANÃ-MALHADA - Sinônimo de periquitão (PERSONALIDADE/Pássaro).

1232. MARACARECUIA - Sinônimo de abricó-de-macaco (PERSONALIDADE/Árvore).

1233. MARACUJÁ DE CAIENA (PERSONALIDADE/ Fruta) - O fruto da passiflora.

1234. MARACUJÁ MICHIRA (PERSONALIDADE/ FRUTA) (II, 70) - Passiflorácea, segundo se conclui do texto. Não encontrado o nome *michira*. Registre-se, entretanto, *maracujá de mochila*, ou *muxila*, que está no *Dic. Bot. de Almeida Pinto,* que é o mesmo maracujá de estalo (*Passiflora Involucrata*) nome devido ao fato de serem os frutos envoltos em três folhinhas que são filamentos - cobertos de pelos viscosos.

1235. MARAGUIGANA (PERSONALIDADE/ Entidade/ Personagem) (II, 2) - Em *Macunaíma*, essa entidade é identificada também como o sapo cunauru chamado Maraguigana pai do boto fitou enfezado. Mandou a enchente e o milharal apodreceu (ANDRADE,2007, p. 21). ANDRADE, Mário de. *Macunaíma: o herói sem nenhum caráter.* Rio de Janeiro: Agir, 2007. "Espírito ou almas separadas do corpo que anunciavam a morte" (Pe. Simão Vasconcelos, *in* P. da Costa, ·*Voc.*, p. 24).

1236. MARANDOVÁ (PERSONALIDADE/Inseto) (VI, 11) - Certas lagartas de borboletas ou mariposas, em geral as de porte maior, gordas e inermes (Ihering). - Lagartas de esfingídeos.

1237. MARAPATÁ (ESPAÇO/Lugar) (V, 1) - Ilha do Município de Manaus, na foz do Rio Negro (M. Pinto, *Dic. Geogr.*). No tempo do esplendor da extração de borracha, a ilha "ficou sendo a Sapucaia do escrúpulo: ali deixavam a consciência os que entravam nos seringais" (Oswaldo Orico). *Obs.:* Na ilha da Sapucaia recolheu-se durante longos anos o lixo do Rio de Janeiro.

1238. MARFIM VEGETAL - Sinônimo de jarina (PERSONALIDADE/Planta).

1239. MARIA PEREIRA (ESPAÇO/Lugar) - Existe, à margem do S. Francisco, o lugar denominado Buraco de Maria Pereira, como se pode ver em Theodoro Sampaio (*S. Francisco*).

1240. MARIA PEREIRA (PERSONALIDADE/Personagem) (XI, 158) - Figura lendária do tempo dos holandeses.

1241. MARIBONDO - Sinônimo de marimbondo (PERSONALIDADE/Inseto).

1242. MARICATÃ - Sinônimo de periquitão (PERSONALIDADE/Pássaro).

1243. MARIGUI - Sinônimo de birigui (PERSONALIDADE/Inseto).

1244. MARIMBONDO (PERSONALIDADE/Inseto) (IV,

75) - Ou maribondo. A pronúncia popular é um caso vulgar de nasalação. Vespa, marimbondo ou cabatão são chamadas as diversas espécies de insetos pertencentes à subordem Apocrita da ordem *Hymenoptera*. Este nome é utilizado para se referir a qualquer himenóptero que não é abelha nem formiga (VESPA, 2022).

1245. **MARISCADOR** (PERSONALIDADE/Característica) (IV, 58) - Na Amazônia, é o encarregado da pesca, em geral, nos sítios e seringais, enquanto que, na Bahia o termo se aplica restritamente ao apanhador de mariscos, siris, mexilhões (Viotti, *Dic.*, p. 226).

1246. **MARITACA** - Sinônimo de periquitão (PERSONALIDADE/Pássaros brasileiros)

1247. **MAROMBA** (MATÉRIA) - Na Amazônia, é o estrado que os habitantes das margens de certos rios constroem para refúgio durante as inundações (Souza, *Dic.*, p. 256).

1248. **MAROMBA** (MATÉRIA/Objeto) - vara usada por equilibristas para ajudar a manter a estabilidade na corda bamba. (JAFFE, Noemi. *Macunaíma*. ANDRADE, Mário de, 2016, p. 16)

1249. **MAROMBA** (PERSONALIDADE/Animal) (II, 18) - Registrado por Teschauer no Nordeste, maromba é sinônimo de manada de bois.

1250. **MARRUÁ** (PERSONALIDADE/Animal) (VII, 55) - Touro bravio, valente (P. da Costa, *Voc.*, p. 463). - Touro que cresce nas brenhas fugido desde novilho à servidão do pasto.

1251. **MARRUÁ** (PERSONALIDADE/Personagem) (VII,

55) - Touro bravio, valente (P. da Costa, *Voc.*, p. 463). - Touro que cresce nas brenhas fugido desde novilho à servidão do pasto; é o herói das sagas nordestinas em que nossos vaqueiros se ombreiam com os legendários matadores de dragões. *O Rabicho da Geralda* é modelo clássico do herói e de sua epopeia.

1252. MARUIM (PERSONALIDADE/Inseto) (II, 10) - Ou meruim e mosquito-pólvora. Família Ouironomídeos. do gênero *Culicoides maruim*. De ferroada dolorosa, que parece verdadeiro grão de pólvora incendiado sob a pele. A picada deixa marca que mede mais ou menos 2 mm (Ihering, p. 531).

1253. MARUPIARA (PERSONALIDADE/Característica) (III, 8) - o que é forte ou feliz em qualquer coisa, na pesca, na caça, no jogo, etc. (B. Rodrigues. *Porand.*, p. 174): Viotti, *Dic.*, p. 227; *Strad., Rev.*, p. 516). Indivíduo forte ou feliz, que tem sucesso em tudo que empreende, seja na caça, na pesca ou no jogo. (JAFFE, Noemi. *Macunaíma*. ANDRADE, Mário de, 2016, p. 25)

1254. MARVADA (PERSONALIDADE/Característica) (IV, 2) - Corruptela de malvada.

1255. MASCATE - Sinônimo de cotruco (PERSONALIDADE).

1256. MATA-MATA (PERSONALIDADE/Animal) (XV, 14) - *Chelys fimbriata*. Quelônio da Amazônia. O mata-mata, mata mata, ou matamatá, é uma espécie de cágado de água doce pertencente à família *Chelidae*. Encontrada predominantemente nas águas doces da América do Sul, na bacia do Amazonas e do Orinoco, é um animal carnívoro que se alimenta de invertebrados aquáticos e peixes (MATA-MATA, [s. d.]).

1257. **MATA-MATA** (PERSONALIDADE/Árvore) (XVII, 63) - *Lecythis idatimou*. Árvore da Amazônia (*Martius e Spix* - Viagem, vol. 3, p. 276). Mário de Andrade a chamou cipó-filho-da-lua.

1258. **MATA-PIOLHO** (MATÉRIA) (VII, 46) - O dedo polegar.

1259. **MATAMATÁ** - Sinônimo de mata-mata (PERSONALIDADE/Animal). "... verdadeira caricatura de quelônio, quando estes, fazendo-lhes apenas justiça, não primam pela beleza. Alimenta-se de peixinhos e sapos e vive nas águas estagnadas" (Ihering, p. 501).

1260. **MATEIRO** (PERSONALIDADE/Animal) (XI, 4) - Veado Mateiro é uma espécie encontrada em todo o Brasil. O mesmo que veado pardo, guatapará e catingueiro. *Mazoma americana*. Vive nas florestas, pastando de madrugada e à noitinha (Ihering, *Dic.*, p. 839).

1261. **MATI** - Sinônimo de Matinta-pereira (PERSONALIDADE/Personagem).

1262. **MATI-TAPERÊ** - Sinônimo de Matinta-pereira (PERSONALIDADE/Personagem).

1263. **MATINAR** (ENERGIA) (VIII, 19) - Imaginar, pensar com afinco e pertinácia em determinado assunto, matutar (Oliveira, *Expressões*, p. 123).

1264. **MATINTA-PEREIRA** (PERSONALIDADE/Personagem) (IV, 55) - Mati ou Mati-Taperê nome de uma pequena coruja considerada agourenta. Quando, a horas mortas da noite, ouvem cantar o Mati-Taperê, quem o ouve e está dentro de casa, diz logo: - Matinta, amanhã podes vir buscar tabaco. - Desgraçado, deixou escrito Max J. Roberto, profundo conhecedor das coisas indígenas, quem, na manhã seguinte, chegar primeiro àquela casa, porque será ele considerado como o Mati. "A razão é que, segundo a crença indígena, os feiticeiros e pajés se transformam neste pássaro para se transportarem de um lugar para outro e exercer suas vinganças. Outros acreditam que o Mati é uma Maáyua e, então o que vai à noite, gritando agoureiramente, é um velho ou uma velha de uma só perna, que anda aos pulos (Strad., *Rev.* p. 518).

1265. **MATRACA** - Sinônimo de ganzá (MATÉRIA/Instrumento).

1266. **MATRINCHÃO** (PERSONALIDADE/Peixe) (lI, 3) - Nome de vários peixes da família Caracídeos, congênere da piracanjuba do Brasil meridional (Ihering, p. 502).

1267. **MATRINXÃ** - Sinônimo de Jatuarana (PERSONALIDADE/Peixe).

1268. **MATUPÁ** (MATÉRIA) (VI, 17) - Barranco, periantan, capim em grandes touças, desenraizado das margens que, flutuante, desliza com a corrente hiemal nos rios de margens ervosas. Compõem-no, sobretudo, diversas canaranas e a orelha de veado (Ch. de Miranda).

1269. **MATUTAR** (I, 20) - Sinônimo de grugunzar (ENERGIA). Pensar, imaginar, dar tratos à imaginação (J.A. Oliveira e J. de Deus, *Dic.*, p. 587).

1270. **MAUARI** (V, 20) - Sinônimo de demônio (PERSONA-

LIDADE). Nome genérico designativo de demônios que habitam montanhas, rios, lagos, bem assim de almas do outro mundo (K. Grumberg, Introd., ll).

1271. **MAZOMBINHA** (PERSONALIDADE/Característica) (VII, 43) - Mazombo é filho de europeus nascido na colônia (Marcgrave; P. da Costa, *Voc.* p. 473; R. Garcia, p. 866).

1272. **MAZOMBO** (PERSONALIDADE) - Filho de pais estrangeiros, especialmente portugueses, nascido no Brasil. (JAFFE, Noemi. *Macunaíma*. ANDRADE, Mário de, 2016, p. 69).

1273. **MECUMECURI** (PERSONALIDADE) (XIII, 21) - Em *Macunaíma*, um dos donos da água.

1274. **MEDITAR** - Sinônimo de grugunzar (ENERGIA).

1275. **MEGUE** (PERSONALIDADE/Personagem) (X, 32) - Meg. Formiga muito pequena, de ferroada dolorosa (K. Grumberg, Saga 20, Nota 6, vol. II, p. 61).

1276. **MEIA-COLHER** - Servente de pedreiro (JAFFE, Noemi. Macunaíma. ANDRADE, Mário de, 2016, p. 65)

1277. **MEL-DE-PAU** (MATÉRIA) (Ep., 12) - Mel de abelhas que vivem no tronco das árvores (A. Amaral, *Dial.*, p. 171).

1278. **MELADO CAXITO** (PERSONALIDADE/Característica) (XI, 144) - Cor de cavalo a que, em outros lugares, se chama baio (R. Garcia, *Dic.*, p. 807).

1279. **MELANCIA** (PERSONALIDADE/Fruta) (VIII,- 1) - Cucurbitácea (*Cucumis* ou *Cucurbita citrullus*).

1280. **MELOPEIA** (MATÉRIA) - Canto monótono. (JAFFE, Noemi. *Macunaíma*. ANDRADE, Mário de, 2016, p. 69).

1281. MEMBECA (PERSONALIDADE/Planta) - *Membeca* é capim (capim- membeca), canarana rasteira.

1282. MEMBI (MATÉRIA/Instrumento musical) (VI, 27) - Flauta feita de taboca, de canela de veado ou de onça (Amorim, *Lendas*, p. 233). Flauta, assobio, pífano. É o nome da flauta feita do osso tíbia, e é troféu de guerra ou de caça, sendo que, no primeiro caso, a tíbia é humana (Strad., *Rev*, p. 523).

1283. MENDONÇA MAR (PERSONALIDADE) (XV, 61) - Monge leigo, fundador do templo do Bom Jesus da Lapa, à margem do S. Francisco.

1284. MÊNIE (VJ, 48) - Sinônimo de carcá (MATÉRIA/Objeto). Recipiente para setas, geralmente transportado ao ombro. De guardar flechas de sarabatana. O mesmo que carcás, coldre ou aljava em que se metiam as setas, bomba de arremesso (CARCÁS, DICIONÁRIO INFOPÉDIA DA LÍNGUA PORTUGUESA, [s. d.]).

1285. MERUANHA (PERSONALIDADE/Inseto) - Mosca dos estábulos (*Stomoxys calcitrans*); também chamada de beruanha, merunhanha, merunhana e murianha.

1286. MERUIM - Sinônimo de Maruim (PERSONALIDADE/Inseto).

1287. MERUNHANA - Sinônimo de Meruanha (PERSONALIDADE/Inseto).

1288. MERUNHANHA - Sinônimo de Meruanha (PERSONALIDADE/Inseto).

1289. MEXEMEXER (ENERGIA) (VIII, 35) - "Principiou a ser macambúzio, andava mexemexendo sozinho pelos lugares mais longes e soturnos" (V. Silveira, *Os Caboclos*, p. 149).

1290. **MEXÔ-MEXOITIQUI** (PERSONALIDADE/Personagem) (IV, 13) - O Tuxaua Mexô-Mexoitiqui é o pai do guerreiro caxinauá Titçatê que fugiu com Naipi. Nome próprio na língua caxinauá.

1291. **MIANIQUE-TEIBÊ** (PERSONALIDADE/Personagem) (VIII, 57) - Herói indígena que perde a cabeça por ter usado indevidamente os distintivos de cacique. Lenda consignada por Amorim.

1292. **MICAGEM** (PERSONALIDADE/Característica) (II, 8) - Momice, visagem (A. Amaral, *Dial.*, p. 172). Careta, gesto ridículo, trejeito. Ocultação das verdadeiras intenções; disfarce, hipocrisia.

1293. **MICO** (PERSONALIDADE/Animal) (V, 32) - Designação dos símios de porte médio, distinguindo-se dos macacos (os maiores) e dos saguis (os menores). Verdadeiramente só se aplica bem às espécies do gênero *Cebus* (Ihering, *Dic.*, p. 508).

1294. **MICURA** - Sinônimo de Gambá (PERSONALIDADE/Animal). Possui glândulas que segregam uma substância de cheiro muito desagradável. Ladrão de galinhas (Ihering, *Dic.*, p. 348).

1295. **MICURÊ** - Sinônimo de gambá (PERSONALIDADE/Animal).

1296. **MIL-RÉIS** (MATÉRIA) (V, 11) - Unidade do sistema monetário brasileiro, substituída pelo cruzeiro, em 1942. Um mil-réis equivalia a 1/1.000 do atual cruzeiro e sua menor fração circulante era o tostão, valendo 100 réis, pois o vintém (20 réis) e a pataca (320 réis) haviam desaparecido ainda na vigência do sistema. O atual cruzeiro equivale a 1.000.000 de réis, *ao conto de réis*, ou simplesmente conto, que ainda persiste na linguagem popular. Singular de réis: real.

1297. **MILHO** (MÁTERIA) - Milho (*Zea mays*) é um cereal cultivado em grande parte do mundo e extensivamente utilizado como alimento humano ou para ração animal devido às suas qualidades nutricionais (MILHO, 2023).

1298. **MILIETAS** (MATÉRIA/Característica) (VI, 71) - Muitas inúmeras. Medida de extensão: milietas de léguas (Viotti, *Dic.*, p. 232).

1299. **MILONGA** (MATÉRIA) - Segundo João Barbosa Rodrigues, no livro *Poranduba Amazonense*, é um termo africano e significa remédio, feitiço, talismã (JAFFE, Noemi. Macunaíma. ANDRADE, Mário de, 2016, p. 214, nota 155).

1300. **MINDINHO** (MATÉRIA) (V, 50) - Dedo auricular ou mínimo. O verbete *minguinho* já está nos léxicos (Viotti, *Dic.*, p. 234).

1301. **MINHOCA** (PERSONALIDADE/Verme) (XV, 70) - Nome vulgar de verme da classe dos anelados, que vive na terra, em lugares úmidos (P. da Costa, *Voc.*, p. 481). Oligoquetas e parte dos poliquetas (Ihering, *Dic.*, p. 511).

1302. **MINHOCÃO** (PERSONALIDADE/Personagem) (XV, 27) - Monstro fabuloso do Rio S. Francisco (P. da Costa, p. 481).

1303. **MINISTRO** - Sinônimo de urubu camiranga (PERSONALIDADE/Pássaros).

1304. **MIRASSANGA** (MATÉRIA) (XIII, 26) - Arma indígena feita de madeira, com uma das pontas mais grossa. O mesmo que tacape.

1305. **MIRIGUI** (II, 10) - Sinônimo de birigui e mosquito (PERSONALIDADE/Inseto).

1306. **MIRIM** (PERSONALIDADE/Característica) (VIII, 6) - Termo tupi, que significa pequeno.

1307. **MIRITI** (PERSONALIDADE/Árvore) - Miriti, palmeira amazônica, também conhecido por Buriti, muriti, muritim e muruti provêm do tupi *mburi'ti*, que significa "natural da Vida". O grelo dá fibras muito fortes, empregadas em tecidos e redes (*Id., ibd.*).

1308. **MIRITI** (PERSONALIDADE/Fruto) (V, 19) - Fruto da palmeira miriti, além de rico em vitamina A, B e C, ainda fornece cálcio, ferro e proteínas. Consumido tradicionalmente ao natural, o fruto do buriti também pode ser transformado em doces, sucos, picolé, licor, vinho, sobremesas de paladar peculiar e ração de animais. Do mesicarpo do seu fruto fazem os índios uma beberagem e também o comem cozido (B. Rodrigues, Por., p. 131).

1309. **MOCAJÁ** - Sinônimo de mucajá (PERSONALIDADE/Árvore).

1310. **MOCAMBINHO** - Sinônimo de mocambo (MATÉRIA/Edificação).

1311. **MOCAMBO** (MATÉRIA/Edificação) (I, 4) - Em vários Estados do Norte ainda se denomina mocambo ou mocambinho a choça ou rancho, quer para habitação, quer para abrigo dos que cuidam das roças ou lavouras

(Souza, *Dic.*, p. 270). Casa pequena, de construção simples, coberta de palha ou capim; mocambo. (JAFFE, Noemi. Macunaíma. ANDRADE, Mário de, 2016, p. 8).

1312. **MOÇAR** (ENERGIA) (III, 34) - M. de A. empregou o verbo com o sentido de desvirginar, já registrado por A. B. de Hollanda, e, também, no de fecundar.

1313. **MOCETUDO** (PERSONALIDADE/Característica) (VIII, 49) - Foi usado na acepção de envelhecido.

1314. **MOCICA** (PERSONALIDADE/Característica) (X, 2) - Diminutivo de moça.

1315. **MOÇOROCÓ** - Sinônimo de mocororó (MATÉRIA/Bebida).

1316. **MOCORORÓ** (MATÉRIA/Bebida) (VI, 67) - Espécie de cajuada, muito alcoólica, também conhecida por *macororó* ou *moçorocó*.

1317. **MOCOTÓ** (MATÉRIA/Comida) (XII, 83) - Mãos e pés de boi, a panelada ou guisado, que se prepara conjuntamente com os miúdos do mesmo boi (P. da Costa, *Voc.*, p. 185; R. Garcia, *Dic.*, p. 871).

1318. **MODA** (MATÉRIA) - Modinha, canção. (JAFFE, Noemi. Macunaíma. ANDRADE, Mário de, 2016, p. 108).

1319. **MOLEIRO** - Sinônimo de curica (PERSONALIDADE/Pássaro).

1320. **MOLENGO** (PERSONALIDADE/Característica) (IV, 13) - Macio, mole.

1321. **MOLEQUE** (PERSONALIDADE/Característica) (VIII, 30) - "Riso moleque" - riso sem vergonha.

1322. MOMBUCA - Sinônimo de mumbuca (PERSONALIDADE/Inseto).

1323. MOMICE - Sinônimo de micagem (PERSONALIDADE/Característica).

1324. MONDONGO (ESPAÇO/Lugar) (lI, 23) - Registrado por Chermont de Miranda como termo peculiar à ilha de Marajó, designativo de extenso balsedo entremeado de aningas, de solo afofado e atolento, ele vegetação pujante e cerrada, difícil de romper-se, coberto durante o inverno ele quatro a oito palmos d'água, e que só seca e endurece nas últimas semanas do verão (Souza, *Dic.*, p. 274). Terreno baixo, pantanoso, geralmente coberto de plantas. (JAFFE, Noemi. *Macunaíma*. ANDRADE, Mário de, 2016, p. 16).

1325. MONO (V, 32) - Sinônimo de macaco (PERSONALIDADE/Animal).

1326. MONTARIA (XVI, 12) - Sinônimo de canoa (MATÉRIA/Meio de transporte fluvial). Canoa ligeira feita de um só lenho.

1327. MOPOSERU (PERSONALIDADE/Entidade) (XIII, 21) - No contexto de *Macunaíma*, um dos "Donos da Água." (JAFFE, Noemi. *Macunaíma*. ANDRADE, Mário de, 2016, p. 137).

1328. MOQUEAR (ENERGIA/Processo) (lI, 2) - Assar carne ou peixe ligeiramente, apenas para evitar a corrupção (P. da Costa, *Voc.*, p. 491). Assar no moquém, que é uma grade de madeira sobre brasas. (JAFFE, Noemi.*Macunaíma*. ANDRADE, Mário de, 2016, p. 14)

1329. MOQUÉM (MATÉRIA/Objeto) (XI, 150) - Grade de

varas, espécie de grelha, colocada a certa distância do fogo e sobre a qual se põe carne ou peixe para moquear, isto é, assar (P. da Costa, *Voc.*, p. 492; Strad., *Rev., Voc.*, p. 538).

1330. **MORORÓ** (ENERGIA) - No contexto, "ganhar os mororós" tem o sentido de escapulir, fugir.

1331. **MORORÓ** (PERSONALIDADE/Planta) (VI, 66) - Nome nordestino, dado, na Amazônia, às espécies arbóreas ou arbustivas de *Bauhinia*; também chamadas pé-de-boi ou unha de vaca em outras regiões (Sampaio, *Pl. Am.*, p. 43).

1332. **MORUBIXABA** (XVII, 22) - Do tupi *morybyxaba*. Sinônimo de cacique (PERSONALIDADE) ou chefe de tribo indígena brasileira. O mesmo que curaca, muruxauá, murumuxauá e tuxaua.

1333. **MORUCUTUTU** - Sinônimo de murucututu (PERSONALIDADE/Pássaro).

1334. **MORUPETECA** - Sinônimo de taioca (PERSONALIDADE/Inseto).

1335. **MOSCA DE URA** (PERSONALIDADE/Inseto) (XIII, 16) - Berne. É o nome da larva do berne, em guarani. Designação corrente no Paraná, segundo R. V. Ihering.

1336. **MOSCARDO** - Sinônimo de mutuca (PERSONALIDADE/Inseto).

1337. **MOSQUITO** (PERSONALIDADE/Inseto) - *Culicidae* é uma família de insetos habitualmente chamados de muriçocas, mosquitos ou pernilongos. Mosquito refere-se a pequenas moscas, como as drosófilas, enquanto que o pernilongo, além dessa denominação, é também referido como "muriçoca". Na maioria dos estados da Região

Norte do Brasil, este pernilongo chama-se "carapanã" (CULICIDAE, 2022).

1338. MOSQUITO-PALHA (PERSONALIDADE/Inseto) - Sinônimo de mosquito. O mosquito-palha, cujo nome científico é *Lutzomyia longipalpis*, é um inseto díptero hematófago da subfamília denominada *Phlebotominae*, subordem Nematocera, família *Psychodidae*. Dos gêneros de flebotomíneos, Lutzomyia é o maior e de mais ampla distribuição geográfica, com representantes desde os Estados Unidos até o norte da Argentina. Este inseto é o principal transmissor da leishmaniose (MOSQUITO-PALHA. INFOESCOLA, [s. d.]).

1339. MOSQUITO-PÓLVORA - Sinônimo de marui (PERSONALIDADE/Inseto).

1340. MOTEJAR - O mesmo que debochar. Sinônimo de deboche (ENERGIA).

1341. MUCAIA - Sinônimo de mucajá (PERSONALIDADE/Árvore).

1342. MUCAJÁ (PERSONALIDADE/Árvore) (VIII, 1) - Ou mucaja. *Acrocomia aculeata* é uma palmeira nativa brasileira e uma das duas espécies que são popularmente conhecidas pelos sinônimos de macaúba, macaíba, boicaiuva, macaúva, coco-de-catarro, coco-baboso, coco-de-espinho, coco-macaúba, macajuba, macaibeira, macajá, mocajá, bocaiuva, chiclete-de-baiano, chiclete cuiabano, bocaiúva, macacauba, macaiba, macaibeira, macaúva, mucaia, mucaja e mucajaba. Em *Macunaíma*, sinônimo de *cucajá*.

1343. **MUCAJABA** - Sinônimo de mucajá (PERSONA-LIDADE/Árvore).

1344. **MUCAMBO** (I, 4) - Sinônimo de quilombo (PERSONALIDADE).

1345. **MUÇUÃ** (PERSONALIDADE/Animal) (IV, 55) - Pequeno quelônio amazônico, de carne muito apreciada. Cágado. *Cinostemum scorpioides*.

1346. **MUCUIM** (PERSONALIDADE/Inseto) (XV, 21) - Ou micuim. Larva de trombidiídeos. A picada provoca uma coceira terrível (Ihering).

1347. **MUCUMUCU** (PERSONALIDADE/Planta) (XVI, 71) - Espécie de *Arum*, família das Aráceas, a que pertence o tinhorão, o taiá, etc. Dela, por artes de Macunaíma, se originou a arraia (K. Grümberg, Introd., II).

1348. **MUCURA** - Ou micura. Sinônimo de gambá (PERSONA-LIDADE/Animal).

1349. **MUÇURACA** - Sinônimo de cobra-preta (PERSONA-LIDADE/Animal).

1350. **MUIRAPIRANGA** (PERSONALIDADE/Planta) (VI, 30) - *Brosimum paraense* Hub. (Morácea); *Mimusops balata* Gaertn (Sapotácea). Segundo Hubert, não sem dúvida, no *Bol. do Mus. Goeldi*, VI, 1910, p. 169, em nota. - Sapotácea; uma tuirapiranga inferior é *Brosinum angustifolium* Ducke (*Pl. Nouv.*, III, p. 2), morácea. Em Marajó, o nome muirapiranga é dado somente à leguminosa *Eperna bijuca* Bth, chamada espadeira, em outros lugares, segundo Ducke I e IV, p. 195 (Sampaio, *Pl. Am.*).

1351. **MUIRAQUITÃ** (MATÉRIA/Artefato) (III, 36) - Tipo

de amuleto. Artefato de jade, que se tem encontrado no Baixo Amazonas, especialmente nos arredores de óbidos e nas praias entre a foz do Rio Nhamundá e a do Tapajoz, e ao qual se atribuem qualidades de amuleto (Strad., *Rev.*, p. 569). Objeto de pedra com forma de sapo, rã ou perereca, confeccionado principalmente em pedra verde, utilizado pelos povos Tapajó, Santarém e Conduri do Baixo Amazonas, dizimados pelos colonizadores europeus. Era utilizado como amuleto, símbolo de poder e objeto de troca. Em sua confecção eram utilizados, entre outros, os seguintes minerais: tremolita, actinolita, talco e pirofdita.

1352. **MULHERES SOZINHAS** (III. 3) - O mesmo que amazonas e Icamiabas (PERSONALIDADE/Mulher).

1353. **MUMBUCA** (PERSONALIDADE/Inseto) (XI, 21) - Mombuca. Abelha melipônida, gênero *Trigona*. Em *Macunaíma*, uma formiga "mui preta".

1354. **MUNGUBA** (PERSONALIDADE/Árvore) (XVI, 3) - Árvore fibrosa. - Também mungubeira. - Bombax *munguba* Mart. Bombacácea. (Sampaio, *Pl. Am.*, p. 45).

1355. **MUNGUNZÁ** (MATÉRIA/Comida) (VII, 40) - Espécie de papa feita com milho descascado, cozido em leite de coco ou de vaca (P. da Costa, *Voc.*, p. 504). - No Sul, canjica.

1356. **MUNHECA** (MATÉRIA) (IV, 17) - Pulso.

1357. **MUNHECAÇO** (ENERGIA) (VIII, 20) - Soco, pancada com a mão fechada. Ato de golpear, de dar um soco que é uma pancada com a mão fechada.

1358. **MURIANHA** - Sinônimo de meruanha (PERSONA-LIDADE/Inseto).

1359. MURICI (PERSONALIDADE/Planta) (VIII, 19) - Ou muruci. *Byrsonima lancifolia* A. Juss., no Tapajoz; B. Coriácea S. Kth. Malpigiácea (Sampaio, *Pl. Am.*, p. 45). Apresenta diversas variedades, algumas popularmente chamadas de douradinha falsa, sendo que o Murici amarelo é planta cesalpinácea medicinal (*cassia verrucosa*).

1360. MURIÇOCA (II, 10) - Sinônimo de mosquito (PERSONALIDADE/Inseto) (P. da Costa, *Voc.*, p. 505). Muriçoca é oriundo do tupi *muri'soka* (CULICIDAE, 2022).

1361. MURIQUITÃ (MATÉRIA) - Mário de Andrade utiliza a palavra *muiraquitã* como substantivo feminino (JAFFE, Noemi. *Macunaíma*. ANDRADE, Mário de, 2016, p. 29)

1362. MURITI - Sinônimo de miriti em seus vários sentidos.

1363. MURITI - Sinônimo de miriti em seus vários sentidos.

1364. MURITIM - Sinônimo de miriti em seus vários sentidos.

1365. MURUÁ (ENERGIA/Dança) (I, 4) - Ou murua. Dança dos índios taulipangues e de vários povos indígenas. (JAFFE, Noemi. *Macunaíma*. ANDRADE, Mário de, 2016, p. 8).

1366. MURUCI (VIII, 19) - Sinônimo de murici (PERSONALIDADE/Planta).

1367. MURUCU (MATÉRIA/Artefato) (III, 6) - "No mesmo instante, contam, ele feriu lauixa com o murucu" (Amorim, *Lendas*, p. 15). - Longa haste ornamentada de plumas e de desenhos em alto relevo e munida de uma ponta de lança móvel, e, alguma rara vez, de um ferrão de arraia, num dos lados, e, do outro, de um maracá, aberto na própria madeira em que é feito o murucu, acabando em ponta e endurecido ao fogo. É a insígnia dos chefes de muitas tribos no Uapés e Japurá, e dela se servem, hoje, para puxar as danças, como já se serviram para guiar os próprios guerreiros na peleja. O murucu é geralmente usado pelas tribos que usam o trocano, parecendo por isso mesmo, arma tupi-guarani (Strad., *Rev.*, p. 559). Lança de haste vermelha, enfeitada com penas, cuja ponta, de outra madeira, costuma ser decorada (JAFFE, Noemi. *Macunaíma*. ANDRADE, Mário de, 2016, p. 25).

1368. **MURUCUTUTU** (PERSONALIDADE/Pássaro) (IV, 4) - Morucututu, jucurutu. Coruja do mato. É a grande coruja ou mocho de orelhas pretas, *Bubo magellanicus* (Ihering, *Dic.*, p. 536). Pequena coruja, casta de pequena Strix, que deve o seu nome ao grito que repentinamente faz ouvir, quando, durante a noite, vaga em procura de presa. Grande coruja de orelhas pretas e face branca, comum em parte do Brasil, México, Paraguai e Argentina (JAFFE, Noemi. *Macunaíma*. ANDRADE, Mário de, 2016, p. 31).

1369. **MURUCUTUTU** (PERSONALIDADE/Personagem) - Parece ser considerada como a mãe-do-sono. Nas cantigas das amas indígenas a murucututu é invocada para trazer o sono às crianças que custam a dormir (Strad., *Rev.*, p. 559). Sinônimo de morucututu e jucurutu.

1370. **MURUMUXAUÁ** - Sinônimo de cacique (PERSONALIDADE), curaca, muruxauá, tuxaua e morubixaba.

1371. **MURUPETECA** - Sinônimo de taioca (PERSONALIDADE/Inseto). Na Amazônia, o mesmo que formiga correição (Ihering, *Dic.*, p. 536).

1372. **MURUPOROROCA** - Sinônimo de pororoca (PERSONALIDADE).

1373. **MURURÊ** (PERSONALIDADE/Planta) IV, 21) - O mururê de flores roxas é a *Eichornia azurea* Kth. É o conhecido aguapé do Sul (Pio Corrêa, *Dic.*,); ninfácea da Amazônia, que forma ilhotas flutuantes nos lagos e nos rios, ali deslizando ao sopro dos ventos, aqui descendo ao sabor da corrente no período das cheias (Souza, *Dic.*, p. 282). Nome pelo qual se designa todas as plantas natantes, quer flutuem somente durante a cheia, radicando no solo no verão, quer possuam apenas raízes aquáticas. O seu número nas zonas baixas é considerável (Ch. Miranda).

1374. **MURUXAUÁ** - Sinônimo de cacique (PERSONALIDADE), Curaca, morubixaba, murumuxaua e tuxaua.

1375. **MUSSUÃ** (IV, 55) - Ver muçuã (PERSONALIDADE/Animal).

1376. **MUTÁ** (MATÉRIA) (XI, 110) - Na Amazônia, assim se chama a uma espécie de palanque sobre o qual se espera a caça no mato ou o peixe à beira d'água (Strad., *Rev.*, p. 562).

1377. **MUTIRÃO** - Sinônimo de puxirão (ENERGIA).

1378. **MUTUCA** (PERSONALIDADE/Inseto) (XIII, 16) - Moscardo. Díptero hematófago da família tabanídeos.

1379. **MUTUM** (PERSONALIDADE/Ave) (V, 32) - Galináceo do gênero *Crax*, todo preto, exceto o bico e as pernas; é do tamanho de um peru pequeno (P. da Costa, *Voc.*, p. 506).

1380. **MUTUM DE FAVA** (PERSONALIDADE/Ave) (V, 52) - *Crax globulosa* Spix (Martius e Spix, *Viagem*, Vol. III, p. 191).

1381. **MUTUM DE VARGEM** (PERSONALIDADE/Ave) (V, 52) - *Crax pauri*. O mesmo que *Crax tuberosa* Spix (Martius e Spix, *Viagem*, Vol. III, p. 191).

1382. **MUTUM PORANGA** (PERSONALIDADE/Ave) (V, 52) - *Crax rubirostri* Spix: (Martius e Spix, *Viagem*, Vol. III, p. 191).

1383. **MUXIRÃO** - Sinônimo depPuxirão (ENERGIA).

1384. **NA MOITA** (PERSONALIDADE/Característica) (X, 7) - Usada como interjeição, a palavra exprime ordem para calar-se, dada de modo enérgico (Viotti, p. 236). Em *Macunaíma*, tem o sentido de ficar calado: " ... mas tinha vergonha de irem pensar que ele era ignorante, e moita."

1385. **NAGÔ, REI** (I, 6) - Nagô é o mesmo que iorubano (PERSONALIDADE) (A. Ramos, *O Negro*, p. 29).

1386. **NAIPI** (PERSONALIDADE/Personagem) (IV, 13) - Em *Macunaíma* Naipi era filha do tuxaua Mexô-Mexoitiqui, que virou uma cascata por causa do feitiço da boiúna Capei. Não encontramos definição deste nome, cujo sentido fugiu a todo esforço empregado para descobri-lo. Anotamos, apenas, sem ideia de acertar, que, em língua caxinuá, existem: *Nai* - ceu; *pi* - morder, e *naipo* - céu bonito.

1387. **NALACHÍTCHI** (III, 29) - *Membrum muliebre*. Língua canamirim canamare Nlachitschy (Martius, *Glos.*, p. 235). Sinônimo de vagina (MATÉRIA/Órgãos) (JAFFE, Noemi. *Macunaíma*. ANDRADE, Mário de, 2016, p. 27).

1388. **NAMORISTA** (PERSONALIDADE/Característica) (VII, 47) - Namorador. A forma namorista é corrente em Mato Grosso.

1389. **NANÃ** - Sinônimo de anamburucu (PERSONALIDADE/ Entidade).
1390. **NASCENTE** - Sinônimo de manadeiro (ESPAÇO/Rio).
1391. **NATUREZA** (PERSONALIDADE/Característica) (VI, 50) - Gênero, sexo.Trecho que alude à crença popular de que passar por baixo do arco-íris faz mudar de sexo. (JAFFE, Noemi. *Macunaíma*. ANDRADE, Mário de, 2016, p. 213, nota 139). Sexo, instinto sexual. Gabriel Soares (*Tratado*) fala de pessoas mordidas "na boca, no nariz e na natura", pela Upupiara.
1392. **NEGRA** - Sinônimo de Catarina (PERSONALIDADE/ Personagem).
1393. **NEGRINHO DO PASTOREIRO** (PERSONALIDADE/Personagem) (IV, 58) - Lenda do Rio Grande: Um estancieiro cruel comprou uma boa ponta de novilhos. Quando foi contá-los, deu por falta de um; sem mais demora, deu uma surra de relho no crioulito que pastorejava o gado, enterrando-o, em seguida, num formigueiro. No dia seguinte, indo ver a sua vítima, notou que do formigueiro se erguia uma nuvem e, envolvido nela, subia o mártir ao céu. Ficou, então, o uso de acenderem velas ao negrinho do pastoreio, quando querem reaver alguma coisa perdida (L. C. Morais, *Voc.*, .p. 160).
1394. **NENEN-DE-GALINHA** (PERSONALIDADE/ Inseto) - Sinônimo de Piolho de Galinha.
1395. **NHAMANJÁ** (PERSONALIDADE/Entidade) (VII, 40) - O mesmo que Iemanjá.
1396. **NHAMBU** (XVI, 19) - O mesmo que inambu

(PERSONALIDADE/Ave), aliás, o próprio texto o diz: - "Estava negaceando um inambu-guaçu. Você fez bulha, nhambu escapuliu."

1397. NHAMUNDÁ (ESPAÇO/Rio) (III, 3) - O mesmo que Jamundá. Segundo Ferreira Pena, tornou-se célebre em virtude da lenda das amazonas. Sobre ele também escreveu B. Rodrigues, que o dá como afluente do Amazonas contrariando a opinião de F. Pena que o considera tributário do Trombetas (PROENÇA, *Roteiro de Macunaíma*, 1950, p. 284). Rio do Amazonas (JAFFE, Noemi. *Macunaíma*. ANDRADE, Mário de, 2016, p. 24).

1398. NHEENGATU (PERSONALIDADE) - também conhecido como língua geral, língua geral amazônica ou tupi moderno, é uma língua indígena pertencente à família tupi-guarani, sendo então derivada do tronco tupi. Esse idioma tem origem na língua geral setentrional, que por sua vez proveio do tupi antigo.[4] O nheengatu também é referido em menor grau por uma grande variedade de nomes, incluindo nenhengatu,[5] nhengatu,[6] nyengatu,[7] tupi amazônico,[8] waengatu,[6] ñe'engatu (este último em espanhol),[6] entre outros. Desenvolvida a partir do tupinambá, falada ao longo de todo o vale amazônico brasileiro até a fronteira com o Peru, na Colômbia e na Venezuela; língua geral amazônica. Wikipédia.

1399. NINHO DE ABELHA (MATÉRIA) (XIII, 39) - Delicado trabalho de agulha, muito usado como enfeite de roupas de criança, e que consiste um carreiras de nervuras presas por pontos intercalados, imitando favos.

1400. NOITIBÓ (PERSONALIDADE/Ave) (XIV, 47) - Nome português dos caprimulgídeos. No Brasil essas aves são denominadas curiangos. Aves de hábitos noturnos, grandes olhos, insetívoras principalmente (Ihering, p. 548).

1401. NORUEGA DO PACAEMBU (ESPAÇO/Lugar) (V, 27) - Termo usado nos Estados sulinos para nomear a encosta meridional das terras, por isso mesmo constituindo terrenos sombrios e úmidos (Souza, *Dic.*, p. 287; J. Ribeiro, *Cur.*, p. 62).

1402. NOSSA SENHORA DA CONCEIÇÃO (PERSONA-LIDADE/Entidade) (VII, 5) - Oxum (Bahia, Porto Alegre); Ien-á (Rio), segundo A. Ramos (A *Aculturação Negra no Brasil*, p. 248).

1403. NOVATA (PERSONALIDADE/Inseto) (XI, 117) - Ou novato, formiga de. O pau de novato em Mato Grosso é o taxizeiro do Pará. Esta formiga mora no âmago da árvore, e à menor tentativa de cortá-la, cai um chuvisco de formigas de ferroadas dolorosíssimas (Ihering, *Dic.*, p. 336).

1404. NUQUIRIS (MATÉRIA/Órgãos) (XVII, 56) - Empregado por M. de A. no sentido de testículos.

1405. OBATALÁ (VII, 3) - Sinônimo de Oxalá (PERSONA-LIDADE/Divindade). Também chamado Orixalá, está na primeira linha das divindades secundárias, na religião iorumana (A. Ramos, *O Negro*, p. 32). Obatalá preside à formação da criança no útero materno (*Id.*, p. 213).

1406. OBRIGAÇÃO (PERSONALIDADE) (XlII, 38) - Aqui Jiguê faz referência à Suzi, sua companheira, pedindo que Macunaíma não brinque com sua obrigação (JAFFE,

Noemi. *Macunaíma.* ANDRADE, Mário de, 2016, p. 140). A família, os filhos (L. C. Moraes, *Voc.*, p. 163).

1407. **OCÊ** (PERSONALIDADE) (XI, 83) - Forma regional de você, registrada por A. Amaral e corrente em Minas, São Paulo e Nordeste.

1408. **OCHOSSE** - Sinônimo de Oxossi (PERSONALIDADE/Divindade).

1409. **OCHUM** - Sinônimo de Oxum (PERSONALIDADE/Divindade).

1410. **OFERECIDO** (PERSONALIDADE/Característica) (III, 15) - Que se oferece sem ser solicitado, que procura impor-se sem ser chamado.

1411. **OGÃ** (PERSONALIDADE) (VII, 6) - Ou agã. Os ogãs são pessoas que protegem os locais onde se realizam as macumbas, membros protetores dos terreiros (A. Ramos, *O Negro*, p. 37). No candomblé, título conferido a pessoas prestadoras de relevantes serviços à comunidade do terreiro (JAFFE, Noemi. *Macunaíma.* ANDRADE, Mário de, 2016, p. 65).

1412. **OGUM** (PERSONALIDADE/Entidade) (VII, 6) - Orixá iorubano do ferro. Um dos orixás mais populares entre negros da Bahia e do Distrito Federal. É a divindade secundária das lutas e das guerras (A. Ramos, *O Negro*, p. 35; Viotti, *Dic.*, p. 249).

1413. **OI** (ENERGIA/forma de saudação) (XI, 78) - Olha, escuta, ouve, ô. Também ôi (Viotti, *Dic.*, p. 249).

1414. **OIBÊ** (PERSONALIDADE/Entidade) - Segundo

Cavalcanti Proença, é uma variante da cobra-grande (boiúna) amazônica.

1415. OLELÊ RUI BARBOSA (PERSONALIDADE/Personagem) (VII, 6) - Alcunha inventada por Mário de Andrade para Pixinguinha (1897-1973) um dos maiores instrumentistas e compositores da música popular brasileira, que tinha marcas de varíola no rosto (JAFFE, Noemi. *Macunaíma*. ANDRADE, Mário de, 2016, p. 65).

1416. OLHO DE FORMIGUEIRO (ESPAÇO) (VI, 54) - Pequena abertura na terra, denunciando a entrada do formigueiro.

1417. OLONITI (MATÉRIA/Bebida) - Bebida alcoólica, espumante, extraída da seiva fermentada do buriti (Viotti, *Dic.*, p. 251). *Olóniti*; bebida fermentada, feita com o polvilho torrado da mandioca brava, servida durante as festas dos indígenas Paresí, de Mato Grosso e Rondônia (Jaffe, Noemi, *Mac.*, M. de Andrade, 2016, p. 21).

1418. OLORUM - Sinônimo de Olorung (PERSONALIDADE/Entidade).

1419. OLORUNG (PERSONALIDADE/Entidade) (VII, 9) - Sinônimo de Olorum. Na África é conhecido como o Senhor ou Mestre do Céu, confundido com a própria abóbada celeste. Na mística iorubana é o maior de todos (A. Ramos, O Negro, p. 30; Viotti, *Dic.*, p. 251).

1420. OMULU (PERSONALIDADE/Entidade) (VII, 36) - Ou Omolu, é um orixá malfazejo, demoníaco, de atributos fálicos (A. Ramos, *Negro*, p. 37).

1421. ONÇA (PERSONALIDADE/Animal) (XVI, 42) -

Onça pintada, o *jaguaretê* dos índios. Carnívoro da família dos felídeos. A onça preta é uma variante e não constitui outra espécie, como supõe o povo (Ihering, *Dic.*, p. 550).

1422. ONÇA PARDA - Sinônimo de suçuarana (PERSONALIDADE/Animal).

1423. ONÇA PINIMA (XVI, 42) - Sinônimo de onça pintada (PERSONALIDADE/Animal). Pinima, em tupi, quer dizer pintado, tanto que se justapõe ao nome de muitos outros animais: mutum-pinima, etc.

1424. ONCINHA, FORMIGA (PERSONALIDADE/Personagem) (V, 94) - Pereira da Costa define a oncinha como uma espécie de formiga, Splegil, também conhecida por mosqueada (Voc. p. 518). Talvez venha daí a confusão de M. de A., pois a chamada formiga oncinha é a fêmea áptera de uma vespa.

1425. OPALÁ (PERSONALIDADE/Personagem) (V, 94) - Formiga tocandira, de cor cinzenta, menor que a llag (K. Grümberg, Saga 20, Nota 5, Vol. II, p. 61).

1426. ORA (TEMPO) - Advérbio. Neste exato momento; agora: o projeto, ora avaliado, foi aprovado. interjeição Indica espanto, dúvida, desinteresse. Tem valor conclusivo; pois: orà, o projeto foi um desastre (ORA - DICIO, DICIONÁRIO ONLINE DE PORTUGUÊS, [s. d.]).

1427. ORIXÁ (PERSONALIDADE/Divindade) - Sinônimo de Divindade. São eles: Oxossi Baru, Exu, Iemanjá, Iroco, Oxalá (orixalá, obatalá), Oxum, Omulu, Ogum, Olorum, Nanã (anamburucu) e Xangô.

1428. **ORIXALÁ** - Sinônimo de Oxalá (PERSONALIDADE/ Divindade).
1429. **ORIXALÁ** - Sinônimo de Oxalá no Brasil (PERSONALIDADE/Divindade).
1430. **OROBÔ** (PERSONALIDADE/FRUTO) (VII, 39) - Viotti, (*Dic.*, p. 252), define orobô como fruto cuja mastigação torna fatal a praga proferida. Tal sentido não se ajusta ao contexto, em que aparece como vocativo "Sai Orobô", salvo erro nosso de interpretação. Parece-nos, antes, palavra africana, como outras insertas na mesma cantoria de macumba.
1431. **OROPA** (ESPAÇO/Lugar) (VIII, 33) - Deturpação de Europa, na linguagem caipira, registrada por L. C. Moraes (*Voc.*, p. 164). O mesmo que Europa.
1432. **OSSO DE PAI JOÃO** (MATÉRIA/Corpo) - O coccix. Palavra menos usada do que mucumbu (L. Motta, *Violeiros*, p. 284).
1433. **OSSO-DE-CAVALO** (MATÉRIA/Pedra) (VI, 37) Sílex, satélite de diamante (A. B. Hollanda).
1434. **OURIÇO CACHEIRO** (PERSONALIDADE/ Animal) - Roedor da família dos Coendídeos, gênero *Cuandu*. O pelo é quase escondido pelos numerosos espinhos que recobrem a parte superior do corpo (Ihering). *Coendou prehensilis* é o nome científico de um roedor arborícola, notívago e herbívoro, encontrado em florestas tropicais desde o México até a América do Sul, conhecido vulgarmente no Brasil como ouriço-cacheiro, porco-espinho, cuandu e cuim (ERINACEINAE, 2021).

1435. **OURICURI** (PERSONALIDADE/Árvore) (V, 19) - Palmeira que abundamente vegeta na zona sertaneja. (*Coccos coronata* Mart.). Produz bom azeite, extraído da amêndoa do fruto (P. da Costa, ***Voc.***, p. 519).
1436. **OVO DE POMBA** (MATÉRIA/Pedra) (VI, 37) - Quartzo rolado, satélite do diamante (A. B. Hollanda).
1437. **OXALÁ** (PERSONALIDADE/Divindade) (VII, 34) - O mesmo que Obatalá, no Brasil, divindade gegê-nagô, assimilada na Bahia ao Senhor do Bonfim (A. Ramos, *Negro*, p. 116). Orixá superior iorubano, criador da terra e dos seres humanos (JAFFE, Noemi. *Macunaíma*. ANDRADE, Mário de, 2016, p. 67).
1438. **OXÓSSI** (PERSONALIDADE/Divindade) (VII, 36) - Ou Ochosse, Orixá, divindade secundária, muito festejada nos candomblés. Deus dos caçadores (A. Ramos, *Negro*, p. 37). No Rio, assimilado a S. Sebastião.
1439. **1OXUM** (PERSONALIDADE/Divindade) (VII, p. 5) - Ou Ochum. Divindade da mitologia afro-brasileira (A. Ramos, *Negro*, p. 71).
1440. **P'R'OS QUINTOS** (ESPAÇO/Lugar) (VII, 39) - Para os quintos dos infernos (Viotti, *Dic.*, p. 288).
1441. **PACA** (PERSONALIDADE/Animal) (XI, 125) - Mamífero roedor (*Coelogenys paca*), habitante das matas e excelente caça (P. da Costa, *Voc.*, p. 521).
1442. **PACARI** (MATÉRIA/Objeto) (XVI, 39) - Cesto de folhas de tucum ou tucumã, de talas coloridas previamente (Viotti, *Dic.*, p. 255).
1443. **PAÇOCA** (MATÉRIA/Comida) (lI, 70) - Uma espécie

de farofa socada no pilão. - Castanha de caju, de ouriço ou de gergelim, pilada e misturada com farinha d'água. Também é preparada com carne assada, socada no pilão com farinha de mandioca ou de milho, até ficar reduzida a uma massa bem triturada e misturada (Ch. Miranda). Alimento preparado com carne assada e farinha de mandioca esmagados numa espécie de pilão. Tornou-se o farnel dos bandeirantes por ser próprio para as viagens pelo Sertão (Jaffe, Noemi, *Mac.*, M. de Andrade, 2016, p. 20).

1444. PACOTE (MATÉRIA) (XI, 168) - Muito dinheiro (Viotti, *Dic.*, p. 255).

1445. PACOVA (ENERGIA) (V, 21) - Ato obsceno. Banana. "O gesto da cegonha, que se fazia com o dedo index,. e depois com o braço, imitando o longo colo daquela ave, confundiu-se e perpetuou-se com o outro, abceno e incivil" (J. Ribeiro, *Curios.*, p. 68).- *Musa paradisíaca*. Nome genérico dado às várias espécies.

1446. PACOVÁ (PERSONALIDADE/Planta) - Planta Pacová (*Philodendron martianum*). Também popularmente conhecida como Babosa-de-pau, a planta nativa da Mata Atlântica (*PHILODENDRON MARTIANUM*, 2022).

1447. PACU (PERSONALIDADE/Peixe) (XVI, 23) - Peixe de rio, de escamas, muito comum nas correntes da zona sertaneja (P. da Costa, *Voc.*, p. 178; Viotti, *Dic.*, p.255).

1448. PACUERA (MATÉRIA) As víceras tiradas de boi, porco ou carneiro abatido (JAFFE, Noemi. Macunaíma. ANDRADE, Mário de, 2016, p. 162).

1449. PADZÁ (PERSONALIDADE/Peixe) (XVI, 24) - Nome

de um peixe em taulipangue. Em *Mac.*, é nome próprio de determinado peixe - uma pirandira.

1450. **PAGÉ** - Sinônimo de pajé (PERSONALIDADE).
1451. **PAGI** - Sinônimo de pajé (PERSONALIDADE).
1452. **PAGO** (ESPAÇO) (V, 13) - Regionalismo gaúcho. - Lugar onde se nasceu, o rincão, a querência, o povoado, o município onde alguém mora, ou de onde é natural (Souza, *Dic.*, p. 293).
1453. **PAGODEAR** (ENERGIA) (VII, 41) Brincar, folgar, divertir-se (P. da Costa, *Voc.*, p. 525).
1454. **PAGODEIRA** - Sinônimo de furdunço (ENERGIA).
1455. **PAI** - Sinônimo de pajé (PERSONALIDADE).
1456. **PAI DA TOCANDEIRA** (ESPAÇO) (II, 73) - Lugar onde a mãe de Macunaíma foi enterrada, debaixo de uma pedra no lugar chamado Pai de Tocandeira (JAFFE, Noemi. *Macunaíma*. ANDRADE, Mário de, 2016, p. 21).
1457. **PAI DA TOCANDEIRA** (II, 73) - Sinônimo de Pai do Mutum (PERSONALIDADE/Personagem).
1458. **PAI DAS** ÁRVORES (X, 12) - Sinônimo de Pai do Mutum (PERSONALIDADE/Personagem).
1459. **PAI DAS AVES** (X, 12) - Sinônimo de Pai do Mutum (PERSONALIDADE/Personagem).
1460. **PAI DAS CAÇAS** (X, 12) - Sinônimo de Pai do Mutum (PERSONALIDADE/Personagem).
1461. **PAI DE SANTO** - Sinônimo de Pai do Terreiro (PERSONALIDADE/Entidade).
1462. **PAI DO MUTUM** (PERSONALIDADE/Personagem) (X, 12) - Pauí - Pódole. Pódole é o elemento que significa

pai, origem, pois, entre os índios, todos os seres têm um pai ou mãe. O Cruzeiro do Sul é o Pai do Mutum (*cf.* K. Grürnherg). Imitando a linguagem indígena, M. de A. fala em Pai das Árvores, Pai do Vira, etc. Aliás, é relativamente comum, na linguagem popular, como forma enfatizante ou hiperbólica de superlativo, atribuir às pessoas a paternidade ou maternidade de virtudes e defeitos: "F. é a mãe da paciência"; S. é o pai do sono", etc.

1463. **PAI DO SONO** (PERSONALIDADE/Personagem) (XIV, 4) - Emoron-Pódole.

1464. **PAI DO TERREIRO** (PERSONALIDADE/Entidade) (I, 16) - Ou Pai-de-terreiro. O mesmo que Pai de Santo. O principal sacerdote de um terrreiro. É o equivalente masculino da mãe-de-terreiro. Feiticeiro (Viotti, *Dic.*).

1465. **PAI DO URUBU** (XVI, 92) - Ver Pai do Mutum (PERSONALIDADE/Personagem)).

1466. **PAI DO VIRA** (XII, 58) - Ver Pai do Mutum (PERSONALIDADE/Personagem).

1467. **PAI DOS INSETOS** (X, 35) - Ver Pai do Mutum (PERSONALIDADE/Personagem)).

1468. **PAIÉ** - Sinônimo de pajé (PERSONALIDADE).

1469. **PAITUNARÉ** (PERSONALIDADE/Personagem) - é o cabeça grande, só é preso com uma rede de cabelos de mulher.

1470. **PAJAURUAÇU** - Sinônimo de beiju (MATÉRIA/Comida).

1471. **PAJÉ** (PERSONALIDADE) - O pajé ou pagé é uma pessoa de destaque em certos povos indígenas da América do Sul. São curandeiros, tidos como portadores de poderes ocultos, ou orientadores espirituais. Tem, como sinonímia, os termos: xamã, manda-chuva, benzedor e curandeiro. Outras terminologias se aplicam: caraíba, paié, pagi, pay, payni, pai.

1472. PAJELANÇA (ENERGIA/Ritual) (I, 6) - Ato de pajé, sortilégio, feitiçaria (Ch. Miranda). - Cerimonial de pajé para, através de espíritos encantados de homens e animais, receber inspiração para receitas e conselhos. - Práticas deturpadas do catimbó ou torê, em que há sincretismo com elementos africanos e durante as quais há cantos, danças e cura de doenças. O mesmo que feitiçaria. Ritual de cura realizado por um pajé.

1473. PAJELANÇA DE CABLOCO (ENERGIA/Ritual): conjunto de práticas de cura xamanística, com origem em crenças e costumes dos antigos índios Tupinámbas, sincretizados pelo contato com o branco e negro, desde pelo menos a segunda metade do seculo XVII.

1474. PAJEÚ (MATÉRIA/Instrumento): Punhal ou faca pontiaguda, com cabo de chifre. (JAFFE, Noemi. *Macunaíma*. ANDRADE, Mário de, 2016, p.24)

1475. PAJUARI (MATÉRIA/Bebida) (III 8) - Vinho obtido pela fermentação de beijus de farinha ou da própria mandioca ralada e cozida em papa (Mart. e Sp., *Viagem*. vol. III, p. 324; Ch. de Miranda). Bebida indígena fermentada de frutas (JAFFE, Noemi. *Macunaíma*. ANDRADE, Mário de, 2016, p. 25).

1476. PALA, ABRIR O (ENERGIA) (XI, 93) - Fugir, sumir-se (Viotti, *Dic.*, p. 256).

1477. **PALAUÁ** (ESPAÇO/Lago) (XIV, 24) - Nome de um lago, em taulipangue.
1478. **PALAUÁ** (PERSONALIDADE/Animal) (XIV, 24) - Sinônimo de Suçuarana (PERSONALIDADE/Animal). Usado, em *Mac.*, na acepção de onça parda.
1479. **PALHETA** - Sinônimo de sapopema (MATÉRIA/Raiz).
1480. **PALMA-CHRISTI** - Sinônimo de mamona (PERSONALIDADE/Planta).
1481. **PALMEIRA-AÇAÍ** - Sinônimo de açaizeiro (PERSONALIDADE/Árvore).
1482. **PALPITAR** (ENERGIA) (V, 25) - Pressentir, supor, sondar, apalpar (A. B. Hollanda).
1483. **PALPITE** (MATÉRIA/Característica) (XII, 86) - Intuição de ganho no jogo (A. B. Hollanda).
1484. **PAMONHA** (MATÉRIA/Comida) (V, 79) - Bolo de farinha de arroz ou milho, com açúcar e mel, enrolado em palha.
1485. **PAMONHA** (PERSONALIDADE/Característica) - Sujeito mole, sem iniciativa, preguiçoso (R. Moraes, *Meu Dic.*; R. Garcia, *Dic.*, p. 885). Nesta última acepção foi usado por M. de Andrade.
1486. **PAMPA** (ESPAÇO) (VI, 52) - Grande planície coberta de vegetação rasteira, na região meridional da América do Sul (A. B. de Hollanda).
1487. **PANAPANÁ** (PERSONALIDADE/Inseto) (XV, 15) - Borboleta do gênero *Callydrias*, segundo B. Rodrigues (*Por.*, p. 320).

1488. PANCADA (PERSONALIDADE/Rio) (XII, 50) - Cachoeira a pique nos rios.

1489. PANEIRO (MATÉRIA/Objeto) (I, 7) - Cesto de vime com asas. Cesto amazônico trançado, feito de talas de guarimã, guarumã ou arumã. (JAFFE, Noemi. *Macunaíma*. ANDRADE, Mário de, 2016, p. 9)

1490. PANEMA (PERSONALIDADE/Característica) (IV, 58) - Pessoa infeliz. Vítima de feitiço. Infeliz na caça ou na pesca (Ch. Miranda). - Palerma (Viotti, ***Dic.***).

1491. PANGARÉ (PERSONALIDADE/Animal) (XIII, 24) - Diz-se do cavalo amarelo, tirante a cor de café (A. Amaral, *Dial.*, p. 180).

1492. PAPA-TERRA - Sinônimo de curumbatá (PERSONALIDADE/Peixe).

1493. PAPA-VEADO (PERSONALIDADE/Animal) (XVI, 42.) - Usado na acepção de variedade de onça.

1494. PAPACEIA (PERSONALIDADE/Estrela) (I, 22) - Sinônimo de Estrela Vesper. No Nordeste, papaceia.

1495. PAPAGAIO-DE-COLEIRA - Sinônimo de curica-bacabal (PERSONALIDADE/Pássaro) no Maranhão, anacã, vanaquiá e anamburucu.

1496. PAPAGAIO-DOS-MANGUES - Sinônimo de curica (PERSONALIDADE/Pássaro).

1497. PAPAGAIO-GREGO - Sinônimo de curica (PERSONALIDADE/Pássaro).

1498. PAPAGAIO-MOLEIRO - Sinônimo de curica (PERSONALIDADE/Pássaros).

1499. **PAPAGAIO-POAEIRO** - Sinônimo de curica (PERSONALIDADE/Pássaro).

1500. **PAPAGAIO-RESMUNGADOR** - Sinônimo de curica (PERSONALIDADE/Pássaro).

1501. **PAPAMEL** (PERSONALIDADE/Animal) (II, 26) - Ou irara. *Tayra barbara*. De hábitos noturnos, caça pequenos animais e gosta muito de mel (Ihering, *Dic.*, p. 403). Mamífero de corpo esguio e musculoso, cauda longa e orelhas pequenas e redondas. Pode apresentar corpo escuro e cabeça e pescoço cinzas ou corpo, cabeça e pescoço branco-amarelados; irara. Segundo João Barbosa Rodrigues, o Currupira "tem consigo sempre um cão chamado Papa-mel".

1502. **PAPATERRA** - Sinônimo de acará (PERSONALIDADE/Peixe).

1503. **PAPERI** (VI, 1) - Sinônimo de papiri (MATÉRIA).

1504. **PAPIRI** (MATÉRIA) (VI, 1) - É a barraquinha de seringueiro, erguida no centro, mais ou menos provisória (Lauro Palhano, *Mamprava*, p. 247; Souza, *Dic.*: p. 298). Sinônimo de paperi.

1505. **PARADEIRO** (ESPAÇO/Lugar) (IV, 61) - Lugar onde alguma coisa ou pessoa está, pára ou finda (A. B. Hollanda).

1506. **PARAFUSAR** (ENERGIA) (XV, 16) - Sinônimo de grugunzar (ENERGIA).

1507. **PARANÁ** (ESPAÇO/Lugar) (VIII, 17) - Braço mais largo de um rio cuja caudal é dividida por uma ilha. - Canal que liga dois rios.

1508. **PARANÁ GUAÇU** (ESPAÇO/Mar) - Aqui, no sentido

de mar (JAFFE, Noemi. Macunaíma. ANDRADE, Mário de, 2016, p. 75).

1509. PARANARI (PERSONALIDADE/Árvore) (XII, 40) - Ou parinari. - Árvore corpulenta da terra firme, que tem raízes salientes como a samaúma (Strad., *Rev.*, p. 339).

1510. PARDO, VEADO - Sinônimo de mateiro (PERSONALIDADE/Animal).

1511. PARI (MATÉRIA/Instrumento) (XI, 94) - Termo geral, designativo de estacada feita nos rios, apoiada por dois grossos varões, que atravessam a corrente, de um barranco a outro, em geral para apanhar peixes (Souza, *Dic.*, p. 300; A. Amaral, *Dial.*, p. 181). - Gradeado feito de fasquias de madeira, de preferência de espiques de palmeira paxiúba, amarradas com cipó, com que se barra a boca dos lagos ou dos igarapés para impedir a saída do peixe, ou com que se constroem os currais e cacuris (Strad., *Rev.*, p. §92).

1512. PARICÁ (PERSONALIDADE/Árvore) (XI, 22) - Nome dado a diversas leguminosas mimosoídeas: *Piptadenia peregrina* Bth, também chamada niopo, no Alto Amazonas; *Parkia multijuga* Bth, em óbidos; *P. niopoides*, no Baixo Amazonas; *P. suaveolens* (Sampaio, *Pl. Am.*, p. 49). A fruta do paricazeiro e o pó extraído da mesma, torrada e secada para ser aspirado pelas narinas, por meio de um instrumento especial, feito de ossos de perna de ave, geralmente maguari, soldados com cerol, em feitio de forquilha, ou para ser insuflado reciprocamente, quando tomado cerimoniosamente em suas festas, pelos Muras. Para estes parece suprir o caápi, que não conhecem ou não usam, atribuindo ao pó de paricá os mesmos efeitos estupefacientes e inebriantes (Strad., Rev:., p. 591; B. Rodr., Por., p. 169).

1513. **PARINARI** - Sinônimo de paranari (PERSONALIDADE/Árvore).

1514. **PASSARINHO VERDE, VER** (PERSONALIDADE/Característica) (XIV, 1) - É da linguagem popular, perguntar, quando alguém está muito alegre; - Viu passarinho verde?

1515. **PATAQUEIRA** (PERSONALIDADE/Planta) (XI, 116) - Com o nome de pataquera existem duas plantas, da flora da ilha de Marajó: *Canobea scoparioides* e *C. aquatica*. Escrofuloriácea (Sampaio, *Pl. Am.*, p. 50).

1516. **PATARACOS** (MATÉRIA) (V, 11) - Dinheiro. De *pataca*, moeda antiga, grande mas de pouco valor (320 réis).

1517. **PATCHULI** (PERSONALIDADE/Planta) (VI, 28) - Planta odorífera, procedente da China. *Pachuli* seria mais certo, o *t* sendo influência da pronúncia inglesa. - *Andropogon squarrosus* L. Gramínia (Sampaio, *Pl. Am.*, p. 50). A raiz, seca e guardada em saquinhos ou amarrada em pequenos feixes, é posta nas gavetas a perfumar a roupa.

1518. **PATRIOTISMO** (PERSONALIDADE/Característica) (VI, 28) - Termo de gíria que designa o busto feminino, principalmente se avantajado.

1519. **PATUÁ** (MATÉRIA) (XV, 72) - Amuleto que consiste em um saquinho ou breve de pano ou de couro, contendo uma oração qualquer, e que se traz ao pescoço, pendente de uma fita ou cordão (P. da Costa, Voc., p. 547). Saquitel que contém rezas ou objetos de feitiçaria (L. Motta, *Cant.*,

p. 383). Em Mato Grosso se diz: - Quem não pode com a mandinga não carrega patuá. - Amuleto que consiste em um saquinho ou breve de pano ou de couro, contendo uma oração qualquer, e que se traz ao pescoço, pendente de uma fita ou cordão (P. da Costa, *Voc.*, p. 547).

1520. **PAU CAMPECHE** (PERSONALIDADE/Árvore) (VI, 28) - Árvore da família das leguminosas. O àmago da madeira é roxo. *Hoematoxium campechianum.* Muito empregado em tinturaria.

1521. **PAU D'ARCO** (PERSONALIDADE/Árvore) (VI, 54) - *Tecoma spp.*, nos tesos altos de Marajó e *T. conspicua.* Bignoniácea (Sampaio, *Pl. Am.*, p. 50). Tecoma *heptaphylla*, de flores amarelas, é o ipê, de inexcedível beleza.

1522. **PAU DE FORMIGA** - Sinônimo de taxizeiro (PERSONALIDADE/Árvore).

1523. **PAU DE NOVATO** - Sinônimo de taxizeiro (PERSONALIDADE/Árvore).

1524. **PAU-CETIM** (MATÉRIA/Insumo) (VI, 30) - Nome dado à madeira do pau-amarelo, quando revessa, segundo Hubert., in *Bol. do Mus.* Goeldi, IV, 1910, p. 185 (Sampaio, *Pl. Am.*, p. 52). - *Aspidosperna eburneum.*

1525. **PAU-DE-ARARA DE VÁRZEA** - Sinônimo de araraúna (PERSONALIDADE/Pássaros brasileiros).

1526. **PAUÊ** (ESPAÇO/Lugar) (XIV, 48) - Empregada no sentido de brejo, ou, talvez, cerca. Terreno alagado com água estagnada. (JAFFE, Noemi. *Macunaíma.* ANDRADE, Mário de, 2016, p. 148).

1527. **PAUÍ-PÓDOLE** (PERSONALIDADE/Personagem)

(X, 30) - O mesmo que Pai Mutum - É o pai do mutum, ave cracídea. O Cruzeiro do Sul é para os índios um enorme *mutum* no campo do céu (K. Grümberg).

1528. **PAULISTANO** (PERSONALIDADE/Característica) (V, 22) - Natural de São Paulo, capital do Estado homônimo.

1529. **PAÚRA** (PERSONALIDADE/Característica) (XI, 84) - Pavor, medo, palavra italiana, muito usada em S. Paulo (Viotti, *Dic.*, p. 266).

1530. **PAUS** (MATÉRIA) (V, 11) - Dinheiro. "Eu só sustento a mentira se vocês me derem outra vaca ou trezentos paus" (*Lanterna Mágica*, n.o 808, 1910; P. da Costa. *Voc.*,- p. 548).

1531. **PAXIÚBA** (PERSONALIDADE/Árvore) (I, 4) - *Iriarte exorrhiza* M. e *I. Orbignyana* M - Palmeira (Sampaio, *Pl. Am.*, p. 52).

1532. **PAY** - Sinônimo de pajé (PERSONALIDADE).

1533. **PAYNI** - Sinônimo de pajé (PERSONALIDADE).

1534. **PÉ-RAPADO** (PERSONALIDADE/Característica) (VII, 38) - Pobretão, indivíduo sem meios certos de subsistência (R. Garcia, *Dic.*, p. 893; A. Amaral, *Dial.*, p. 185, etc.).

1535. **PÉ DE PATO** (VII, 31) - Sinônimo de demônio (PERSONALIDADE). (P. da Costa, *Voc.*, p. 74: Viotti, *Dic.*, p. 266).

1536. **PÉ-DE-BOI** - Sinônimo de mororó (PERSONALIDADE/Planta).

1537. 1539. **PEALO** (ENERGIA) (XI, 23) - Passar o pealo em alguém: enganar, lograr, usar de artimanhas para enganar (L. C. Moraes, *Voc.*, p. 172).

1538. **PEBA, URUBU** (PERSONALIDADE/Ave) (XVI, 90)

- o mesmo que urubu camiranga. Vide o verbete. (Ihering, *Dic.*, p. 826).
1539. **PECAÍ** (PERSONALIDADE/Ave) (IV, 55) - Palmípede do igapó, gênero *Podiceps*, que começa a cantar em janeiro, quando cessa de fazê-lo o carão (B. Rodr., *Por.*, p. 198).
1540. **PECURRUCHO** (PERSONALIDADE/Criança) (III, 32) - Menino, criança (P. da Costa, *Voc.*, p. 554).
1541. **PEDRA VATÓ** (MATÉRIA) - É a pedra em que o fogo teria se transformado (JAFFE, Noemi. *Macunaíma*. ANDRADE, Mário de, 2016, p. 216).
1542. **PEDRAL** (MATÉRIA/Pedra) (XII, 50) - Série de rochas afloradas nos rios (Sampaio, *Pl. Am.*, p. 52).
1543. **PEGAR NO SONO** (ENERGIA) (VIII, 5) - Adormecer (L. Mota, *Cant.*, p. 52).
1544. 1546. **PEGI** (MATÉRIA) (VII, 38) - Altar onde é cultuado o fetiche com seus adornos simbólicos e as comidas que lhe são devidas (A. Ramos, *O Negro*, p. 33).
1545. **PEITARIA** (MATÉRIA) (IV, 55) - Peito largo, forte.
1546. **PEITO ROXO** (PERSONALIDADE/Ave) (XV, 12) - Ave psitacídea (*Amazona vinacea*).
1547. **PEIXÃO** (PERSONALIDADE/Característica) (XI, 107) - Mulher corpulenta e bonita. O capítulo trata, em grande parte, de pesca, processos e instrumentos de pescaria. Entretanto, quando o herói diz que vai *"pescar peixões no igarapé Tietê"*, o aumentativo nos leva a atribuir à pesca sentido figurado. Peixão é mulher corpulenta e bonita. E, afinal, *Mac.* pescou a filha da Velha Ceiuci.
1548. **PEJI** (ESPAÇO) - No candomblé e em outras religiões,

local sagrado do terreiro, quarto fechado onde se realizam as cerimônias mais importantes e são guardados os objetos dos cultos (JAFFE, Noemi. *Macunaíma*. ANDRADE, Mário de, 2016, p. 68)

1549. PELEAR (ENERGIA) (XI, 67) - Pelejar, brigar (M. Viotti, p. 270).

1550. PELECA (MATÉRIA) (V, 11) - Cédula de papel-moeda (P. da Costa, *Voc.*, p. 558; L. C. Moraes, *Voc.*, p, 174, etc).

1551. PELEGO (MATÉRIA) (X, 36) - Espécie de manta de couro de carneiro para montaria (P. da Costa, *Voc.*, p. 558; A. Amaral, *Dial.*, p. 184).

1552. PELEMA - Sinônimo de tabaco, *petum* (MATÉRIA) em tupi.

1553. PELÍNIA - Sinônimo de tabaco, *petum* (MATÉRIA) em tupi.

1554. PEMBA (MATÉRIA/Instrumento) - Pemba é um giz de formato cônico- arredondada feito de calcário que pode ter diferentes cores, usado ritualisticamente em religiões afro-brasileiras como o Candomblé, a Umbanda, a Quimbanda e a Quiumbanda. Sua principal função nos rituais é para a escrita do ponto riscado, sendo uma grafia sagrada podendo ter diferentes formas geométricas e traços, que representa determinada falange de espíritos ou guia (PEMBA (GIZ), 2021).

1555. PEQUIÁ (PERSONALIDADE/Árvore/Fruta) (III, 1) - *Caryocar villosum* Per. (Sampaio, *Pl. Am.*, p. 53). - *Caryocar brasiliensis*. É árvore dos cerrados. Em Mato Grosso, usam comê-la cozida com arroz e com ela preparam, também, um licor de fama.O fruto dá excelente óleo que se assemelha muito à gordura de tartaruga, na cor e na consistência (B. Rodr., *Por.*, p. 169).

1556. **PEQUIÁ-MARFIM** - Sinônimo de araraúba (PERSONALIDADE/Árvore).

1557. **PERALTAGEM** (ENERGIA) (I, 6) - Vadiação, vício, depravação (P. da Costa, *Voc.,* p. 561).

1558. **PEREBA** (XVI, 59) - Erupção da pele. Sinônimo de bereva (PERSONALIDADE).

1559. **PEREQUETÉ** (XII, 40) - Sinônimo de prequeté (PERSONALIDADE/Característica).

1560. **PERIANTÃ** (PERSONALIDADE/Planta) (XV, 85) - Periantan. - Termo da Amazônia, citado por José Veríssimo, significando aglomeração de canarana, que se encosta às margens ou desce os rios, como ilha flutuante arrastada pela correnteza (Souza, *Dic.,* p. 25).

1561. **PERIQUITÃO** (PERSONALIDADE/Pássaros brasileiros) (XV, 12) - Conurus *leucophtalmus* Mull. (E. Sn., p. 153). *Conurus pavus guyanensis* (Strad., *Rev.,* p. 379). O periquitão (*Psittacara leucophthalmus*), também conhecido por, é uma ave da ordem *Psittaciformes*, família *Psittacidae*. Apresenta outros sinônimos populares como: periquitão-maracanã, aratinga- de-bando, araguaí, maritaca (São Paulo e Minas Gerais), araguari, aratinga, arauá-i, aruaí, cravo, guira-juba, maracanã, maracanã-malhada, maricatã (Minas Gerais) (PERIQUITÃO-MARACANÃ, 2022).

1562. **PERIQUITÃO-MARACANÃ** - Sinônimo de periquitão (PERSONALIDADE/Pássaros).

1563. **PERIQUITO** (PERSONALIDADE/Pássaro) (III, 6) - *Brotogerys chrisopterus* L. (E. Sn., p. 159). É nome popular usado para várias espécies do gênero *Brotogerys*.

1564. **PERNADA** (ENERGIA) (XVI, 71) - Caminhada fatigante. - "Daqui lá é uma boa pernada" (A Amaral, *Dial*, p. 186).

1565. **PERNILONGO** (XIII, 16) - Sinônimo de mosquito (PERSONALIDADE/Inseto).

1566. **PEROBA** (PERSONALIDADE/Planta) (VII, 1) - *Aspidosperna peroba* Fr. All. e outras espécies apocináceas (Sampaio, *Pl., Am.*, p. 270).

1567. **PERUTINGA** - Sinônimo de urubu camiranga (PERSONALIDADE/Pássaro).

1568. **PESCAR** (ENERGIA) - Atividade extrativista de retirar, colher, apanhar, extrair ou capturar quaisquer recursos pesqueiros em ambientes aquáticos, podendo ser exercida em caráter científico, econômico, comercial, esportivo ou de subsistência.

1569. **PESCAR** (ENERGIA) - Em *Macunaíma*, pescar também aparece no sentido de entender. XI "...nenhum não entendia o discurso porque nenhum não pescava nada de brasileiro." (JAFFE, Noemi. *Macunaíma*. ANDRADE, Mário de, 2016, p. 112).

1570. **PESPEGAR** - Sinônimo de chimpar (ENERGIA). Assentar com violência em; aplicar.

1571. **PETA** (PERSONALIDADE/Característica) (XVI, 5) - Mentira (A.B. Hollanda).

1572. **PETIUM** - Sinônimo de tabaco, *petum* (MATÉRIA) em tupi.

1573. **PETUM** (MATÉRIA) (I, 16) - Petume. Nome tupi do tabaco. O mesmo que petium, pelema, pelínia (A. B. Hollanda).

1574. **PETUME** - Sinônimo de tabaco, *petum* (MATÉRIA) em tupi.

1575. **PIÁ** (PERSONALIDADE/Criança) (I, 7) - Menino, em tupi. Coração (A. Amaral, *Dial.,* p. 187; Viotti, *Dic.,* p. 275). O mesmo que criança.

1576. **PIABA** (PERSONALIDADE/Peixe) (lI, 3) - Pequenino peixe de água doce, de escamas, muito abundante nos rios e lagoas (P. da Costa, *Voc.,* p. 569).

1577. **PIAÇOCA** (PERSONALIDADE/Ave) (V, 52) - Ou jaçanã. Ave pequena de peito avermelhado que prefere lugares perto do rio. Em Mato Grosso é conhecida como cafezinho. "Um caráter saliente das piaçocas são os dedos extremamente alongados, que lhes permitem caminhar com a mesma segurança nas folhas das plantas aquáticas como no chão" (A. Sn., p. 94).

1578. **PIAIMÃ** (PERSONALIDADE/Personagem) (V,27) - Em *Macunaíma* é Wenceslau Pietro Pietra, regatão peruano, que comprou a muiraquitã de um mariscador, e tem a posse da mesma. Gigante da mitologia taulipangue (K. Grümberg, Introdução, 2º vol.).

1579. **PICA-PAU** - Sinônimo de arapaçu (PERSONA-LIDADE/Pássaros).

1580. **PICA-PAU, FOLHA DE** (PERSONALIDADE/Personagem) (XII, 24) - Em *Língua* p. 149, João Ribeiro dedica um artigo ao estudo da crendice que atribui virtudes à folha de pica-pau.

1581. **PICADA** (ESPAÇO) (XVI, 71) - Caminho estreito, que se faz por entre mato, derrubando algumas árvores (P. da Costa, *Voc.*, p. 570; R. Garcia, *Dic.*, p. 894, etc.).

1582. **PICOTA** (PERSONALIDADE/Ave) (V, 54) Galinha d'água, capote (A. B. Hollanda).

1583. **PICUÁ** (MATÉRIA/Objeto) (II, 18) - Cesto, balaio (Ch. Miranda). Pequeno paneiro em que o caçador leva os petrechos de uso (Strad., *Rev.*, p. 626).

1584. **PINCHAR** (ENERGIA) (VI, 55) - Arremessar, fazer saltar (L. Gomes, *Contos*, p. 237; Viotti, *Dic.*, p. 277). Em Viotti, p. 31, encontramos a variante *apinchar*, também registrada por Valdomiro Silveira (*Leréias*, "Vocab", p. 184).

1585. **PINGA** (MATÉRIA/Bebida) (VII, 4) - Aguardente (A. B. Hollanda).

1586. **PINGO D'ÁGUA** (MATÉRIA/Pedra) (VI, 37) - Quartzo diamantífero, bem rolado no leito do rio (Viotti, *Dic.*, p. 277).

1587. **PINGUELA** (MATÉRIA) (XIV, 6) - Termo geral designativo de pau ou tronco que, atravessado de um lado a outro de um rio pequeno, riacho ou córrego, permite a passagem, servindo de ponte (Souza, *Dic.*, p. 314).

1588. **PINHA** - Sinônimo de ata e fruta-de-conde (PERSONALIDADE/Fruta).

1589. **PINHÃO PARAGUAIO** (PERSONALIDADE/Fruta) (VI, 28) - Euforbiácea. *Jatropha curcas*. O mesmo que pinhão de purga e pinhão brado (Hoene, p. 175).

1590. **PINICAPAU** (IV, 55) - Sinônimo de arapaçu (PERSO-NALIDADE/Pássaros). Pica-pau, ave (L. Motta, *Cant.*, p. 384).

1591. **PINICAR** (ENERGIA) (I, 6) - Beliscar, dar bicadas (Ch. Miranda).

1592. **PIOLHO DE GALINHA** (PERSONALIDADE/Inseto) (XVII, 12) - O mesmo que nenen-de-galinha. Parasita (P. da Costa, *Voc.*, p. 580).

1593. **PIQUIÁ** - Sinônimo de pequiá (PERSONALIDADE/Árvore/Fruta). Fruto do pequizeiro; pequi. O óleo pode ser extraído da polpa da semente. (Jaffe, Noemi. notas em *Macunaíma*. ANDRADE, Mário de. 2016, p. 24)

1594. **PIRÁ** (PERSONALIDADE/Peixe) - Peixe em tupi (JAFFE, Noemi. *Macunaíma*. ANDRADE, Mário de, 2016, p. 157).

1595. **PIRABA** (PERSONALIDADE/Peixe) (VI, 37) - Na Amazônia é nome de um peixe. *Chalcinus auritus* (Ihering, *Dic.*, p. 622). Fósseis de pirabas, petrificadas pelos séculos, constituem curiosidade arqueológica de algumas regiões do Brasil; por isso, M. de A. os pôs, entre outras peças raras, no tesouro de Venceslau Pietro Pietra.

1596. **PIRACANJUBA** (PERSONALIDADE/Peixe) (V, 2) - Ou piracé. Imigração dos peixes, rio acima, na época da reprodução (Souza, *Dic.*, p. 316; Stradelli, *Rev.*, p. 602). Cardume de peixes que sobem com as primeiras chuvas pelos igarapés e regos (Ch. Miranda).

1597. **PIRACÉ**-Sinônimo de piracanjuba (PERSONALI-DADE/Peixe).

1598. PIRAÍBA (PERSONALIDADE/Peixe) (XI, 102) - Ou piratinga. Peixe de couro, volumoso, atingindo até 3 metros de comprimento. *Brachyplatysoma filamentosum*. A carne não é aproveitada. Somente os peixes jovens são usados na alimentação, os chamados filhotes (Ihering, *Dic.*, p. 624).

1599. PIRAJAGOARA - Do tupi *pirá iauára*. Sinônimo de boto tucuxí (PERSONALIDADE/Entidade).

1600. PIRAMUTABA (PERSONALIDADE/Peixe) (XVI, 24) - Peixe da família pimelodídeos (Ihering, p. 627).

1601. PIRANDIRA (PERSONALIDADE/Peixe) (VI, 23) - Nome de um peixe, entre os taulipangues.

1602. PIRANHA (PERSONALIDADE/Peixe) (V, 3) - Peixe, afim do pacu. Gêneros *Serrasalmus* e *Pygocentrus*. Célebre pela ferocidade, constituindo verdadeiro flagelo nos rios onde existe. Por um pedaço de carne elas são vistas "turbilhonado na água como um enxame de insetos no ar." (Ihering, *Dic.*, p. 628).

1603. PIRANHEIRA (PERSONALIDADE/Árvore) (I, 21) - *Piranhea trifoliata* Baill. Euforbiácea (Sampaio, *Pl. Am.*, p. 53). Árvore grande com os ramos bem desenvolvidos, em geral parcialmente submersos nas margens dos rios da Amazônia. Seus frutos e sementes servem como alimento para piranhas e outros peixes dos rios da região.

1604. PIRAPITINGA (PERSONALIDADE/Peixe) (V, 2) - Peixe fluvial. *Brycon pirapitinga*.

1605. PIRARA (PERSONALIDADE/Peixe) (XI, 102) - Peixe voraz que persegue as tartaruguinhas novas. Ihering acha que deve haver engano, tratando-se da própria piranha. Erro de pronúncia ou tipográfico (*Dic.*, p. 632).

1606. PIRARUCU (PERSONALIDADE/Peixe) (IV, 55) - *Arapaima gigas*. Peixe de água doce, de escamas. Seu peso bruto não raro alcança 100 quilos. Sobre este peixe veja-se José Veríssimo "A pesca na Amazônia" (Ihering, *Dic.* p. 632).

1607. PIRATINGA - Sinônimo de piraíba (PERSONALIDADE/Peixe).

1608. PIROGA (MATÉRIA) (XVII, 16) - Embarcação comprida, estreita e veloz, usada por indígenas da África e da América (A. B. Hollanda).

1609. PISA - Sinônimo de coça (ENERGIA).

1610. PITANGA (PERSONALIDADE/FRUTA) (V, 30) - Fruto da pitangueira (L. C. Moraes, *Dic.*, p.181). Pitanga da mata (óbidos). *Stenocalix* sp. Mirtácea (Sampaio, *Pl. Am.*, p. 54). É uma fruta "produto da árvore Dzalaúra-Iegue (PERSONALIDADE) que também dá as frutas como o caju, cajá, cajá manga, jabuticabas graviola, sapoti, pupunha, abacaxi, abacate e guajiru.

1611. PITIGUARI (PERSONALIDADE/Pássaro) (VIII, 1) - Nome pelo qual é conhecido no nordeste o pássaro que, em outras regiões, se chama gente-de-fora-aí-vem. Daí o aviso que, em *Mac.*, o *pitiguari* dá da chegada do herói.

1612. PITIUM (ENERGIA) (VII, 36) - Sensação produzida no órgão olfativo pelas partículas voláteis que emanam de certos corpos; odor. Cheiro especial do peixe. Sabor de peixe ou gosto de certas aves ictiófagas (Ch. Miranda). O cheiro especial que tressandam os corpos e, especificamente, os peixes. O indígena afirma que o branco *"optiú"*, isto é, cheira a peixe; o preto, *"ocatinga"* - fede, e o tapuio *osakena catu* - cheira bem (Strad., *Rev.* p. 609.)

1613. **PITO** (ENERGIA) (VIII, 43) - Carão, reprimenda, advertência (P. da Costa, *Voc.*, p. 586). Ato de passar carão, de reprimenda, advertência.

1614. **PITOMBA** (PERSONALIDADE/FRUTA) (XIII, 25) - Fruto da pitombeira (P. da Costa, *Voc.*, p. 586).- Árvore sapindácea do Brasil. *Sapindus esculentus*. Diz-se, também, *pitombo* e há variedades como a pitomba-açu ou da mata (*Meleagrinex pernambucana*, e a *pitomba* de leite, que é sapotácea (*Lucuma parviflora*). - Também é dado o nome de pitombeira à cajurana (*Sumaruba guyanensis*), e de pitombeira da Bahia ao caruiri, árvore mirtácea (*Eugenia luschnathiana*).

1615. **PITTU** (PERSONALIDADE/Animal) (XVI, 6) - Tartaruga da Amazônia. Gênero *Podocnemis* (Ihering, *Nossos Animais*, p. 110).

1616. **PIUM** (PERSONALIDADE/Inseto) (II, 13) - Sinônimo de borrachudo (PERSONALIDADE/Inseto), mosquito da família Simulídeos. Frequente nos lugares de água crespa, encachoeirada, onde se criam as larvas. Não se lhe sente a picada, mas logo sobrevém um prurido que persiste durante bastante tempo (Ihering, *Dic.*, p. 165).

1617. **PIXAIM** (MATÉRIA/Característica) (VI, 45) - Diz-se do cabelo de negro, encaracolado. É palavra tupi. Ver. - *pixainho*.

1618. **PIXAINHO** - Sinônimo de pixaim (MATÉRIA).

1619. **PIXÉ** (ENERGIA/Sensação) - Mau cheiro. (JAFFE, Noemi. *Macunaíma*. ANDRADE, Mário de, 2016, p. 57)
1620. **PIXENTO** (PERSONALIDADE/Característica) (XII, 30) - Que tem pixé, mau-cheiroso.
1621. **PIXILINGA** (PERSONALIDADE/Inseto) (XVII, 12) - Piolho de galinha (A. B. Holl.).
1622. **PIXIÚBA** (PERSONALIDADE/Árvore) - Palmeira que tem raízes fora da terra e cresce em áreas alagadas. *Pl. Am.*, p. 6).
1623. **PIXUNA** (PERSONALIDADE/Animal) (XVI, 42) - Espécie de pequeno rato, camundongo selvagem (A. B. Holl.).
1624. **PLÁTANO** (PERSONALIDADE/Árvore)(XII, 52) - Árvore da família da Platanáceas, gênero *Liponissus* (A. B. Holl.).
1625. **PODER, UM PODER DE** (MATÉRIA/Característica) (V, 2) - Grande quantidade, abundância.
1626. 1628. **POITA** (MATÉRIA) (XI, 94) - Chumbada, peso colocado na linha ele pesca, para fazê-la mergulhar (Ch. Miranda). Corda de embira que serve, entre outros misteres, de amarra ao tanassu ou âncora das jangadas.
1627. **POITA, CAIR NA** (ENERGIA) - Cair na poita - o mesmo que cair na embira, na corda, em prisão (P. da Costa, Voc., p. 588; R. Garcia, Dic., p. 899).
1628. **PONCHO DOS POBRES** (PERSONALIDADE) (VIII, 19) - O sol (A. B. Holl.) A expressão é de grande beleza poética, pois poncho é o agasalho típico dos gaúchos

e das populações andinas - capa grossa, arredondada e com pequena abertura no centro, por onde se enfia a cabeça.

1629. PONGAR (ENERGIA) (XI, 67) - Regionalismo nordestino: tomar o bonde ou outro qualquer veículo em movimento.

1630. PONGO (PERSONALIDADE/Animal) (XI, 144) - No contexto, cavalo, animal ele montaria. Parece erro de imprensa, *pongo* em vez de *pingo*, que é a designação sulina de cavalo. Anote-se, ainda, *pongô*, que é cavalo velho, magro e piolhento.

1631. PONTAPÉ (ENERGIA) - Pancada com a ponta do pé; chute com o peito do pé; chute.

1632. PONTEAR (ENERGIA) (*Ep.*, 14) - Tanger a viola, tirando *stacattos* (A. Amaral, *Dial.*, p. 192).

1633. PORACÊ (ENERGIA/Dança) (I, 4) - Poracé ou *porassé*, como escreve B. Rodrigues. Corruptela de *porakei*, dança com cantos. Ajuntamento popular para folguedos (Viotti, *Dic.*, p. 283). Danças de vários povos indígenas.

1634. PORCO-ESPINHO - Sinônimo de ouriço cacheiro (PERSONALIDADE/Animal).

1635. PORONGO (PERSONALIDADE/Fruta) - O porongo é um fruto não comestível de tamanho grande, e é composto por uma casca grossa e sementes em seu interior.

1636. PORORÔCA (PERSONALIDADE/Fenômeno) - Pororoca ou mupororoca é a forma como são denominados os macaréus que ocorrem na Amazônia. Trata-se de um fenômeno natural produzido pelo encontro das correntes fluviais com as águas oceânicas (POROROCA, 2021).

1637. **PORRADA** (ENERGIA) (III, 6) - Expressão chula, significando pancada com cacete (A. B. Holl.).

1638. **PORRE** (PERSONALIDADE/Característica) (III 21) - Embriaguez, bebedeira (P. da Costa, Voc., p. 593; R. Garcia, *Dic.*, p. 899).

1639. **PORRETE** (MATÉRIA/Objeto) (XIII, 27) - Cacete, bastão tosco (A. Amaral, *Dial.* p. 193).

1640. **PORTUGA** (PERSONALIDADE/Característica) (VIII, 55) - O português, em tom de troça ou chalaça (P. da Costa, *Voc.* p. 593).

1641. **POTÓ** (PERSONALIDADE/Inseto) (XIII, 16) - Ou trepa-moleque, ou potó-pimenta. Pequenos besouros da família dos Estafilídeos. São animais de asas curtas, mais curtas que o abdômen. Segregam um líquido vesicante, que provoca queimaduras (R. Ihering, *Dic.,* p. 650).

1642. **POTÓ-PIMENTA** - Sinônimo de potó (PERSONALIDADE/Inseto).

1643. **POUSO** (ESPAÇO/Lugar) (VIII, 55) - O mesmo que pousada. Em Goiás, informa Alcide Jubé, pouso "é o lugar onde o viajante descansa depois da jornada feita durante o dia; em certos lugares, os governos municipais mandam construir casas para os caminheiros e, quando não existem tais alojamentos, os indivíduos procuram as fazendas." O nome é generalizado no Brasil com este sentido (Souza, *Dic.,* p. 326).

1644. **PRACUUBA** (PERSONALIDADE/Árvore) (X, 30) - Pracuuba branca ou vermelha, é *Mora paraensis* Ducke, no estuário amazônico. Leguminosa. *Dimorphandra paraensis*

Ducke. A cor da casca varia, vermelha ou branca, segundo Ducke (*Arch. Jard. Bot.,* V, 193, p. 4). Árvore que pode atingir 40 metros de altura. Ocorre em área de várzea (JAFFE, Noemi. *Macunaíma*. ANDRADE, Mário de, 2016, p. 101).

1645. PRANTINA (ENERGIA) (XII, 45) - Choro, lamúria, lamentação (P. da Costa, *Voc.,* p. 589; V. Silveira, *Leréias,* p. 201, etc).

1646. PREGUIÇA (PERSONALIDADE/Animal) (XV, 4) - Nome genérico que designa diversas espécies de mamíferos desdentados, da família dos Bradipodídeos.

1647. PREQUETÉ (PERSONALIDADE/Característica) (XII, 40) - Faceiro, pedante (L. Motta, Cant., p. 384). - Bonito, elegante, gamenho (R. Garcia, *Dic.,* p. 901). Zé-ninguém, um pobre diabo (Viotti, *Dic.,* 28).

1648. PRESENCIAR (ENERGIA) (II, 14) - Em *Mac.* o verbo não é empregado apenas no sentido de ver, assistir, mas também no de sentir, pressentir, desconfiar: "Presenciou que andavam campeando ele e sorveteu". "... e vai, presenciei um friúme no costado".

1649. PRETUME (PERSONALIDADE/Característica) (V. 3) - Regionalismo (Nordeste e São Paulo) - Qualidade do que é preto. Pretidão.

1650. PUBA (MATÉRIA/Comida) - Massa puba ou simplesmente puba (do tupi antigo puba, "fermentado", ou pub, "mole") é uma massa extraída da mandioca fermentada. É largamente utilizada na produção de bolos, biscoitos e diversas outras receitas típicas do norte e do nordeste brasileiro (PUBA, 2023).

1651. **PUÇÁ** (MATÉRIA/Instrumento) (I, 8) - Instrumento de pesca fluvial de camarão (Strad., *Rev.*, p. 624; P. da Costa, p. 603; Viotti, *Dic.*, p. 289, etc.). É uma espécie de grande coador de malha, preso a um cabo longo.

1652. **PUITO** (MATÉRIA/Órgãos) (X, 5) - Ânus.

1653. **PUMA** - Sinônimo de suçuarana (PERSONALIDADE/Animal).

1654. **PUPUNHA** (PERSONALIDADE/Fruto) (V, 30) - Fruto de uma palmeira largamente cultivada, muito oleosa e nutriente, que se come cozido. No Uaupés, onde se encontra em grande quantidade, fazem dela também, uma bebida fermentada (Strad., *Rev.*, p. 619). É uma fruta "produto da árvore Dzalaúra-Iegue (PERSONALIDADE) que também dá as frutas de cajú, cajá, cajá manga, abacate, graviola, sapoti, pitanga e guajiru.

1655. **PURAQUÊ** (PERSONALIDADE/Peixe) (XVI,5) - Peixe da família Eletroforídeos, *Electrophorus elechicus* (Ihering, p. 158).

1656. **PURGA-DE-SANTO-INÁCIO** (XII, 45) - Sinônimo de andiroba (PERSONALIDADE/Plantas medicinais).

1657. **PUXAVANTE** (ENERGIA) (VIII, 30) - Empuxão, puxar com força, com violência (P. da Costa, *Voc.*, p. 605). O mesmo autor dá à palavra o sentido de - amásia, concubina. Significa, também, comida picante, que desperta vontade de beber.

1658. **PUXIRÃO** (ENERGIA) (VI, 1) - Auxílio, ajuda, concurso entre vizinhos para executar algum trabalho. Forma gaúcha de *muxirão* ou *mutirão*.

1659. QUARTINHO (ESPAÇO) (XI, 150) - Na linguagem popular de vários Estados, é privada, reservado.

1660. QUARUBA - Sinônimo de guaruba (PERSONALIDADE/Planta).

1661. QUATI (PERSONALIDADE/Animal) - Nome de diversos carnívoros da América tropical. *Nasua solitária, N. flasua* e *N. narica,* este último do Brasil.

1662. QUEBRADA - Sinônimo de biboca (ESPAÇO).

1663. QUEBRANTO (PERSONALIDADE/Característica) (VI, 28) - Suposto estado mórbido que se diz produzido pelo mau olhado de certas pessoas, nas crianças, nos animais e até nas plantas.

1664. QUEBRAR (ENERGIA) (II, 37) - "... quebra a mão esquerda". Dobrar à esquerda (ou à direita), tomar a direção. Também usado para descrever o ato de Ir à falência. Termo corrente no Sul de Minas e em São Paulo. Falir.

1665. QUEBREIRA (PERSONALIDADE/Característica) (VIII, 21) - Prostração, fadiga, moleza (A. B. Holl.).

1666. QUEIMAR-SE (ENERGIA) (VIII, 46) - Ato de tornar(-se) enfurecido, exasperado; agastar(-se), irritar(-se). - Abespinhar-se (L. Motta, *Cant.,* p. 385).

1667. QUEIXADA (PERSONALIDADE/Animal) (XVI, 42) - Porco do mato. *Tayassu albirostris.* Caracterizado por uma faixa branca de cada lado da boca, e que se estende de para trás, ao longo da queixada (Ihering, *Dic.,* p. 663).

1668. QUEM-QUEM (PERSONALIDADE/Personagem) (II, 69) - Designação genérica das formigas cientificamente pertencentes ao gênero *Acromyrnex.* São formigas cortadeiras como as saúvas, se bem que não tão prejudiciais quanto elas (Ihering, *Dic.*, p. 663).

1669. QUERÊNCIA (ESPAÇO/Lugar) (XV, 6) - Termo gaúcho, de origem castelhana, que, a princípio, designava o lugar em que um animal nascia, se criava ou se habituava; aplica-se, hoje, por extensão, à terra de uma pessoa, aos seus lares.(Souza, *Dic.*, p. 384).

1670. QUEZILA (PERSONALIDADE/Característica) - Estado de espírito de pessoas desgostosas; pesar, tristeza. Sentir quezila (desgosto) (JAFFE, Noemi. *Macunaíma*. ANDRADE, Mário de, 2016, p. 10). Antipatia, repulsão, natural e sem motivos, por algo ou alguém (QUIZILA, [*s. d.*]).

1671. QUILIM - Sinônimo de tuim (PERSONALIDADE/Pássaro), cu-cozido e bate-cu.

1672. QUILOMBO (PERSONALIDADE) - Os quilombos, também conhecidos como mocambos, foram comunidades formadas no Brasil durante o período colonial por africanos escravizados e/ou seus descendentes.

1673. QUINHENTORRÉIS (MATÉRIA) (V, 11) - Quinhentos réis. Moeda divisionária do antigo sistema monetário brasileiro, cuja unidade era o mil-réis.

1674. QUINQUINA CACUNDA (PERSONALIDADE/Personagem) - Alcunha de Joaquina Leitão.

1675. QUIRERA (MATÉRIA) (XII, 3) - Milho quebrado em pedacinhos (M. Grosso e Minas Gerais).

1676. QUIRIRI (PERSONALIDADE/Fenômeno) (XVII, 41) - O mesmo que silêncio noturno. Palavra tupi, muito corrente no dizer dos caipiras do Amazonas e Mato Grosso, designativa do silêncio noturno, calada da noite. Beaurepaire-Rohan, invocando a lição de José Veríssimo, que escreve *kiriri,* diz ser substantivo designativo de silêncio, calada, sossego noturno (Souza, *Dic.*, p. 336). - *Quiriri* - o silêncio. Também *quiririm* e *quinini* (Th. Sampaio, *O Tupi,* p. 298). - "Para significar o silêncio, que nunca é absoluto na floresta, cheia de ruídos apagados e longínquos, o índio achou um termo admirável - Kiriri" (J. Ribeiro, **Curios.**, p. 153).

1677. **QUIRIRI** (TEMPO) - O mesmo que a calada da noite.
1678. **RABEJAR** (ENERGIA) (XN, 52) -Enfurecer-se zangar-se (Viotti, *Dic.*, p. 301).
1679. **RABO DE TATU** (MATÉRIA) (I, 22) - Relho cujo cabo é feito do mesmo couro das talas, trançadas, de modo a que se assemelhe ligeiramente à coisa que lhe deu nome (A. Amaral, *Dial.*, p. 200).
1680. **RABO DE TESOURA** (VI, 29) - Sinônimo de Beija-flor-com-rabo-de-tesoura (PERSONALIDADE/Pássaro).
1681. **RAMÃOZINHO** (PERSONALIDADE/Personagem) (VII, 44) - Diabo (A. B. Holl.). Americano do Brasil conta a "Lenda do Romãozinho".
1682. **RANCHO** - Sinônimo de mocambo (MATÉRIA/Edificação).
1683. **RANDEVU** (ENERGIA) - O mesmo que encontro. Aportuguesamento de *rendez-vous,* que significa encontro em francês. (JAFFE, Noemi. *Macunaíma.* ANDRADE, Mário de, 2016, p. 212, nota 133).

1684. RASOURAS (ESPAÇO/Lugar) (XII, 50) - Lugares rasos de rios ou lagoas. De uso em São Paulo (Souza, *Dic.*, ·p. 340).

1685. RASPAR-SE (ENERGIA) (IV, 28) - Fugir, retirar-se, sumir, esgueirar-se; sair apressadamente.

1686. RECO-RECO - Sinônimo de ganzá (MATÉRIA/Instrumento).

1687. REDE (MATÉRIA/Objeto) (I, 5) - Espécie de balanço, que se arma dentro de casa ou nos alpendres. Consiste num retângulo de tecido ou malha, ou de pano grosso de algodão, cujos lados são enfeitados com franjas, a que se chama varandas, e de cujas extremidades partem cordões, com cerca de meio metro de comprimento, que se enfeixam nas extremidades, formando uma espécie de argola (A. Amaral, *Dial.*, p. 201). As redes do Maranhão são realmente famosas pela qualidade e colorido do tecido, beleza das varandas e bom acabamento do trabalho. O que faltou dizer na definição de A. Amaral é que as argolas da rede são presas a fortes ganchos cravados na parede, com distância suficiente para que as pessoas se sentem e balancem confortavelmente. Em casa de índio ou de caboclo, a rede constitui toda a mobília de quarto.

1688. REDE FOLE (MATÉRIA/Instrumento) - Rede em forma de funil para pesca de camarões (REDE-FOLE, DICIONÁRIO INFOPÉDIA DA LÍNGUA PORTUGUESA, [*s. d.*]).

1689. REGATÃO (PERSONALIDADE) (IV, 58) - . Vendedor. Em Portugal é o que regata, isto é compra e vende miudezas. Sinônimo de ZANGÃO, TEQUE-TEQUE. Em

Portugal, regatão é o que regata, isto é que compra e vende miudezas. No Brasil é isso mesmo, mas caracteriza um tipo da Amazônia fabulosa. Não há quem fale do "Inferno Verde" que não refira o teque-teque das cidades, o mascate bufarinheiro, ali chamado regatão (Souza, *Dic.*, p. 344; P. da Costa, *Voc.*, p. 627).

1690. **REGOUGO** (ENERGIA) - Ato de regougar, soltar a voz (JAFFE, Noemi. *Macunaíma*. ANDRADE, Mário de, 2016, p. 28).

1691. **REI NAGÔ** (PERSONALIDADE/Personagem) - Um deus bom de pajelança da Amazônia, segundo Mário de Andrade no seu livro *Música de feitiçaria* no Brasil (JAFFE, Noemi. *Macunaíma*. ANDRADE, Mário de, 2016, p. 9)

1692. **RELAMBÓRIO** (PERSONALIDADE/Característica) (XV, 88) - "Zé Geléia, de calça e camisa, relambório, cabeludo, barrigudote, tipo de agregado vagabundo" (C. Pires, *Samburá*, p. 288). Desleixado.

1693. **REPINICAR** (ENERGIA) (XV, 6) - Beliscar com insistência (V. Silveira, *Leréias*, p. 202). Por extensão, tocar viola, ferindo nota por nota.

1694. **REPIQUETE** (PERSONALIDADE/Fenômeno) (XVII, 46) - Na Amazônia é o nome que se dá às enchentes passageiras e rápidas que se observam no início e, ainda mais, no fim das cheias. Também é chamado de repiquete o fenômeno de oscilação do nível fluvial, motivada por camadas de água que tufam e inflam os rios transitoriamente (Souza, *Dic.*, p. S46). Em *Mac.*, a palavra tem o primeiro sentido.

1695. **REQUEBRADO** (PERSONALIDADE/Característica) (XII, 6) - Perder o requebrado - perder a graça, ficar sem jeito. - Estar com muitos requebrados - estar com manhas, negaças (Viotti, *Dic.*, p. 309).
1696. **RESPIRO** (PERSONALIDADE/Característica) (IV, 34) - Folga (A. H. Holl.), sentido em que é empregada a palavra nesse parágrafo: "Atravessaram os sambaquis (...) num respiro". Em VII, 36, significa respiração: "Já quase todos tinham tirado algumas roupas e o respiro ficará chiado por causa do cheiro", etc.
1697. **RESTILO** (MATÉRIA/Bebida) (X, 1) - Álcool redistilado, aguardente muito forte. (Viotti, *Dic.*, p. 309).
1698. **RESTINGA** (ESPAÇO/Lugar) (XII, 50) - Orla de mato à margem do igarapé (Sampaio, *Pl. Am.*, p. 36). - Tenho usado em todo o Brasil, mas que tem várias acepções. No Rio Grande do Sul, segundo Callage e Romanguera, significa orla de bosque ou mato nas baixadas à beira de arroios ou sangas (Souza, *Dic.*, p. 348). Em *Mac.* está explícito: "restingas de mato ralo".
1699. **RETINTO** (PERSONALIDADE/Característica) - Que é muito carregado na cor. (JAFFE, Noemi. *Macunaíma*. ANDRADE, Mário de, 2016, p. 9).
1700. **RIACHO** - Sinônimo de igarapé (PERSONALIDADE/Rio).
1701. **RÍCINO** - Sinônimo de mamona (PERSONALIDADE/Planta).
1702. **RIDICULARIZAR** - Sinônimo de zombar (ENERGIA).
1703. **RINCÃO** (ESPAÇO/Lugar) (XVI, 74) - Termo do Rio

Grande do Sul, especificando o campo cercado de matas ou de outros acidentes naturais, onde se deitam a pastar os animais (Souza, *Dic.*, p. 30).

1704. RIO CUNANI (ESPAÇO) - Rio que corre no Estado do Amapá, onde Emílio Goeldi descobriu, em 1895, duas cavernas funerárias artificiais com peças de cerâmica muito bem conservadas. (JAFFE, Noemi. *Macunaíma*. ANDRADE, Mário de, 2016, p. 55).

1705. RIO DAS GARÇAS (ESPAÇO) - Rio que banha o estado de Mato Grosso, onde foram encontrados diamantes (JAFFE, Noemi. *Macunaíma*. ANDRADE, Mário de, 2016, p. 56).

1706. RIO, PEQUENO - Sinônimo de igarapé (PERSONA-LIDADE/Rio).

1707. ROÇADO (ESPAÇO/Lugar) (II, 69) - Além da significação comum, o vocábulo tem, em Pernambuco e noutros Estados do Norte, o sentido restrito de terreno plantado de mandioca (Souza, *Dic.*, p. 353). O mesmo que roça, na acepção de terra ou sítio de plantação de cereais e outros gêneros (P. da Costa, *Voc.*, p. 636).

1708. RODADA (ENERGIA/Processo) (XV, 6) - Pescaria em canoa, deixando-se esta rodar ao sabor da corrente (A. Amaral, *Dial.*, 204). - Deslizar da canoa rio-abaixo (Viotti, *Dic.*, p. 312).

1709. RUA MARANHÃO (ESPAÇO) - Onde morava o gigante Piamã. No bairro da capital paulista, no bairro Higienópolis da burguesia paulistana (JAFFE, Noemi. *Macunaíma*. ANDRADE, Mário de, 2016, p. 46).

1710. **RUDÁ** (PERSONALIDADE/Divindade) (IV, 3) - Deus do amor, entre os tupis. Ver C. Magalhães, *O Selvagem*. Na mitologia tupi é o deus do amor (JAFFE, Noemi. *Macunaíma*. ANDRADE, Mário de, 2016, p. 30).

1711. **RUIVOR** (PERSONALIDADE/Fenômeno) (XV, 12) - Empregado na acepção de nuvem avermelhada do entardecer.

1712. **SABATIRA** - Sinônimo de Anta Sabatira (PERSONALIDADE/Animal).

1713. **SABIÁ BARRANCO** (PERSONALIDADE/Pássaro) (V, 8) - Corresponde a uma variedade de sabiá, pássaro turdídea.

1714. **SABIÁ DO CAMPO** - Sinônimo de sabiá-poca (PERSONALIDADE/Pássaro)

1715. **SABIÁ LARANJEIRA** (PERSONALIDADE/Pássaro) (V, 8) - Espécie de ave da família Turdideos (Ihering, *Dic.*, p. 690).

1716. **SABIÁ-PIRANGA** (V, 8) - O mesmo que sabiá laranjeira (PERSONALIDADE/Pássaro) (Ihering).

1717. **SABIÁ-CICA** (PERSONALIDADE/Pássaro) (V, 8) - Não é propriamente um sabiá, mas um periquito. Psitacídeo. *Triclaria cynogaster*. De cor verde claro, o macho tem o ventre azul arroxeado (Ihering, *Dic.*, p. 641).

1718. **ABIÁ-GONGÁ** (PERSONALIDADE/Pássaro)(V, 8) - *Sabiá cocá*, diz-se em Pernambuco. Espécie de ave da família Turdídeos (R. Ihering, *Dic.*, p. 690).

1719. **SABIÁ-GUTE** (PERSONALIDADE/Pássaro) (V, 8) - Em Mac., variedade de sabiá, ave turdídea.

1720. SABIÁ-POCA (PERSONALIDADE/Pássaro) (V, 8) - Oui Sabiá do campo. Espécie de ave da família Mimídeos (Ihering, p. 691).

1721. SABIÁ-TROPEIRO (PERSONALIDADE/Pássaro) (V, 8) - Pássaro da família Cotingídeos; pelo colorido, se assemelha ao sabiá de barriga avermelhada.

1722. SABIÁ-UNA (PERSONALIDADE/Pássaro) (V, 8) - Pertence à família Turdídeos, mas difere genericamente dos outros sabiás (R. Ihering, *Dic.,* p. 692).

1723. SABITU (PERSONALIDADE/Inseto) - Macho da formiga saúva; o macho é chamado *sabitu*.

1724. SACA-SAIA (IV., 15) - Sinônimo de correição (PERSONALIDADE/Inseto). (Ihering, Dic., p. 692).

1725. SACA-SAIA - Ou sacassaia. Sinônimo de correição (PERSONALIDADE/Inseto).

1726. SACACA (PERSONALIDADE/Plantas medicinais) (VI, 28) - *Croton cajuçara* (Sampaio, *Pl. Am.,* p. 57). As folhas de Croton cajuçara popularmente conhecida por "sacaca", são utilizadas na medicina popular devido às propriedades curativas que lhe são atribuídas, tais como anti-inflamatório, diurético e anticolesterolemiante. (MENDONÇA, M. S., et al. *Anatomia foliar de croton cajucara* Benth. Embrapa, 2008).

1727. SACADO (PERSONALIDADE/Lago) (XVII, 46) - Lagoas marginais nos rios (Sampaio, p. 57). - Assim se qualificam na Amazônia, os lagos marginais formados pelos rios no seu divagar constante e perene, e onde eles represam o excedente de suas cheias colossais, funcionando como verdadeiras válvulas de segurança (Souza, *Dic.,* p. 30).

1728. SACALÃO (ENERGIA) (XI, 144) - ação de deter ou alterar, subitamente, com as rédeas, a marcha do cavalo (JAFFE, Noemi. *Macunaíma*. ANDRADE, Mário de, 2016, p. 119). Puxão, tirão (L. C. Morais, p. 202). Ato de sacar.

1729. SACI (PERSONALIDADE/Entidade/Personagem) (V, 20) - Entidade da mitologia indígena, ora maléfica ora graciosa e zombeteira, representada por um negrinho de uma perna só, carapuça vermelha e cachimbo; anuncia-se pelo assobio misterioso difícil de ser localizado à noite e diverte-se assustando os viajantes dispersando o gado das fazendas e os cavalos no pasto. Saci-pererê. Para muitos, o mesmo Currupira.

1730. SACURIMBA - Sinônimo de curumbatá (PERSONALIDADE/Peixe).

1731. SAFADEZA (PERSONALIDADE/Característica) (V, 53) - Pouca vergonha, procedimento incorreto (P. da Costa, Voc., p. 645).

1732. SAFADO (PERSONALIDADE/Característica) (V, 52) - Aborrecido, desgostoso e zangado, raivoso. Também, ordinário (Viotti *Dic.* p. 316).

1733. SAFANÃO (ENERGIA) (III, 31) - Bofetada (A. B. Hollanda). Tapa com a mão aberta; bofetão, bofetada: naquela briga só se via safanões (SAFANÃO - DICIO, DICIONÁRIO ONLINE DE PORTUGUÊS, [*s. d.*]).

1734. SAGUI-AÇU (V, 52) - Sagui grande (PERSONALIDADE/Animal). Variante: saguim que trata-se de um pequeno símio.

1735. SAGUIM (PERSONALIDADE/Animal) - Ou sagui. Pequeno macaco.

1736. SAIRÊ (ENERGIA/Ritual) - Ou Sairé. Manifestação cultural composta por elementos religiosos e rituais indígenas (JAFFE, Noemi. *Macunaíma*. ANDRADE, Mário de, 2016, p. 65).

1737. SALAMALEQUE (ENERGIA) (VI, 30) - Cumprimento afetado (A. B. Holl.).

1738. SALVA-LIMÃO - Sinônimo de erva-cidreira (PERSONALIDADE/Planta).

1739. SAMAMBAIA (PERSONALIDADE/Planta) (III, 6) - Planta da família das Polipodiáceas (P. da Costa, Voc., p. 650).- *Lycopodium cernuum* L. Licopodiácea (Sampaio, *Pl. Am.*, p. 57).

1740. SAMAÚMA (PERSONALIDADE/árvores) (III, 3) - Sumaúma ou mafumeira. Árvore da família Bombacáceas. (PROENÇA, *Roteiro de Macunaíma*, 1950, p. 296). Árvore frondosa, nativa da América do Sul e da África, com flores brancas e cápsulas comestíveis quando verdes, com sementes de que se extrai óleo, envoltas por filamentos sedosos, a paina, com vários usos (JAFFE, Noemi. *Macunaíma*. ANDRADE, Mário de, 2016, p. 24).

1741. SAMBAQUI (MATÉRIA) (IV, 34) - Formações de conchas. São formações constituídas, principalmente, de conchas de moluscos, formadas ao longo de milhares de anos pelas populações que habitavam regiões litorâneas. Essas conchas eram descartadas após o consumo dos moluscos, formando imensas montanhas. A palavra é de origem túpica, de *tambá* (concha) e *qui* (colina), segundo o venerando mestre Dr. Theodoro Sampaio. Assim se denominam, no Brasil, os montículos de ostras ou colinas conchíferas, que se encontram ao longo da costa, à margem dos rios, até em pontos afastados das águas (sambaquis marítimos ou costeiros, sambaquis fluviais, sambaquis centrais), e resultantes da acumulação de restos de cozinha dos primeiros habitantes do Brasil, que se alimentavam de ostras e mariscos (Souza, *Dic.*, p. 360).

1742. **SAMBURÁ** (MATÉRIA/Artefato) (XI, 95) - Cesto feito de taquara ou de cressiúma, para guardar objetos (L. C. Moraes, *Voc.*, p. 203). - Cesto de cipó, pequeno, de fundo largo e boca afunilada, para usos diversos preso a cordéis, para pendurar, ou trazer a tiracolo, como fazem os pescadores para recolher o que pescam (P. da Costa, *Voc.*, p. 650).

1743. **SANCHA** (PERSONALIDADE/Personagem) (VI, 50) - Dona Sancha. Figura lendária da Ilha de Itamaracá, de cujo corpo teriam nascido as mangas-jasmins (Ver "Comentário" ao Capítulo VI).

1744. **SANGA** - Sinônimo de igarapé (PERSONALIDADE/Rio).

1745. **SÃO SEBASTIÃO** - Sinônimo de Oxossi (PERSONALIDADE/Divindade) no Rio de Janeiro.

1746. **SAPATEADO** (ENERGIA/Dança) (XVII, 85) - Dança popular (A. B. Holl.).

1747. **SAPÉ** (PERSONALIDADE/Planta) (XVII, 56) - No norte do Brasil é nome de uma gramínea (*Saccharum* *sapé*), de que se fazem fachos, e que serve, sobretudo, para cobertura de cabanas ou choupanas dos matutos (P. da Costa, *Voc.*, p. 655; Souza, *Dic.*, p. 362).

1748. SAPEAR (ENERGIA) (XII, 64) - Em Mato Grosso, assistir à festa do lado de fora, sem tomar parte. - Observar os que jogam (Viotti, *Dic.*, p. 319).

1749. SAPECAR (ENERGIA) (III, 29) - Castigar, bater, sovar (P. da Costa, Voc., p. 656).

1750. SAPICUÁ - Sacos para lavar roupa ou outras coisas. Sinônimo de Picuá (MATÉRIA/Objeto). (JAFFE, Noemi. *Macunaíma*. ANDRADE, Mário de, 2016, p. 16)

1751. SAPIEIRA - Sinônimo de de serrapilheira (PERSONALIDADE/Planta).

1752. SAPINHO (ENERGIA/Processo infeccioso) (V, 22) - Afta, placas esbranquiçadas produzidas pelo *Endomyces albicans* na boca das crianças de peito (Afrânio Peixoto, Miçangas, p. 59).

1753. SAPIQUÁ (MATÉRIA/Apetrecho) (II, 18) - Em *Macunaíma*, Maanape colhe os pedaços do herói, embrulha em folhas de bananeira, põe num sapiquá e leva para a pensão (PROENÇA, M. Ci. Roteiro de Macunaíma, 1974, p. 151). Saco de matalotagem, no interior (A. B. Holl.).

1754. SAPITUCA (ENERGIA) - Tontura, vertigem. Desmaio.

1755. SAPITUCA (PERSONALIDADE/Característica) (I, 21) - Embriaguez rápida (A. B. Holl.).

1756. SAPO CUNAUARU (PERSONALIDADE/Animal) - sapo-cunauaru; cunauaru; pequeno batráquio, de coloração bruna, olhos vermelhos e cujo cantar assemelha-se aos vocábulos *cu-mau*, que, em tupi, significa meu irmão. (JAFFE, Noemi. *Macunaíma*. ANDRADE, Mário de, 2016, p. 14)

1757. SAPO CUNAURU - Sinônimo de maraguigana (PERSONALIDADE/ Entidade/ Personagem).

1758. SAPO-BOI (PERSONALIDADE/Animal) (XV, 70) - Batráquio grande, da família Cistignatídeos (Ihering, p. 135).

1759. SAPOPEMBA (MATÉRIA/Raiz) (VII, I) - Sapoperna ou palheta. Expansão da base do colete de algumas grandes árvores. Arcabas, nas Güianas, segundo Ducke (*Pl. Nouv.*, II, p. 166) (Sampaio, *Pl. Am.*, p. 57) - Raiz chata. As raízes de certas árvores, como a samaumeira, que se formam em volta do tronco, em forma de tábuas que se enterram (Stradelli, *Rev.*, p. 629).

1760. SAPOPERNA - Sinônimo de sapopema (MATÉRIA/ Raiz).

1761. SAPOTA (PERSONALIDADE/Árvore) (II, 70) - No Estado do Amazonas, *Matisia cordata* H. Git. Bombacácea (Sampaio, *Pl. Am.*, p. 57). Árvore que produz o sapoti e da qual se extrai uma substância para se fazer chiclete; sapoti; sapotizeiro; sapotilha (Jaffe, Noemi, *Mac.*, M. de Andrade, 2016, p. 20).

1762. SAPOTI (PERSONALIDADE/FRUTA) (V, 30) - *Achras sapota*. Árvore frutífera e seu próprio fruto. É uma fruta "produto da árvore Dzalaúra-Iegue (PERSONALIDADE) que também dá as frutas de cajú, cajá, cajá manga, abacate, graviola, sapoti, pupunha, pitanga e guajiru."

1763. SAPOTILHA (II, 70) - Sinônimo de sapota (PERSONALIDADE/Árvore).

1764. SAPOTIZEIRO - Sinônimo de sapota (PERSONALIDADE/Árvore).

1765. SAPUPIDA (PERSONALIDADE/Árvore) (XII, 40) - Sucupira ou sebipira, em outras regiões do Brasil. É uma árvore de grande porte, nativa do Brasil. *Bowdichia nitida* Spruce, B. *racemosa* Hoene, em Gurupá; *Bowdichia virgilioides* H. K. B. e *B. brasiliensis* Tul. Ducke, nas matas ou à borda dos campos. Leguminosa papilionácea (Sampaio, *Pl. Am.*, p. 57).

1766. SAPUPIRA (PERSONALIDADE/Árvore) - Árvore cuja madeira é utilizada na construção de casas (JAFFE, Noemi. *Macunaíma*. ANDRADE, Mário de, 2016, p. 126).

1767. SARABATANA (MATÉRIA/Instrumento) (V, 32) - Fino tubo de madeira com o qual, pelo sopro, se arremessa um projétil: bola de barro endurecido, fina flecha, etc. (Ch. Miranda, *Glossário*, p. 89).

1768. SARAMPÃO (ENERGIA/Processo infeccioso) (XII, 5) - Ataque de sarampo (A. B. Holl.).

1769. SARAPANTAR (ENERGIA) (I, 2) - Espantar, - "Atirava-se aí para dentro toda a bagualada que, do lance em que vinha, toda se afundava, esmagava e morria, sem poder recuar, perdida pela sua própria brabeza, empurrada pelas pechadas dos que vinham, sarapantados, tocados de trás"... (S. Lopes, *Contos*, p. 167). Causar espanto; espantar.

1770. SARAPIEIRA - Sinônimo de serrapilheira (PERSONALIDADE/Planta).

1771. **SARAPILHEIRA** - Sinônimo de serrapilheira (PERSONALIDADE/Planta).
1772. **SARAPINTADO** PERSONALIDADE/Característica) (IV, 57) - Que tem pintas variadas (A. B. Holl.).
1773. **SARAPUEIRA** - Sinônimo de de serrapilheira (PERSONALIDADE/Planta).
1774. **SARARÁ** (PERSONALIDADE/Inseto) (V, 61) - Formiga de asas, avermelhada, que enxameia à luz, nos dias de sol, depois das chuvas. Também *sarassará*.
1775. **SARARACA** (MATÉRIA/Artefato) (XI, 94) - Flecha especial para matar tartarugas (Strad., *Rev.*, p. 642; Ch. Miranda, *Glossário*, p. 89). - Flecha usada pelos índios para matar tartarugas e peixes de grande porte, como o pirarucu, o peixe-boi, etc.
1776. **SARASSARÁ** - Sinônimo de sarará (PERSONALIDADE/Inseto).
1777. **SARAVÁ** (ENERGIA) (VII, 7) - Corruptela de salvar, saudar, usada nos cantos e rezas de macumba.
1778. **SARIGUÊ** - Sinônimo de gambá (PERSONALIDADE/Animal).
1779. **SARIGUEIA** - Sinônimo de gambá (PERSONALIDADE/Animal).
1780. **SASSAFRÁS** (PERSONALIDADE/Plantas medicinais) (XV, 42) - . *Mespilodaphne sassafras* Meiss. *Laurácca* (Sampaio, *Pl. do D. F.*, p. 195). Sinônimo de casca-preciosa e canela-sassafrás.
1781. **SATÃ** - Sinônimo de demônio (PERSONALIDADE).
1782. **SATANÁS** - Sinônimo de demônio (PERSONALIDADE).

1783. SATISFA (ENERGIA) (V, 25) - Satisfação. "*Nun dô satisfa pra cabeça-seca*" (A. Amaral, *Dial.*, p. 208; Viotti, *Dic.*, p. 320). "Dar satisfação" é entendido como "informar coisas triviais sobre sua vida, que talvez só importem a uma pequeno grupo,"; sendo assim, irrelevante e não informativo a quem precisa de uma explicação.

1784. SAURÊ - Sinônimo de gambá (PERSONALIDADE/Animal).

1785. SAÚVA (PERSONALIDADE/Inseto) (I, 4) - Formigas do gênero *Atta*, conhecidas por cortarem as folhas dos vegetais, causando sérios prejuízos à lavoura. Espécie de formiga que é uma verdadeira praga agrícola. Apesar de serem importantes na reciclagem de nutrientes e fertilização do solo, possuem um alto poder de destruição.

1786. SEBIPIRA - Sinônimo de sapupida (PERSONALIDADE/Árvore)

1787. SECUNDAR (ENERGIA) (II, 5) - Responder, repelir (A. B. Holl.).

1788. SELADA (ESPAÇO) (VI, 68) - Depressão na lombada de um monte (A. B. Holl.).

1789. SELO (MATÉRIA) (V, 11) - Importância de 480 réis; pataca e meia (A. B. Holl.).

1790. SENHOR DO BONFIM - Sinônimo de Oxalá (PERSONALIDADE/Divindade).

1791. SERAPIEIRA - Sinônimo de de serrapilheira (PERSONALIDADE/Planta).

1792. SEREIA - Sinônimo de Mãe d'água (PERSONALIDADE/Personagem).

1793. SERESTEIRO (PERSONALIDADE/Característica) (III, 32) - O que faz seretas (A. B. Holl.).
1794. SERIDÓ (MATÉRIA) - Usado por M. de Andrade na acepção de dinheiro.
1795. SERIDÓ (MATÉRIA/Fibra) (V, 11) - Algodão proveniente da região nordestina do mesmo nome.
1796. SERIGAITA (PERSONALIDADE/Característica) (XVI, 3) - Ou sirigaita. Assanhado, buliçoso, namorador.
1797. *SERMO VULGARIS* (PERSONALIDADE/Língua) - Latim vulgar, utilizado pelos povos das diversas províncias do Império Romano, em oposição ao latim clássico (JAFFE, Noemi. *Macunaíma*. ANDRADE, Mário de, 2016, p. 99).
1798. SERRA DO ERERÊ (ESPAÇO) - Fica no Estado do Pará. Segundo a lenda recolhida por João Barbosa Rodrigues junto aos indígenas do Rio Padauari, no Amazonas, e publicada no Poranduba amazonense, (...) era o lugar em que todas as coisas eram grandes e tudo quanto há aí cheira. E onde não chegaram as águas do dilúvio, quando o mundo acabou (JAFFE, Noemi. *Macunaíma*. ANDRADE, Mário de, 2016, p. 221, Nota 298).
1799. SERRAPILHEIRA (PERSONALIDADE/Planta) (I, 7) - Registrado por Valdomiro Silveira, em *Os Caboclos*, com a significação de vegetação rala e rasteira da mata virgem; também são as pequenas raízes das árvores, que surgem à flor da terra. Diz o autor citado que o povo pronuncia *serapieira*. C. Pires emprega *sapieira* e *sarapilheira*, e Taunay, sarapieira e *sarapueira* (Souza, *Dic.*, p. 369). Camada superficial do solo de florestas e bosques, feita de folha

e ramos em decomposição, misturados à terra. Silveira, *Leréias*, p. 189. L Motta, *Cantadores*, p. 374). sombrio, descontente (P. da Costa, *Voc.*, p. 428).

1800. **SERTANEJO** (PERSONALIDADE) - O povo sertanejo é um povo que habita campos de roça e estão ligados à pecuária e à agricultura no sertão nordestino (POVO SERTANEJO, 2022).

1801. **SIM - SINHÔ** (VI, 64) - Sinônimo de ânus (MATÉRIA). Sim - senhor. Ânus (B. Magalhães, *Folclore*, "Glossário" - o mesmo que fiofó (P. da Costa, *Voc.*, p. 666).

1802. **SINCUAN** - Sinônimo de agourento (PERSONA-LIDADE/Característica). Alma de gato. Alma de caboclo. Pássaro tido por agourento, que quando canta prognostica alguma desgraça (B. Rodr., *Porand.*, p. 89).

1803. **SIRIRI** (PERSONALIDADE/Ave) (IV, 27) - Ave.

1804. **SIRIRI** - Sinônimo de Saci (PERSONALIDADE/Personagem). É um dos nomes do saci (B. Rodri., *Porand.*, p. 13). Note-se que Macunaíma, às vezes, é muito semelhante ao saci, e, aqui, é chamado pela Cabeça: "Vem cá, siriri, vem cá".

1805. **SOCAVA** (ESPAÇO/Lugar) (IV, 14) - O mesmo que covão, gruta. No contexto de *Macunaíma* era um covão cheio de esqueletos onde morava a Boiúna Capei (JAFFE, Noemi. *Macunaíma*. ANDRADE, Mário de, 2016, p. 144). Em certas zonas de Goiás, assim se nomeia um lugar retirado, esconderijo; também se diz de um terreno cheio de lapas, buracos (Souza, *Dic.*, p. 377). No caso, cabem ambas as acepções. Buraco embaixo da terra (JAFFE, Noemi. *Macunaíma*. ANDRADE, Mário de, 2016, p. 32).

1806. **SODADE** (ENERGIA/Sentimento) (XV, 17) - Saudade, em linguagem popular. Aliás, não só nesta palavra, o povo troca *au* por *o*: *otoridade, omento, otomóvel,* etc.

1807. **SODOSA** (PERSONALIDADE/Característica)(XVII, 35) - Saudosa.

1808. **SOFARÁ** (PERSONALIDADE/Personagem) (I, 7) - A primeira mulher de Jiguê no contexto de *Macunaíma*. A mulher de Uaçu, ambos salvos das águas depois do dilúvio, segundo a lenda dos índios do rio Purus (B. Rodr., *Porand.,* p. 213). - *Sofari* é a moça que cheira extraordinariamente. Subiu para o céu, usando como escada os próprios cabelos (Amorim, *Lendas,* p. 319).

1809. **SOMBRA** (PERSONALIDADE) (XVI, 53) - A sombra é uma espécie de alma. Abandona o corpo durante o sono (H. Baldus, *Lendas,* p. 95).

1810. **SONEIRA** (PERSONALIDADE) (UI, 12) - Usado por sonolência (P. da Costa, *Voc.,* p. 670).

1811. **SOPETÃO** (TEMPO) (III, 30) - De repente, inopinadamente, inesperadamente P. da Costa, *Voc.,* p. 611; A. Amaral, *Dic.,* p. 213, etc.).

1812. **SORORROCA** (PERSONALIDADE/Planta) (I, 18) - *Pacova sororoca. Ravenala guianensis* Auhl. Musácea (Sampaio, *Pl. Am.,* p. 59). Planta nativa das Guianas e do Brasil.

1813. **SORUBIM** - Sinônimo de Surubim (PERSONALIDADE/Peixe).

1814. 1816. **SORUMBÁTICO** (PERSONALIDADE/

Característica) (IV, 13) - Triste, macambúzio, ensimesmado. "Se não fosse o Mariano ali dos Papagaios andar toda a vida de cascos virados, bêbedo feito uma cabra, havia de ensinar o filho na lei do trabalho e da coragem, e o Pedro não teria esse jeito sorumbático e saberia agarrar-se ao rabo do guatambu" (V. Silveira, *Caboclos*, p. 150). Sinônimo de triste (JAFFE, Noemi. *Macunaíma*. ANDRADE, Mário de, 2016, p. 32).

1815. SORVETER (Il, 14) - Sinônimo de soverter (ENERGIA).

1816. SOVA - Sinônimo de coça (ENERGIA).

1817. SOVERTER (ENERGIA)(XII, 67) - Suvertê (r), subverter. - Arcaísmo de forma (A. Amaral, *Dial.*, p. 33); desaparecer como por encanto, sumir de repente (Viotti, *Dic.*, p. 326). Em II, 14, acompanhando a linguagem popular no processo muito comum de tomar mais forte a sílaba inicial das palavras, (*largata, largatixa*, etc), M. de A. emprega *sorverter*.

1818. SUAÇU-RANA - Sinônimo de suçuarana (PERSONA-LIDADE/Animal).

1819. SUÇUARANA (PERSONALIDADE/Animal) (I, 21) - Ou *sussuarana*. Onça parda. *Felix concolor*. Felídeo de porte pouco inferior ao da onça pintada ou jaguaretê. Menos atrevida do que esta, tem, também, hábitos noturnos (Ihering, *Dic.*, p. 745). Suaçu-rana também tem origem na língua tupi e quer dizer "parecido com veado" ou "veado falso", pois a coloração desta espécie é semelhante à dos veados-campeiros, espécie encontrada no Brasil. Felix puma, *Felix conrolor*. Lindo felino que, pelo tamanho e pela cor, especialmente no mato, pode facilmente ser confundido com um veado, de onde o nome (Strad., *Rev.*, p. 649). Onça-parda, do tupi *coóáçú-arana,* o que se assemelha a veado, o que tem cor de veado". Felino, *Puma concolor,* da América do Norte, Central e do Sul, que vivem em montanhas, florestas tropicais e cerrados.

1820. **SUCUPIRA** - Sinônimo de sapupida (PERSONA-LIDADE/Árvore).

1821. **SUCURI** (PERSONALIDADE/Animal) (XVI, 46) - É a maior serpente do mundo. *Eunectes murinus,* da família Boídeos.

1822. **SUFRAGANTE, NO** (TEMPO) (VII, 43) - Imediatamente (L. Motta, *Sertão,* p. 252, etc.).

1823. **SUINARA** (PERSONALIDADE/Pássaros) (IV, 15) - *Strix flammea perlata* Licht. (E. Sn. p. 147). Também chamada *coruja de igreja.* Coruja de plumagem branca, comum na América do Sul (JAFFE, Noemi. *Macunaíma.* ANDRADE, Mário de, 2016, p. 32).

1824. **SULÃO** (PERSONALIDADE/Fenômeno) (XI, 68) - Vento suão, vindo de leste (J. Ribeiro, *Curios.,* 11. 178).

1825. **SUMAÚMA** (III,3) - Sinônimo de samaúma (PERSONA-LIDADE/Árvore) *Ceíba penetranda* Gaertn. Bombacácea (Sampaio, *Pl. Am.,* p. 59).

1826. **SUMÉ** (PERSONALIDADE/Entidade)(V,3) - Segundo a lenda, há no Brasil várias marcas dos pés de Sumé, o mesmo que São Tomé, em sua peregrinação apostólica, antes do descobrimento do país. (Frei Vicente do Salvador em História, pag. 158.) "Depois do dilúvio, andaram por essas terras uns homens brancos, vestidos e com barba, que diziam coisas de um Deus e da outra vida, um dos quais se chamava Sumé" (S. Vasconcelos, *Notícias*, p. 114).

1827. **SUPUPIRA** (XII, 40): O mesmo que sapupira (PERSONALIDADE/Árvore).

1828. **SURUBI** - Sinônimo de surubim (PERSONALIDADE/Peixe).

1829. **SURUBIM** (PERSONALIDADE/Peixe) (XVI, 24) - *Sorubim* ou *surubi*. Peixe de couro, do gênero *Pseudoplatystoma*, ocorre no sistema do Prata, S. Francisco e Amazonas. Alcança 3 metros e 30 centrímetros de comprimento (R. Ihering, *Dic.*, p. 735).

1830. **SURUCUCU** (MATÉRIA/Comida) - Os índios da Amazônia usam a carne para comer (Ihering, *Dic.*, p. 742).

1831. **SURUCUCU** (PERSONALIDADE/Animal) (XI, 144) - É a mais temível das nossas serpentes. *La chesis mutus*. Cobra de veneno violentíssimo.

1832. **SURURINA** (PERSONALIDADE/Pássaro) (XIV, 23) - Inhambus e sururinas, assim como a perdiz da Amazônia, pertencem à família Tinamídeos. Várias espécies do gênero *Crypturus* são designadas como sururina (E. Sn., p. 48). *Crypturus pileatus*. Também chamada *turiri*. Tipo de ave que costuma piar em intervalos (JAFFE, Noemi. *Macunaíma*. ANDRADE, Mário de, 2016, p. 146).

1833. **SURURU** (PERSONALIDADE/Animal) (VI, 67) - É um molusco. *Mytilus perna*. Lamelibrânquios ou pelecípodos. Molusco (Ihering). - *M. alagoensis*, o sururu que é dieta obrigatória da população menos favorecida do Nordeste.

1834. **SUSSUARANA** - Sinônimo de suçuarana (PERSONA-LIDADE/Animal).

1835. **TABA** (ESPAÇO/Aldeia) (III, 35) - Ou *táua*, conhecida e decantada voz túpica que designava os aldeamentos ou arraiais dos ameríndios do Brasil (Souza, *Dic.,* p. 383).

1836. **TABAQUE** (VII, 6) - Sinônimo de atabaque (MATÉRIA/Instrumento musical). Nome genérico dado aos tambores de uso nas cerimônias de macumba (A. Ramos, *O Negro,* p. 162).

1837. **TABATINGA** (MATÉRIA) - Argila mole, com certa quantidade de matéria orgânica.

1838. **TABOCA** (PERSONALIDADE/Árvore) (X, 30) - Termo de marajó. *Guardua macrostachya* Rupr. (Sampaio, *Pl. Am.,* p. 60). - Espécie de bambu, taquari ou taquara, a gramínea *Arundo bambusa* (P. ds Costa, *Voc.,* p. 679).

1839. **TACACÁ** (MATÉRIA) (VI, 30) - Goma, tal qual a usada na engomação da roupa branca.

1840. **TACACÁ** (MATÉRIA/Alimento) - À qual se junta o tucupi adubado com alho, sal e pimenta (J. Veríssimo, *Cenas*; p. 88; Strad., *Rev.,* p. 654; Viotti, *Dic.,* p. 329). Goma feita de polvilho e mandioca, que se toma como mingau (B. Rodr. *Porand.,* p. 38).

1841. **TACAPE** - Sinônimo de mirassanga (MATÉRIA).

1842. **TACHADA** (MATÉRIA) (XIV, 62) - Tacho cheio (A. B. Holl.).

1843. **TACURI** (MATÉRIA) - Nos Estados do Sul e em Mato

Grosso designa montículos de terra fofa, às vezes até de 2 metros de altura, encontradiços, de preferência nos campos ruins, alagadiços e banhados. Designado e registrado por Teschauer como montículos de terra feitos por uma espécie de formiga (Souza, *Dic.*, p. 385).

1844. **TACURI** (PERSONALIDADE/Animal) (X, 32) - Em M. de A., formiga pequena.

1845. **TACURU** (VII, 38) - Sinônimo de tacuri (MATÉRIA).

1846. **TACURUZAL** (ESPAÇO/Lugar) - Os tacurus, não raro, abrangem largas extensões de quilômetros quadrados e, nesse caso, se diz tacuruzal (Souza, *Dic.*, p. 385).

1847. **TAIÁ** (I, 7) - Sinônimo de tajá (PERSONALIDADE/Planta)

1848. **TAIAÇU** (PERSONALIDADE/Animal) (XVI, 39) - Nome de duas espécies de suídeos: *Tayaçu albirostris* e *T. Tayaçu*.

1849. **TAIFEIRO** (PERSONALIDADE/Profissão) - Profissional responsável pela arrumação, limpeza e cozinha dentro de uma embarcação (JAFFE, Noemi. *Macunaíma*. ANDRADE, Mário de, 2016, p. 66).

1850. **TAINA-CAN** (XVII, 14) - Sinônimo de Estrela Vesper. (PERSONALIDADE/Personagem). Figura lendária. A própria estrela vespertina. A vênus dos Carajás.

1851. **TAIOBA** (MATÉRIA/Alimento) (XV, 63) - Usada como alimento na culinária local.

1852. **TAIOBA** (PERSONALIDADE/Planta) - Planta comestível, usada em esparregados da família das Aráceas (R. Garcia: *Dic.*, p. 93). Também chamada de tajá.

1853. **TAIOCA** (PERSONALIDADE/Inseto) (III, 8) Espécie vulgar de formiga, do gênero *Eciton* (P. da Costa, *Voc.*, p. 680; Strad., *Rev.*, p. 656). Espécie de formigas nômades, que migram em grandes colônias, e, dependendo da espécie, devoram tudo o que encontram no caminho, tanto insetos e larvas quanto pequenos animais; saca-saia; formiga-de-fogo; lava-pés; guaju-guaju; murupeteca ou morupeteca (JAFFE, Noemi. *Macunaíma*. ANDRADE, Mário de, 2016, p. 25).
1854. **TAIXI** - Sinônimo de taxizeiro (PERSONALIDADE/Árvore).
1855. **TAJÁ** (I, 7) - Sinônimo de taioba (PERSONALIDADE/Planta/Alimento). Ou *taiá*. Arácea do gênero *Calocasia*. O tubérculo é comestível entre os indígenas que o cultivam (Hoene, p. 85). Erva de folha grande que, quando cortada e cozida, serve como verdura.
1856. **TAJUPAR** - Sinônimo de tejupar (MATÉRIA).
1857. **TALUDO** (PERSONALIDADE/Característica) (lI, 64) - Corpulento, grande, desenvolvido (A. B. Holl.).
1858. **TAMANDUÁ** (PERSONALIDADE/Animal) (V, 20) - Designação que abrange as várias espécies de mimecofragídeos. Mamíferos desdentados que se alimentam de formigas e cupins. Existe o tamanduá-aço, ou bandeira, o mirim ou jaleco e o tamanduaí (Ihering, *Dic.*, p. 756).
1859. **TAMARINDO** (PERSONALIDADE/Fruto) (III, 34) - Tamarindo é um fruto que apresenta a forma de uma vagem revestida por uma casca que costuma ser quebradiça, mas

dura. Já em seu interior, há uma polpa fibrosa, um pouco azeda, de alto teor ácido e tom marrom (*TAMARINDUS*, 2022). *Tamarindus indica* L. - Leguminosa (Sampaio, *Pl. Am.*, p. 61).

1860. TAMBAQUI (PERSONALIDADE/Peixe) (IV, 55) - Peixe de escama, da família Caracídeos. Saboroso, objeto de comércio intenso no rio Amazonas, principalmente em Manaus (Ihering, *Dic.*, p. 761).

1861. TAMBIÚ (PERSONALIDADE/Peixe) (XIV, 18) - Espécie de lambari que tem a nadadeira caudal cor de ouro velho (Ihering, p. 762).

1862. TAMORITA (MATÉRIA/Bebida) (XVI, 69) - Bebida indígena.

1863. TANAJURA (XVI, 30) - Sinônimo de içá (PERSONALIDADE/Inseto) Conhecida por tanajura, no Nordeste e em outros Estados (Ihering, *Dic.*, p. 389).

1864. TANGOLO-MANGOLO (ENERGIA) (Ep., 2) - Dar o tangolomango significa morrer. Mal súbito (JAFFE, Noemi. Macunaíma. ANDRADE, Mário de, 2016, p. 234). J. Ribeiro, em *Frases Feitas*, registra tango-mango, tango mango, tengomango, tangolo mangolo (p. 161).

1865. TAOCA - Sinônimo de correição (PERSONALIDADE/Inseto).

1866. TAPANHUMA (PERSONALIDADE/Grupo social) (I, 1) - Também *tapanhaúma* (Alfredo Ellis), e *tapaiúma*, nome designativo dos negros filhos da África que moravam no Brasil; são os pretos civilizudos. Registra-o Teschauer, com trecho de Alberto Rangel, e que lhe dá origem túpica: de *tapuy-una*, o bárbaro preto, *o* negro. O povo indígena Tapayuna vivia originalmente na região do rio Arinos, próximo ao município de Diamantino, Mato Grosso (JAFFE, Noemi. *Macunaíma*. ANDRADE, Mário de, 2016, p. 9). Essa tribo está referrida em Von den Steinen, habitando a confluência dos rios Tapajós e Arinos (PROENÇA, M. Ci. *Roteiro de Macunaíma*, 1974, p. 128).

1867. TAPEJARA (PERSONALIDADE/Entidade) - Guia; do tupi *tapé*, "caminho", e *jara*, "senhor", literalmente senhor dos caminhos (JAFFE, Noemi. Macunaíma. ANDRADE, Mário de, 2016, p. 157).

1868. TAPERA (MATÉRIA) (XVI, 5) - Casa pequena, ordinária, antiga, arruinada (P. da Costa, *Voc.*, p. 684). Casa abandonada em lugar ermo (A. Amaral, *Dial.*, p. 216).

1869. TAPERÁ (PERSONALIDADE/Pássaro) (XV, 7) - Andorinha, família dos Hirundiníedos (Ihering, *Da Vida*, p. 98).

1870. TAPEREBÁ (PERSONALIDADE/Árvore) (XVI, 69) - Cajazeira. *Spondias lutea* L. Anacardiácea (Sampaio, *Pl. Am.*, p. 61).

1871. TAPICURU (PERSONALIDADE/Ave) (IV, 55) - Espécie de ave pernalta, da família lbidideos (Ihering, *Dic.*, p. 769).

1872. TAPIIRA - Sinônimo de anta (PERSONALIDADE/Animal).

1873. TAPIOCABA - Sinônimo de tapiucaba (PERSONALIDADE/Inseto).

1874. TAPIR (XI, 24) - Sinônimo de anta (PERSONALIDA-

DE/Animal). Designação indígena da anta (Ihering, *Dic.*, p. 770).

1875. **TAPIR** - Sinônimo de anta (PERSONALIDADE/Animal).

1876. **TAPIRA** - Sinônimo de anta (PERSONALIDADE/Animal).

1877. **TAPIRETÊ** - Sinônimo de anta (PERSONALIDADE/Animal).

1878. **TAPIRI** (MATÉRIA) (V, 20) - Termo de uso na Amazônia, designando pequena choça coberta de palmas, colocadas sobre paus, para resguardar as pessoas das intempéries (Souza, *Dic.*, p. 389). Abrigo provisório (Strad., *Rev.*, p. 663).

1879. **TAPIUCABA** (PERSONALIDADE/Inseto) (IV, 55) - Ou tapiocaba. Vespa muito peçonhenta (Ihering, *Dic.*, p. 770).

1880. **TAPUITINGA** (PERSONALIDADE/Característica) (XI, 105) - Nome dado ao branco pelos indígenas (J. de Alencar, Iracema.).

1881. **TARRAFA** (MATÉRIA/Instrumento) (XI, 110) - Rede de pesca (A. B. Holl.).

1882. **TARRAFIAR** (ENERGIA) (lI, 118) - Tarrafar. Pescar com tarrafa (A. B. Holl.).

1883. **TATAJUBA** (PERSONALIDADE/Árvore) (lI, 1) - *Bagassa guyanensis* Aubl. *Chlorophora tinctoria* (L) Gand e outras espécies. Morácea (Sampaio, *Pl. Am.*, p. 62). É uma espécie de grande porte encontrada na Amazônia em áreas de terra firme. Sua madeira é bastante explorada economicamente devido a sua versatilidade, podendo ser empregada na construção naval, carpintaria, marcenaria, cabos de ferramentas e outros usos (ROCHA *et al.*, 2021).

1884. **TATAMANHA** (PERSONALIDADE/Personagem) - No Pará, tatamanha é o nome da mulher do Caapora, segundo João Barbosa Rodrigues (1842- 1909), em Porunduba amazonense (1890).

1885. **TATETO** - Sinônimo de cateto (PERSONALIDADE/Animal).

1886. **TATORANA** (PERSONALIDADE/Inseto) (VI, 3) - Larva de inseto, em geral de borboleta, mais ou menos felpuda, que, em contato com a pele, produz uma sensação de ardência incômoda e persistente. É nome genérico (Strad., *Rev.*, p. 669). É usada como afrodisíaco pelos Tupinambás.

1887. **TATU** (PERSONALIDADE/Animal) (XIII, 35) - Esta denominação abrange todas as espécies de desdentados, da família Dasipodídeos (Ihering, *Dic.*, p. 778).

1888. **TATU MULITA** (PERSONALIDADE/Animal) (IV, 55) - Ou tatuíra. É a menor das nossas espécies (Ihering, *Dic.*, p. 782).

1889. **TATU VERDADEIRO** - Sinônimo de tatu-galinha (PERSONALIDADE/Animal).

1890. **TATU-CANASTRA** (PERSONALIDADE/Animal) (XVI, 38) - O tatu-canastra, também conhecido como canastra e tatuaçu ou tatu-açu, é a maior espécie viva de tatu (TATU-CANASTRA, 2022). *Prodontes giganteus,* da família Dasipodídeos (Ihering, p. 781).

1891. TATU-DE-FOLHA - Sinônimo de tatu-galinha (PERSONALIDADE/Animal).

1892. TATU-GALINHA (PERSONALIDADE/Animal) (II, 2) - *Tatiretê*, que significa, em tupi, tatu verdadeiro. Conhecido como: tatu-de-folha, tatu-veado, tatu-liso e tatuetê. É um tatu de médio porte encontrado nas Américas do Norte, Central e do Sul, tornando-o o mais comum dos tatus (TATU-GALINHA, 2022). Família Dasipodídeos (Ihering, p. 781).

1893. TATU-LISO - Sinônimo de tatu-galinha (PERSONALIDADE/Animal).

1894. TATU-VEADO - Sinônimo de tatu-galinha (PERSONALIDADE/Animal).

1895. TATUAÇU - Ou tatu-açu. Sinônimo de tatu-canastra (PERSONALIDADE/Animal).

1896. TATUCABA (PERSONALIDADE/Inseto) (VII, 4) - O mesmo que cabatatu. Palavra indígena que se decompõe em *tatu* + *caba*, este último nome sendo designação geral de vespa. Chamada *caba-tatu*, por causa do ninho construído nas árvores, e que tem a forma de um tatu (*SYNOECA CYANEA*, 2023). Gênero *Synoeca* (Ihering, *Dic.*, p. 178).

1897. TATUETÊ - Sinônimo de tatu-galinha (PERSONALIDADE/Animal).

1898. TATUÍ - Sinônimo de curupira (PERSONALIDADE/Entidade).

1899. TATUÍRA - Sinônimo de tatu mulita (PERSONALIDADE/Animal).

1900. TATUQUIRA (II, 10) - Sinônimo de birigui (PERSONA-

LIDADE/Inseto). Na Amazônia, chamam assim ao mosquitinho conhecido no sul por birigui. Segundo observações do Dr. Adolpho Lutz, este hematófago gosta de se abrigar nos buracos de tatu, particularidade que motivou seu nome tupi (R. V. Ihering, *Dic.*, p. 782).

1901. TÁUA - Sinônimo de taba (ESPAÇO/Aldeia).

1902. TAUARI (MATÉRIA/Cigarro) (XIV, 23) - *Tawari*. Cigarro comprido, envolvido em casca de tauari (árvore), que os pajés fumam para curar os doentes. (Tastevin, *Voc.*, p. 669); a entrecasca de uma espécie de curatária que serve para mortalha de cigarro, muito usado em todo o interior da Amazônia. (Strad., *Rev.*, p. 669).

1903. TAUARI (PERSONALIDADE/Árvore) - Árvore Lecitidácea. *Courataria martiana* Miers, *C. carioca* Mart., *C. paraensis* e *C. tauray* Derg., e, também, a bignoniácea *Tecoma ochracea* St. Hil., chamada tauari do campo (Sampaio, *Pl. Am.*, p. 62).

1904. TAUARI DO CAMPO - Sinônimo de tauari (PERSONALIDADE/Árvore).

1905. TAUARI, MADEIRA (MATÉRIA/Madeira) - Madeira da árvore tauari utilizada para móveis.

1906. TAULIPANGUE (PERSONALIDADE/Etnia) - Segundo relatos do etnógrafo alemão Theodor Koch-Grünberg na trilogia intitulada *Do Roraima ao Orinoco: Resultados de uma viagem no Norte do Brasil e na Venezuela nos anos de 1911 a 1913*, foi feito um levantamento etnográfico e linguístico dos povos indígenas da região, transcrevendo também suas lendas e mitos de origem. O volume II, *Mitos* *e lendas dos índios Taulipáng e Arekuná*, traz um precioso registro de mitos e lendas indígenas com base nos relatos colhidos com membros dessas tribos. Os Taulipáng ou Taurepang são um subgrupo dos índios pemons, que habita o Leste do estado brasileiro de Roraima, nas Áreas Indígenas Raposa/Serra do Sol e São Marcos, além da Venezuela (TAUREPANGUES, 2022).

1907. TAXI - Sinônimo de taxizeiro (PERSONALIDADE/Árvore).

1908. TAXI (PERSONALIDADE/Inseto) (XIV, 48) - Ou *tachi*, formiga de novato ou novata. O nome novata vem do fato de só os novatos inexperientes tentarem cortar a madeira onde se alojam essas formigas (Ihering, *Dic.*, p. 750). Casta de formiga que cava a madeira das árvores e cuja dentada é muito dolorosa (Strad., *Rev.*, p. 671).

1909. TAXIZEIRO (PERSONALIDADE/Árvore) - Denominação comum a várias árvores do gênero Tachigali ou *Sclerolobium*, da família das leguminosas ou das poligonáceas, nativas da Amazônia; formigueira, pau-de-formiga, pau-de-novato, taxi, taixi.

1910. TEATINO (PERSONALIDADE/Característica) (IV, 34) - Sem dono, abandonado.

1911. TEIÚ - Sinônimo de teju (PERSONALIDADE/Animal).

1912. TEIÚ-GUAÇU - Sinônimo de teju (PERSONALIDADE/Animal).

1913. TEJU (PERSONALIDADE/Animal) (IV, 55) - Ou *teiú, tiú*, ou lagarto simplesmente, ou, por ser o maior dos nossos lacertíbios, *teiú-guaçu*, da família Tejídeos (Ihering, *Dic.*, p. 784).

1914. **TEJUPÁ** - Sinônimo de tejupar (MATÉRIA).

1915. **TEJUPAR** (MATÉRIA) (lI, 18) - Ocorrem, também, as formas; *tajupar* (Callage); *tejupá* (José Veríssimo, Rodolfo Teófilo, Eurico de Góes); *tijupar* (Alberto Rangel, Alcides Maya); *tijupá* (Beaurepaire-Rohan); *tujupar* (Baena, Miguel Calmon). É o termo geral que apelida a cabana ou palhoça de duas águas ou vertentes que tocam o chão, em geral tapadas com palha (Souza, *Dic.*, p. 393). Abrigo de palha menor que a oca.

1916. **TEMBETÁ** (MATÉRIA/Artefato/Enfeite) (IV, 1) - Batoque de ornato labial indígena (Viotti, *Dic.*, p. 333). Enfeite labial indígena. Do tupi *tembé* lábio inferior, e *itá*, pedra (JAFFE, Noemi. *Macunaíma*. ANDRADE, Mário de, 2016, p. 30).

1917. **TEMPORÃO** (PERSONALIDADE/Característica) (V, 83) - Que amadurece muito cedo; prematuro (A. B. Holl.).

1918. **TENGO MANGO** - Sinônimo de Tangolo-mangolo (ENERGIA). Mal súbito.

1919. **TEQUE-TEQUE** (XI, 31) - Sinônimo de regatão (PERSONALIDADE). Termo usado na Amazônia, designativo de mascate, vendedor ambulante, regatão. Registrado por Teschauer (Souza, *Dic.*, p. 394). Vendedor ambulante de fazendas e miudezas. O termo alude ao som de bates de duas réguas ou medida métrica pelo qual esses vendedores anunciam a sua passagem pelas ruas. (JAFFE, Noemi. *Macunaíma*. ANDRADE, Mário de, 2016, p. 109).

1920. TERÉNS (MATÉRIA/Objeto) (XVII, 43) - (Trens). Móveis, objetos de uso doméstico (L. Motta, *Cant.*, p. 388); bagagem, arranjos de casa, trastes ordinários (P. da Costa, *Voc.*, p. 694). - Tralha (Viotti, *Dic.*, p. 334).

1921. TERIBA (PERSONALIDADE/Pássaro) (XV, 12) - Papagaio do gênero *Pyrrhus. Tiriba* ou *tiriva* (Ihering, *Dic.*, p. 795).

1922. TERREIRO (ESPAÇO/Lugar) (I, 16) - Certa área de terra limpa, em frente à casa de vivenda (P. da Costa, *Voc.*, p. 694). Local onde os macumbeiros (feiticeiros) invocam e onde se manifestam os espíritos invocados pelos trouxas (Viotti, *Dic.*, p. 335).

1923. TESO (ESPAÇO/Lugar) (II, 17) - Registrado por Chermont de Miranda como termo marajoara, que designa a parte elevada do campo que alaga durante as enchentes dos rios (Souza, *Dic.*, p. 397). - Terreno artificialmente elevado para servir de cemitério indígena. Parte alta do terreno que em uma superfície inundada fica acima do nível das águas.

1924. TETÉIA (MATÉRIA/Artefato) - (Ep., 7) - Perendengue, penduricalho, berloque (P. da Costa, *Voc.*, p. 695).

1925. TIA CIATA (PERSONALIDADE/Personagem) (VII, 4) - No contexto de *Macunaíma* aparece no capítulo "Macumba". Hilária de Batista Almeida, conhecida como Tia Ciata, mãe pequena (auxiliar de mãe de santo) do terreiro do Jôao Alabá e sambista (JAFFE, Noemi. *Macunaíma*. ANDRADE, Mário de, 2016, p. 214). Figura de mãe-de-santo que aparece, também, no poema "Mangue", de Manuel Bandeira (*Poesias Completas*), e que realmente existiu e teve zungu na antiga Praça XI.

1926. TIÇÃO (PERSONALIDADE) (XVI, 4) - Homem preto, o diabo (P. da Costa, *Voc.*, p. 696).

1927. TICO-TICO (PERSONALIDADE/Ave) (XII, 51) - Espécie de ave, registrada por Jerônimo Villela (P. da Costa, *Voc.*, p. 697).

1928. TIGRE (PERSONALIDADE/Animal) (XIV, 7) - Denominação imprópria dada às nossas onças, principalmente à pintada e à negra (Ihering, *Dic.*, p. 793).

1929. TIGRE PRETA (PERSONALIDADE/Animal) (XIV, 11) - "E dentro ouviu um rugido. Foi o ronco de um tigre" (Versos populares transcritos por M. de A. no *Baile das Quatro Artes - Romanceiro de Lampeão*, p. 84).

1930. TIGUERA (ESPAÇO/Lugar) (XVI, 5) - Também *tigoera* (V. Silveira e Teschauer). Termo do Sul, de São Paulo e da região de Cima da Serra, do Rio Grande do Sul, designativo de terras e roças, nas quais, após a colheita das plantações, vingam plantas esporádicas e se põem a pastar os animais (Souza, *Dic.*, p. 398).

1931. TIJUPÁ - Sinônimo de tejupar (MATÉRIA).

1932. TIJUPAR - Sinônimo de tejupar (MATÉRIA).

1933. TIMBÓ (PERSONALIDADE/Planta medicinal) (II, 3) - Ou tingui. *Tephrosia toxicaria, T. nitens, T. brevipes, Lonchocarpus nicou, L. floribunda e Derris guyanensis* Ducke. Leguminosas (Sampaio, *Pl. Am.*, p. 63). Planta vulgar (*Paulinia pinnata* L.), da família das Sapindáceas, de virtudes medicinais (P. da Costa, *Voc.*, p. 699). Tipo de cipó que libera uma substância (a rotenona) que deixa os peixes tontos (JAFFE, Noemi. *Macunaíma*. ANDRADE, Mário de, 2016, p. 15).

1934. TIMBÓ-TITICA (MATÉRIA) - Raiz da planta cipó-titica. Na *Pacificação dos Crichanás*, Barbosa Rodrigues refere o timbó-titica, como raiz usada para tecer o urumoté, espécie de cinta usada pelos índios (p. 161).

1935. TIMBU - Sinônimo de gambá (PERSONALIDADE/Animal).

1936. TINCUÃ (PERSONALIDADE) (XVII, 46) - Tincuan ou sincuan. Alma de gato. Alma de caboclo. Pássaro tido por agourento, que quando canta prognostica alguma desgraça (B. Rodr., *Porand.*, p. 89).

1937. TINGUI (XI, 94) - Sinônimo de timbó (PERSONALIDADE/Plantas medicinais). Nome vulgar de alguns vegetais que, lançados na água, entontecem ou matam os peixes, de modo a se os apanhar facilmente, à mão (P. da Costa, *Voc.*, p. 700).

1938. TINIDEIRA (MATÉRIA/Pedra) (VI, 37) - Não encontrada a palavra no sentido que lhe deu M. de A. Pedra, metal ou raridade arqueológica.

1939. TIPITI (MATÉRIA/Instrumento) (II, 55) - Ou Tipiti de Jacitara. Cesto ou outro receptáculo em que se espreme a mandioca ralada (A. Amaral, *Dial.*, p. 219; Viotti, *Dic.*, p. 137).

1940. TIRIRICA (ENERGIA/PROCESSO) (II, 11) - Estar ou ficar tiririca. Azedar-se, enfurecer-se, desesperar-se (Viotti, *Dic.*, p. 339).

1941. TIRIRICA (PERSONALIDADE/Planta) (I, 7) - É uma ciperácea, a navalheira da nossa flora (P. da Costa, *Voc.*, p. 702). *Seleria reflexa* HBK e *S. tenacissima* Nees. Ciperácea (Sampaio, *Pl. Am.*, p. 64). Frequentativo de *tirica* - que quer dizer - afasta, afasta. Nome de uma casta de trepadeira, de folhas e caule finamente cortantes, que forma toiças e toma a mata quase impenetrável, parecendo mandar retirar-se a gente que encontra. No Baixo Amazonas, defendem o gado dos vampiros, circundando os currais em que à noite o recolhem, com caules de tiririca, renovados de tempo em tempo. Os morcegos que lhes batem de encontro caem com as asas recortadas, e nos primeiros dias em que é posta a tiririca, muitas são as vítimas que amanhecem no chão, indo rareando com o tempo, até abandonarem o lugar (Stradelli, *Rev.*, p. 677).

1942. TITARA (PERSONALIDADE) (II, 72) - Palmeira (A. B. Holl.). O mesmo que *jacitara*, segundo Almeida Pinto. Plantas consideradas daninhas às plantações e de difícil erradicação.

1943. TITÇATÊ (PERSONALIDADE/Personagem) (IV, 15) - Nome de guerreiro caxinauá, cf. Capistrano de Abreu.

1944. TIÚ - Sinônimo de teju (PERSONALIDADE/Animal).

1945. TOALIQUIÇU (MATÉRIA/Órgãos) (XII, 68) - Usada na acepção de testículos. Pênis (JAFFE, Noemi. *Macunaíma*. ANDRADE, Mário de, 2016, p. 161).

1946. TOCAIAR (ENERGIA) (XIV, 4) - Verbo de raiz tupi que quer dizer esperar espreitando alguém (P. da Costa, *Voc.*, p. 703).

1947. TOCANDEIRA (PERSONALIDADE/Inseto) - Em *Mac.*, uma formiga. Entretanto, só encontramos as formas *tocandira* e *tocanguira*. Em Martius se encontra a forma *tocanteira* (*Viagem*, vol. III, p. 76). *Tocandyra-criptocerus atratus*. Grossa e comprida formiga preta, armada de um esporão como o das vespas, cuja ferroada muito dolorosa chega a produzir febre (Strad., *Rev.*, p. 678). Tucandeira; espécie de formiga da Amazônia utilizada em um ritual de passagem dos indígenas Sateré Mawé. Provoca dor excruciante e envenenamento com manifestações sistêmicas *mesmo com uma única picada* (Jaffe, Noemi, *Mac.*, M. de Andrade, 2016, p. 21).

1948. TOCARI - Sinônimo de castanheira (PERSONALIDADE/Árvore).

1949. TONINHA (PERSONALIDADE/Animal) - Sinônimo de boto.

1950. TOPADA (ENERGIA) (XI, 139) - Ato ou efeito de bater involuntariamente com a ponta do pé; choque (A. B. Holl.).

1951. TOPE (ESPAÇO) - A parte mais alta. (JAFFE, Noemi. *Macunaíma*. ANDRADE, Mário de, 2016, p. 12)

1952. TOQUE RASGADO (ENERGIA) (Ep., 14) - Tocar alto e rapidamente.

1953. TORCER (ENERGIA) (XVII, 51) - Acompanhar a ação de outrem, no desejo de que ele se saia bem (A. B. Holl.). Desejar vivamente que algo aconteça.

1954. TORÉ (ENERGIA) (I, 4) - Dança indígena (B. Rodr. - *Por.*, p. 275). Instrumento musical dos índios, espécie de flauta feita de cana de taquara; antiga dança dos íncolas (P. da Costa, *Voc.*, p. 706). Ou torê. Danças de vários povos indígenas.

1955. **TORÊ** - Sinônimo de Catimbó (ENERGIA/Ritual).

1956. **TOSTÃO** (MATÉRIA) (V, 1) - Moeda divisionária do antigo sistema monetário brasileiro. Cem réis.

1957. **TRABUCAR** (ENERGIA) (II, 9) - Trabalhar esforçadamente (A. Amaral, *Dial.*, p. 343).

1958. **TRAÇADO** (MATÉRIA) - O que é produto de mistura (JAFFE, Noemi. Macunaíma. ANDRADE, Mário de, 2016, p. 157).

1959. **TRACAJÁ** (PERSONALIDADE/Animal) (IV, 58) - É uma espécie de cágado de carapaça e pele negra com manchas amarelas na cabeça. Popularmente chamado de tracajá na região amazônica.

1960. **TRACUÁ** (PERSONALIDADE/Inseto) (IV, 24) - *Taracuá* ou *traquá*. Formiga de cujo ninho os indígenas retiram material para a isca de fogo ou pavio de isqueiro (Viotti, *Dic.*, p. 343). - Casta de formiga que, irritada, exuda uma substância que empesta com o seu mau cheiro tudo o que toca e por onde passa (Strad., *Rev.*, p. 666).

1961. **TRAÍRA** (PERSONALIDADE/Inseto) (XIV, 26) - Peixe escamoso de água doce. Família caracídeos. Dentes aguçados, alimenta-se de outros peixes, constituindo empecilho para a criação destes em açudes ou outros reservatórios de água (Ihering, *Dic.*, p. 802).

1962. **TRAPOERABA** (PERSONALIDADE/Planta medicinal) (I, 7) - Espécie de planta medicinal, cujo nome científico é *Commelina communis*, segundo Veloso (*Fl. Fluminense*, p. 31). Comelinácea. O nome trapoeraba é dado a várias comelináceas, v. gr. *C. deficiens*, Kth. e outras (Sampaio, *Bol. Mus. Nac.*, - "Glossário ``. p. 287). Espécie de planta medicinal. (JAFFE, Noemi. *Macunaíma*. ANDRADE, Mário de, 2016, p. 10).

1963. TRAVESSÃO (ESPAÇO) (XV, 58) - Esta palavra é de múltiplas acepções. No contexto parece-nos caber melhor o sentido que lhe dão no Pará e em Goiás: recife que vai de uma a outra margem de um rio, dividido em várias seções entre as quais se formam canais por onde passam as canoas.

1964. TREPA-MOLEQUE - Sinônimo de potó (PERSONALIDADE/Inseto).

1965. TRÊS-FOLHAS-DO-MATO - Sinônimo de guaruba (PERSONALIDADE/Planta).

1966. TRESMALHO (MATÉRIA) (XI, 94) - Rede de pesca feita três panos, sendo o do meio mais largo e de malha mais cerrada (A. B. Holl.).

1967. TREZENO (MATÉRIA) (VIL 60) - Décimo terceiro (A. B. Holl.).

1968. TRILHADA (ENERGIA) (XIIJ. 34) - Rastro

1969. TRILHADA (MATÉRIA) - Trilho ou vereda (A. B. Holl.).

1970. TRINQUES (PERSONALIDADE/Característica) (III, 36) - Esmero, elegância. *Andar* ou *estar nos trinques* - vestir-se bem.

1971. TRISTE (PERSONALIDADE/Característica) - O mesmo que sorumbático ou jururu.

1972. TROÇAR - Sinônimo de zombar (ENERGIA).
1973. TROMPAÇO (ENERGIA) (II, 70) - Peteleco, sopapo (P. da Costa, *Voc.*, p. 715). O mesmo que encontrão. - Pancada dada com as costas da mão (R. Garcia, *Dic.*, p. 939).
1974. TRONCUDO (PERSONALIDADE/Característica) (II, 70) - Corpulento, de tronco largo, volumoso, forte (P. da Costa, *Voc.*, p. 715).
1975. TROPILHA (PERSONALIDADE/Animal) (XII, 2) - Certo número de cavalos do mesmo pelo, que acompanham uma égua-madrinha (Souza, *Dic.*, p. 939).
1976. TRUQUE (ENERGIA) (V, 58) - Jogo entre quatro parceiros.
1977. TUCANO (PERSONALIDADE/Pássaros) (V, 32) - Plumagem sempre ornamentada de cores vivas. Bico enorme que os coloca entre as aparições mais esquisitas da avifauna (E. Sn). Várias espécies do gênero *Rhamphastus* (E. Sn. p. 220).
1978. TUCUM - Sinônimo de tucumã.
1979. TUCUM-AÇU - Sinônimo de tucumã.
1980. TUCUM-DO-MATO - Sinônimo de tucumã.
1981. TUCUMÃ (PERSONALIDADE/Árvore) (V, 19) - Tucumã (*Astrocaryum aculeatum*) é uma palmeira que chega a medir até 15 metros, geralmente solitária, de estipe com faixas de espinhos negros, folhas ascendentes, inflorescência ereta e frutos amarelos com tons avermelhados. É conhecido ainda por nomes como acaiúra, acuiuru, coqueiro-tucumã, tucum, tucumã-açu, tucumã-arara, tucum-açu, tucumaí-da-terra-firme, tucumãí-uaçu, tucumã- piririca, tucumã-

purupuru, tucum-do-mato ou tucumã-do-amazonas. "Tucumã" é procedente do tupi *tuku'mã*.

1982. TUCUMÃ-AÇU - Sinônimo de tucumã.

1983. TUCUMÃ-ARARA - Sinônimo de tucumã.

1984. TUCUMÃ-DO-AMAZONAS - Sinônimo de tucumã.

1985. TUCUMÃ-PIRIRICA - Sinônimo de tucumã.

1986. TUCUMÃ-PURUPURU - Sinônimo de tucumã

1987. TUCUMAÍ-DA-TERRA-FIRME - Sinônimo de tucumã.

1988. TUCUMÃÍ-UAÇU - Sinônimo de tucumã.

1989. TUCUNARÉ (PERSONALIDADE/Peixe) (IV, 55) - Peixe escamoso de água doce. Gênero *Cichla*. Considerado como pescado de ótima qualidade (Ihering, *Dic.*, 812).

1990. TUCUNZEIRO (PERSONALIDADE/Árvore) (II, 26) - Palmeira espinhosa cuja fibra é usada para tecer. Espécie de palmeira; tucum.

1991. TUCUPI (MATÉRIA/Alimento) (VI, 30) Caldo de mandioca cozida. Serve de molho para peixe ou caça (J. Veríssimo, *Cenas*, p. 88; Viotti., p. 348). O mesmo que manipueira.

1992. TUIM (PERSONALIDADE/Pássaro) (III, 6) - Ou quilim, cu-cozido, bate- cu. Psitacídeo. Gênero *Psittacula*. Muito semelhante ao periquito, porém muito menor. Vivem aos casais, amorosamente (Ihering, *Dic.*, p. 814). *Brotogerys sanctithomae Mull*. (E. Sn., p. 160). É a menor ave da família dos papagaios e periquitos no Brasil. (JAFFE, Noemi. *Macunaíma*. ANDRADE, Mário de, 2016, p. 25).

1993. TUIUIÚ (XI, 159) - Sinônimo de jabirus (PERSONA-

LIDADE/Ave). A família Ciconídea apresenta, na Amazônia os jabirus, tuiuiús e passarões (*Jabiru americanus* L. (E. Sn. p. 160).

1994. TUJUPAR - Sinônimo de tejupar (MATÉRIA).

1995. TUNDA (ENERGIA) (VII, 45) - Sova (A. B. Holl.).

1996. TUNDA - Sinônimo de coça (ENERGIA).

1997. TUPÃ (PERSONALIDADE/Divindade) (V, 20) - Deus verdadeiro, criação dos catequistas, que o opuseram ao Jurupari (Câmara Cascudo, *Geogr.*, p. 68).

1998. TURMALINAS (MATÉRIA/Pedra) (VI, 37) - Pedras semipreciosas.

1999. TURTUVEAR (ENERGIA) (II, 72) - *Tutuviar* (titubear). Mostrar-se surpreso, indeciso, atrapalhado (J... Motta, *Cant.*, p. 389). "Meus óio a mó que turtuviô" (Cornélio Pires, *Quem conta*, p. 389). Ficar pertubado; perturbar-se; turbar-se; turvar-se (Jaffe, Noemi, *Mac.*, M. de Andrade, 2016, p. 21).

2000. TUTU DO MATO - Sinônimo de Tutu Marambá (PERSONALIDADE/Personagem).

2001. TUTU MARAMBÁ (PERSONALIDADE/Personagem) (III, 34) - Papão com que se mete medo às crianças (P. da Costa, *Voc.*, p. 719). - B. Magalhães acha que *tutu* veio provavelmente de *quitute*, o papão, em língua quimbunda. *Tutu Zambé, tutu marambaia, tutu do mato*, é tudo uma só coisa (B. Magalhães, *Folcl.*, p. 100). - Animal informe e negro, das cantigas de embalar (C. Cascudo, *Geogr.*, p. 225).

2002. TUTU MARAMBAIA - Sinônimo de Tutu Marambá (PERSONALIDADE/Personagem).

2003. TUTU ZAMBÉ - Sinônimo de Tutu Marambá (PERSONALIDADE/Personagem).

2004. TUXAUA (PERSONALIDADE/Chefe de tribo) (IV, 13) - Cacique morubixaba (A. B. Holl.); *tubixala*, chefe de tribo indígena, na Amazônia, maioral da maloca (Souza, *Dic.*, p. 348).

2005. TXARA (MATÉRIA/Instrumento) (Ill, 4) - Flexa sem penas, de três ou mais pontas, semelhante ao garfo ou ancinho (C. de Abreu, *Língua*, p. 615). Arma de três pontas dos indígenas Kaxinawá do Acre (JAFFE, Noemi. *Macunaíma*. ANDRADE, Mário de, 2016, p. 25).

2006. TZALÓ (PERSONALIDADE/Personagem) (XVI, 22) - Em *Macunaíma* era o Feiticeiro Tzaló. Zaló é o papa-peixe que pescava com uma cabaça. Da mitologia taulipangue (K. Grüimberg, Saga 28, 2.o vol., p. 92). Na Saga 29 aparece Dzaló, a lontra que pescava com um remo maravilhoso. Pode ser que M. de A. tenha tirado daí o Tzaló de uma perna só.

2007. UAI! (ENERGIA) (XVI, 30) - Interjeição de surpresa ou espanto (A. Amaral, *Dial.*, p. 351).

2008. UAIARIQUINIZÊS (MATÉRIA/Órgãos) - (II, 37) - palavra usada por M. de A. na acepção de testículos. Língua dos índios nhambiquaras. Testículos, na língua dos indígenas Nambikwara. (Jaffe, *Macunaíma*, 2016, p. 18, notas)

2009. UAMOTI (VII, 46) - Sinônimo de demônio (PERSONALIDADE). Palavra tupi significando espírito mau, demônio.

2010. UAPONGA - Sinônimo de gaponga (MATÉRIA).

2011. **UARU** - Sinônimo de Uaru-uará (PERSONALIDADE/ Peixe).
2012. **UARU-UARÁ** (PERSONALIDADE/Peixe) (V, 2) - Ou simplesmente uaru. Peixe ciclídeo. *Uaru amphiacantoides.*
2013. **UBÁ** (V, 1) - Sinônimo de igarité (MATÉRIA). Embarcação feita toda de um pedaço, escavada num tronco de pau, sem emendas nem falcas (Stradelli, *Rev.*, p. 719).
2014. **UBARACAJÁ** - Sinônimo de jaguatirica (PERSONALIDADE/Animal).
2015. **UBUÇU** - Sinônimo de ubussu (PERSONALIDADE/ Árvore).
2016. **UBUSSU** (PERSONALIDADE/Árvore) (V, 19) - Bussu, ubuçu ou buçu é uma palmeira. *Manicaria saccifera* Gaertn. e *U. Martiana* Bur. Palmácea (Sampaio, *Pl. Am.*, p. 66). Abundante nas margens das várzeas e ilhas da Amazônia, principalmente nos estados do Amazonas, Pará e Amapá. Sua palha é utilizada por ribeirinhos na cobertura de casas. (UBUÇU, 2020).
2017. **UCUQUIRANA** - Sinônimo de balata (PERSONALIDADE/Árvore).
2018. **UIARA** (XV, 10) - Sinônimo de Boto Branco (PERSONALIDADE/Personagem) e Mãe D'água (PERSONALIDADE/Personagem). Uiara dos indígenas. É a mesma Iara. B. Magalhães, em nota a Martius, resenhou os autores que trataram do mito, com os nomes por eles usados: Hipupiara, em Gandavo; Upuviara em G. Soares, Igpupiara, em Cardim, Ypupiara, em Barlaeus (Mart. e Spix, *Viagem*, Vol. III, p. 217).

2019. UIRÁ - Sinônimo de guirá (PERSONALIDADE/Pássaro).

2020. UIRAPURU (PERSONALIDADE/Personagem) (IV, 58) - Nome vulgar dado a várias espécies do gênero *Pachyslvia*, família vireonidea. (E. Sn., p. 473). Pequenas aves (são várias espécies) consideradas mágicas na Amazônia, portadoras de felicidade e donas de outras virtudes (Ver C. de Magalhães, *O Selvagem*).

2021. UIRARI (MATÉRIA) - Veneno utilizado por indígenas na Amazônia na ponta das flechas. Sinônimo de curare.

2022. UMBU (PERSONALIDADE/FRUTA) - O mesmo que imbu, fruto que faz virou dá água (P. da Costa, *Voc.*, p. 721). Fruto do umbuzeiro (Jaffe, Noemi, *Mac.*, M. de Andrade, 2016, p. 24)

2023. UMBUZEIRO (PERSONALIDADE/Árvore) - Árvore que dá o fruto umbu.

2024. UMIRI (PERSONALIDADE/Árvore) (II, 1) - *Humirium floribunda* Mart. Meliácea (Sampaio, *Pl. Am.*, p. 66).

2025. UNHA DE VACA - Sinônimo de mororó (PERSO/NALIDADE/Planta).

2026. UPUVIARA - Sinônimo de Uiara (PERSONALIDADE/Personagem).

2027. URARICOERA (ESPAÇO/Rio) - Rio do estado de Roraima, um dos formadores do Rio Branco (JAFFE, Noemi. *Macunaíma*. ANDRADE, Mário de, 2016, p. 8)

2028. URARIZAR (ENERGIA) (VII, 45) - Neologismo criado por Mário de Andrade a partir do termo Uirari (curare) que é um veneno utilizado por indígenas na Amazônia na ponta das flechas (JAFFE, Noemi. Macunaíma. ANDRADE, Mário de, 2016, p. 214)

2029. URTIGA (MATÉRIA) (III, 29) - Em *Macunaíma* a urtiga é usada como afrodisíaco pelos indígenas. *Jatropha urens* L. Euforbiácea (Sampaio, *Pl. Am.*, p. 66). "Queima e arde como cão/ o próprio cego o conhece/ é urtiga ou cansanção" (L. Motta, p. 171).

2030. URU (PERSONALIDADE/Ave) (V, 22) - *Odontophorus stellatus* Goeld. (E. Sn., p. 60). - Na Amazônia, *Northrocrax urumutum*. - Nome dado a quatro aves da família Fasionídeos, que vivem na mata, em pequenos bandos, no chão, alimentando-se de frutos e insetos. É a melhor de nossas caças de pena.

2031. URUBU (PERSONALIDADE/Ave) (VIII, 5) - A espécie mais frequente é a *Catharis atratus brasiliensis* Bp. (E. Sn., j.l. 121), Conhecido na Amazônia, também, por *apitan*.

2032. URUBU - REI (PERSONALIDADE/Ave) (XVI, 92) - *Gypagus papa* L. (Sn., p. 121). Cabeça e pescoço são cor de laranja.

2033. URUBU CAÇADOR - Sinônimo de camiranga (PERSONALIDADE/Pássaros).

2034. URUBU CAMIRANGA (PERSONALIDADE/Ave) (XVI, 90) - Denominação que, em parte, cabe às duas espécies de urubus do gênero *Catharis*, as quais diferem do urubu comum, não só por terem cabeça colorida, como, também, por ser a cauda arredondada (Ihering., *Dic.*, p. 826).

2035. URUBU CAMPEIRO - Sinônimo de camiranga (PERSONALIDADE/Pássaros).

2036. URUBU JEREBA - Sinônimo de urubu camiranga (PERSONALIDADE/Pássaro).

2037. URUBU MINISTRO (XVI, 90) - Sinônimo camiranga (PERSONALIDADE/Ave), segundo Ihering (*Dic.*, p. 826).

2038. URUBU, PAI DO (PERSONALIDADE) (XVI, 92) - Kasanapódole. Pódole, em taulipangue significa pai (K. Grümberg, *Introd.*, II).

2039. URUBU-DE-CABEÇA-AMARELA - Sinônimo de camiranga (PERSONALIDADE/Pássaros).

2040. URUBU-DE-CABEÇA-VERMELHA - Sinônimo de urubu camiranga (PERSONALIDADE/Pássaro). O urubu-de-cabeça-vermelha (*Cathartes aura*) é uma ave com a plumagem do adulto da cor marrom enegrecida. A cabeça é depenada e de cor vermelha nos adultos, e negra nos juvenis (URUBU-DE- CABEÇA-VERMELHA, 2023).

2041. URUBU-PEBA (XVI, 92) - Sinônimo de urubu camiranga (PERSONALIDADE/Pássaro).

2042. URUBU-RUXANA (XVI, 92) - Talvez variante de uruburuvichá, que é o mesmo urubu-rei (PERSONALIDADE/Ave).

2043. URUBURUVICHÁ - Sinônimo de urubu-rei (PERSONALIDADE/Ave).

2044. URUBUTINGA (XVI, 90) - Sinônimo de urubu-rei (PERSONALIDADE/Ave). (Mart. e Spix, *Viagem*, vol. III, p. 196). Não vem consignado em R. v. Ihering. - *Cathartes urubutinga* Pelz. (E. Sn., p. 122). Na Amazônia tem o nome vulgar de urubu de cabeça amarela.

2045. URUCUM (PERSONALIDADE/Fruta) (II, 69) -

Urucu. Bixa orellana L. - Biácea (Sampaio, *Pl. Am.*, p. 67). A fruta do urucuzeiro que consta de uma cápsula oblonga e coberta de espinhos moles, a modo de ouriço, cheia de pévides envolvidas numa polpa corante de sabor levemente adocicado que fornece uma tinta avermelhada, do mesmo nome da fruta. O urucum é usado na cozinha, para dar cor à comida, e algumas tribos indígenas com ele se pintam (Strad., *Rev.*, p. 708).

2046. **URUCUNGO** (MATÉRIA/Instrumento musical) (VIII, 23) - Espécie de bombo grosseiro usado pelos negros (A. B. Holl.).

2047. **URUCUZEIRO** (PERSONALIDADE/Árvore) - Árvore que dá a fruta urucum.

2048. **URUMUTUM** (V, 52) - O *urumutum* é uma pequena espécie amazônica de mutum (PERSONALIDADE/Ave). *Nothocrax urumutum* Spix (E. Sn., p. 54). Galiforme da Amazônia, muito procurado pelos caçadores.

2049. **URUPEMA** (MATÉRIA/Objeto) (Il, 18) - Cesto raso ou chato, circular, côncavo, feito de um tecido de palha da uru ou uruba (amarantácea). Espécie de peneira grosseira, de uso muito vulgar e destinada a escorrer a maniva, o leite de coco, etc. (H. Garcia, *Dic.*, p. 942).

2050. **URURAU** (PERSONALIDADE/Animal) (XVII, 56) - Monstro d'água, segundo Joaquim Ribeiro, que o registrou em Campos, E. do Rio. Nome dado ao jacaré, em Mato Grosso.

2051. **UXI** (PERSONALIDADE/FRUTA) (XVI, 69) - *Saccoglottis uchi* Hub., árvore alta, de grande desenvolvimento e que, parece, só dá frutos quando tem 20 a 30 anos, pelo que nunca chegará, talvez, a ser uma árvore de cultura comum; assim, também, provavelmente, acontece com a cultura da *uxi-rana* (Sampaio, *Pl. Am.*, p. 69).

2052. **VAGAMUNDAR** (ENERGIA) (II, 26) - A forma mais usada é vagamundear. Vagar pelo mundo sem destino certo.

2053. **VAGINA** (MATÉRIA/Órgãos) - Nalachítchi. (JAFFE, Noemi. *Macunaíma*. ANDRADE, Mário de, 2016, p. 27). Órgão pertencente ao sistema reprodutor feminino. Ela é um canal tubular localizado entre a bexiga e o reto. É o órgão feminino da cópula. Além de ser o local onde o sêmen é liberado durante a relação sexual, é por ela que ocorre o escoamento do sangue menstrual e o bebê passa durante o parto normal.

2054. **VAI-NÃO-VAI** (TEMPO) (XVII, 51) - Quase, prestes, próximo a sair ou ir (Viotti, *Dic.*, p. 456).

2055. **VANÁQUIA** - Sinônimo de curica-bacabal (PERSONALIDADE/Pássaro), anacã, papagaio-de-coleira e anamburucu.

2056. **VARADOURO** (ESPAÇO) (Ep., 2) - Atalho. Trilha aberta na mata para ligar dois rios. Vereda que liga duas estradas de seringa. (R. Moraes, *Meu Dic.*).

2057. **VARAR** (ENERGIA) (IV, 55) - Seguir uma direção, atorar, vencer tempo e lugar (Viotti, *Dic.*, p. 356).

2058. **VAREJA** (PERSONALIDADE/Inseto) (II, 10) - *Cochlionya spp*. Mosca. Tem tórax de belo colorido azul-esverdeado (Ihering, *Da Vida*, p. 244).

2059. VARINA (PERSONALIDADE) (VIII, 39) - Vendedora ambulante de peixe, do norte de Portugal (A. B. Holl.).

2060. VARJÃO (ESPAÇO) (XI, 150) - Ou vargedo, em São Paulo. Tem esta palavra o sentido peculiar de vargem ou várzea extensa, grande, ampla (Souza, *Dic.*, p. 419); é empregada principalmente no sentido de margem baixa dos rios, de solo aluvial (Souza, *Nomenclatura*, p. 34).

2061. VARJOTA (ESPAÇO) (XI, 150) - Vargem pouco extensa (Viotti, *Dic.*, p. 357).

2062. VATICANO (MATÉRIA) (XIII, 2) - Embarcação amazônica, de 900 a 1.000 tns (Viotti, *Dic.*, p. 257).

2063. VATÓ (MATÉRIA) (VIII, 56) - Pedra de fogo, silex, entre os taulipangues (A. B. Holl.).

2064. VEADO, JOGAR NO (ENERGIA) (IV, 26) - Fugir (L. Motta, *Cant.*, p. 379).

2065. VEI (PERSONALIDADE/Personagem) (II, 49) - Em *Macunaíma*, Vei, a Sol, tinha três filhas: Oropa, França e Bahia. O sol, em taulipangue (K. Grümberg, *Intr.*, 11).

2066. VENCESLAU PIETRO PIETRA (PERSONALIDADE/Personagem) - O gigante Piaimã. Personagem que foi chamado por Macunaíma de "regatão peruano" ou "regateador" para diminuir a qualificação de "colecionador".

2067. VENTARRÃO (PERSONALIDADE/Fenômeno) (II, 50) - "Esse, quando carregava, era como um ventarrão abrindo claros num matagal" (S. Lopes, *Contos*, p. 201). Vento forte.

2068. VÊNUS DOS CARAJÁS - Sinônimo de Estrela Vesper. (PERSONALIDADE/Personagem).

2069. **VERDOENGO** - Sinônimo de verdolengo (PERSO-NALIDADE/Característica).
2070. **VERDOLENGO** (PERSONALIDADE/Característica) (V, 83) - Ou verdoengo. Que não está bem maduro (A. n. Holl.).
2071. **VERGA-VERGA** - Sinônimo de catinga de porco (PERSONALIDADE/Planta).
2072. **VERRUGA** (PROCESSO/Infectoso) - Sintoma de fenômeno biológico individual que consiste em doença viral com diferentes manifestações. A mais conhecida é a verruga vulgar, aquela que muitos de nós já tivemos na infância, principalmente nos dedos das mãos, e que, em alguns casos, só desapareceram com as simpatias ensinadas pelas vovós. Sinônimo de berruga.
2073. **VESPA** - Sinônimo de marimbondo (PERSONA-LIDADE/Inseto).
2074. **VESPA KAMBEZIKE** (PERSONALIDADE/Personagem) - Que ajuda Maanape juntando o sangue de Macunaíma.
2075. **VIGIAR** (ENERGIA) (XIV, ·1) - "Mas porém a torcida da candeia incendiou-se a acabou; fui na varanda, vigiei um pano rasgado, aprontei outra bonecra (V. Silveira, *Ler.*, p. 114). - Procurar, ir buscar, campear, examinar (Viotti, *Dic.*, p. 361).
2076. **VIGILENGA** - Sinônimo de canoa (MATÉRIA/Meio de transporte fluvial). Canoa de pescaria provida de velas (Viotti, *Dic.*, p. 361).
2077. **VIOLA DE COTCHO** (MATÉRIA/Instrumento

musical) - viola-de-cCocho é um instrumento musical de cordas dedilhadas, variante regional da viola brasileira, comum nos estados de Mato Grosso e Mato Grosso do Sul, no centro-oeste brasileiro. Recebe este nome por ser confeccionada em tronco de madeira inteiriço, esculpido no formato de uma viola e escavado na parte que corresponde à caixa de ressonância. Esse instrumento é feito da mesma maneira como se faz um cocho, objeto lavrado em um tronco maciço de árvore usado para colocar alimentos para animais na zona rural. Nesse «cocho» é afixado um tampo e as partes que caracterizam o instrumento, como o cavalete, o espelho, o rastilho e as cravelhas. A viola-de-cocho foi reconhecida como patrimônio nacional, registrada no livro dos saberes do patrimônio imaterial brasileiro em dezembro de 2004 (VIOLA DE COCHO, 2020).

2078. **VIRA** (PERSONALIDADE/Pássaro) (XII, 58) - Pássaro preto, conhecido em São Paulo por chopim, da família Icterídeos (Ihering, *Dic.*, p. 250 e 844).

2079. **VIRÁ** - Sinônimo de catingueiro (PERSONALIDADE/Animal).

2080. **VISAGEM** (ENERGIA) (XIII, 2) - Aparição (Viotti, *Dic.*, p. 362). Em *Mac.*, neste parágrafo, ilusão, aparência. Ato de aparição.

2081. **VITÓRIA-RÉGIA** (PERSONALIDADE/Planta) (XVI, 5) - Uapê ou forno. *Victoria regia* Lindl. Ninfácea (Sampaio, *Pl. Am.*, p. 65).

2082. **VÓ** (PERSONALIDADE) (XI, 111) - O mesmo que avó.

"Logo pega a conversa: - Maninha, nós temo vó" (L. Motta, *Cant.*, p. 30).

2083. VOLOMÃ (PERSONALIDADE/Personagem) (VIII, 1) - É o sapo da mitologia taulipangue. Em *Mac.*, uma árvore.

2084. VOTE (PERSONALIDADE/Característica) (XVI, 39) - Originado da frase latina *Voe tibe* (que safadeza!), segundo P. da Costa (Voc., p. 740).

2085. VUPABUÇU (ESPAÇO/Lagoa) (VI, 37) - Lagoa encantada do alvorecer do Brasil, em cujas margens se encontravam ouro e pedras preciosas em profusão (Mart. e Spix, *Viagem*, vol. II, p. 151). Em *Mac.*, as turmalinas de Vupabuçu estão entre as preciosidades que o gigante mostra à francesa, o que nos faz evocar "O Caçador de Esmeraldas", de Olavo Bilac: "A azul Vupabuçu beija-lhe a verde fralda".

2086. X (MATÉRIA) (XIV, 48) - Ânus.

2087. XAMÃ - Sinônimo de pajé (PERSONALIDADE).

2088. XANGÔ (PERSONALIDADE/Divindade) (VII, 36) - Orixá iorubano, senhor do raio e do trovão. É um orixá ou divindade secundária das mais importantes (JAFFE, Noemi. *Macunaíma*. ANDRADE, Mário de, 2016, p. 67). A pedra do raio é o seu fetiche (A. Ramos, *O Negro*, p. 33).

2089. XARÃ (PERSONALIDADE/Ave) (XV, 12) - Usado na acepção de ave.

2090. XARÉU (PERSONALIDADE/Peixe) - Ou *charéu*. Peixe do mar, família Carangídeos. Atinge quase um metro de comprimento. De cor azul escuro em cima, amarelado na parte inferior (Ihering, *Dic.*, p. 244). - *Caraux trippos*.

2091. XARÉU, CÃO (PERSONALIDADE/Personagem) (VI,

50) - O cão Xaréu. O cão do Gigante Piamã, e também do Diabo Icá. Tem esse nome por semelhança a um peixe do mar.

2092. **XETRAR** (ENERGIA) (VI, 27) - Desapontar-se por não alcançar o ambicionado, desejado em outro insucesso ocorrido (Viotti, *Dic.*, p. 368).
2093. **XEXÉU** (PERSONALIDADE/Ave) (IV, 44) - Ou chechéu. Também Japim. Pássaro da família Icterídeos. *Cassicus cela*. De cor preta e amarela. Ninho pendurado nas árvores (Ihering, *Dic.*, p. 429). O diabo Icá chama o xexéu: "Tu vindo estás, muito escurece, escurece, muito troveja o dia inteiro". (C. de Abreu, *Língua,* p. 451).
2094. **XINGAR** (V, 95) - Sinônimo de zombar (ENERGIA). Troçar, ridicularizar (P. da Costa, *Voc.*, p. 744). Isultar.
2095. **XISPETEÓ** (PERSONALIDADE/Característica) (XVI, 50) - X P T O. ótimo. «É conhecida, por exemplo, o xispeteó, leitura das letras X P TO, que representam o nome abreviado de Cristo" (J. Ribeiro, *Curios.*, p. 172). - Coisa boa, bonita, magnífica (P. da Costa *Voc.*, p. 745; Viotti, *Dic.*, p. 367).
2096. **YAPÓ** - Sinônimo de Iemanjá (PERSONALIDADE/ Entidade). O mesmo que mãe da água.
2097. **YARINA** - Sinônimo de jarina (PERSONALIDADE/ Planta).
2098. **YEMANJÁ** Sinônimo de Iemanjá (PERSONALIDADE/ Entidade)
2099. **YPOEIRA** - Sinônimo de ipueira (ESPAÇO/Lugar).
2100. **YPUEIRA** - Sinônimo de ipueira (ESPAÇO/Lugar).

2101. YPUPIARA - Sinônimo de Uiara (PERSONALIDADE/ Personagem).

2102. ZABELÊ - Sinônimo de Jaó (PERSONALIDADE/Ave).

2103. ZAIACUTI (MATÉRIA/Artefato) (V, 30) - Escudo de folhagem usado pelos índios aritis para caçar.

2104. ZAMPARINA (PERSONALIDADE/Fenômeno) (XVI, 62) - Epidemia que irrompeu no Rio de Janeiro em 1780. Surto periódico de uma doença infecciosa em dada população e/ou região.

2105. ZANGÃO (PERSONALIDADE) (XI, 81) - Indivíduo que trabalha no serviço de corretor geral da praça, mas sem o competente título legal (P. da Costa, *Voc.,* p. 750). Vendedor que trabalha em determinada praça ou lugar; pracista (JAFFE, Noemi. *Macunaíma.* ANDRADE, Mário de, 2016, p. 109). Sinônimo de Regatão (PERSONALIDADE).

2106. ZELAÇÃO (PERSONALIDADE/Estrela) (XIII, 49) - Nome que os sertanejos nordestinos dão às estrelas cadentes (Souza, *Dic.,* p. 431; G. Barroso, *Ao Som da Viola,* p. 880).

2107. ZIGU - Sinônimo de Jiguê (PERSONALIDADE/ Personagem).

2108. ZLEZLEGUE (PERSONALIDADE/Personagem) (V, 68) - Selezeleg é um pequeno lagarto, que se transforma em ponte para que Maanape atravesse um rio (K. Grümberg, *Introd.,* II). No volume IV, p. 51, aparece Zlezlegue, como *Klein metalisch galnzend.* carrapato é *kalimateg* (p. 44). Em *Mac.,* Zlezlegue é um carrapato.

2109. ZOMBAR (ENERGIA) - Ato de insultar ou desprezar

uma pessoa ou outra coisa, às vezes apenas provocando (ZOMBARIA, 2022). Sinônimos: Ridicularizar, escarnecer, debochar, esculhambar, debicar e troçar.

2110. ZOMBARIA - Zombaria explícita e veemente; escárnio, roçar, motejar. É o galicismo.

2111. ZOZOIAÇA (PERSONALIDADE/Personagem) (XVII, 14) - Nome do morubixaba, entre indígenas da Amazônia, o chefe temporal; cacique, curaca, murumuxaua, muruxaua, tuxaua.

2112. ZUNGU (MATÉRIA/Edificação) (VII, 4) - Termo do sul do Brasil, que designa uma casa dividida em pequenos compartimentos, que se alugam mediante diminuta paga, a gente baixa e ordinária; é uma espécie de cortiço. (Souza, *Dic.*, p. 433).

Esta obra foi composta em Arno pro light 13 para a Editora Malê
e impressa em papel pólen bold 90, pela gráfica PSI7,
em agosto de 2023.